서울대학교 법학연구소
Medvlla Iurisprudentiae

05

과실범과
위법성조각사유

이용식

박영사

이론형법학의 병리학

－진리Virus의 전염병 앓는 이론형법학: 지식적 거리두기－

－해지는 땅 형법이론의 비가 ＜제3비가＞－

－형법학의 종말 이후의 형법학: 시간이 흐르기 위한 조건들에 대하여－

－사물의 꿈: 형법학은 프락시스(Praxis)/실천이다－

－사물의 노래: 항의(Protest)로서의 이론형법학－

－＜"사랑아"＞ 사랑아 형법사랑아 얼마나 아프고 아파해야－

우리나라 형법학은 퇴보의 역사이다. 정신적인 질서는 다 없어진 상태이다. 이것은 우울하다(형법학의 우울). 우울이라는 것은 어떤 소멸의 책임을 자기에게 돌려 스스로 자신을 공격하고 자해하는 데에서 발병한다. 또 이것은 한(恨)이 된다(형법학의 恨). 한(恨)이란 — 나라 잃은 슬픔과 같이 — 이미 흘러갔지만 여전히 붙들려 있는 시간에 의해 구조화된 슬픔이다. 시간은 갔지만 나는 시간을 보내지 아니하였습니다(만해 한용운 — 님은 갔지만 나는 님을 보내지 아니하였습니다). 나라 잃은 슬픔은 한국인의 의식에 있어서는 흘러가지 못한다. 이미 오래되었는데 현재를 붙들고 과거로 돌아가지 못하는 안타까움을 하소연하는 것이다. 우리가 보내지 않으면 계속 우리 곁에 남아 있게 되는 것이다. 이것이 형법학의 종말이고, 형법학의 우울이고, 형법학을 잃은 슬픔이고, 빼앗긴 들에도 봄은 오는가이다. 기쁘고 만족하고 좋을 때는 우리의 생각이나 사고가 가까운 것, 즉물적인 것에 국한된다. 슬플 때 비로소 보이지 않는 것, 사라진 것, 먼 것들에 우리는 관계하는 것이다. 비애나 슬픔의 감정은 자각과 깨우침과 열림의 순간이 개진되는 바탕이 된다. 그리하여 이론형법학은 형법학의 종말 그 문명적인 파국의 역사적인 좌절 앞에서 그리하여 어떤 쇄신의 시도도 불가능해 보이는 현실에서, 학문과 정신의 가능성을 다시 사유하려는 어떤 지적 악전고투의 표현이다.

이론형법학이란 어떠한 것인가? 이론형법학은 자기반성적이다. 자기에 대한 비판적인 자기교정이다. 자기를 새롭게 개진해 가는 자기교정이다. 자신을 거슬러서 사유하는 자기역류적 사고이다. 이미 행해진 것을 그대로 적용하는 것이 아니라 거기에 거슬러서 하는 것이다. 형법학이 무엇인지 그리고 무엇일 수 있는지를 매번 매순간

다시 사유하는 것이다. 매순간 자기 자신이 무엇인지 무엇일 수 있는지에 대해 스스로 의심하는 자이다. 그러므로 매번의 형법논의와 형법강의는 매번 전혀 새로운 것이 될 수 있도록 추구되어야 한다. 매일 매번 다른 방식으로 재창조·재구성될 수 있도록 추구하는 것이다. 이론형법학은 이론형법학을 맹신하지 않는다. 형법학의 이론을 매번 재창조하려는 것이다. 그리하여 이론형법학은 — 매번 원점에서 다시 시작하는 자세를 보이는 — "실천"이다. 즉 존재하고 있는 모든 형법이론은 실패한 형법이론으로 전제하는 것이다. 성공했을지라도 그 케이스뿐이니까 이번에는 실패할 수 있다. 실패했기 때문에 재발명되어야 하는 것이다. 이와 같이 이미 존재하는 관념들에 의해서 규정·고착되지 않도록 하려는 자기비판적 사고가 형법학에 토대로 자리한다. 이론형법학은 기존에 존재하는 판단과 규정지음에 항의하는 것이다. (너는 너 자신을 아무 말 말고 이미 있는 기존의 질서에 끼워 넣어 짜 맞추어야 한다 / 있어 왔던 것들의 되풀이 / 상투성의 세계 / 이미 짜여진 틀 안에서의 주어진 세목의 기계적인 반복)

이론형법학이란 무엇인가? 이론형법학은 진리를 확신하는 자이다. 진리를 향해 가는 실천이다. 이와 달리 '모든 것은 다 가치가 있다. 진리는 없고 그래서 모든 것을 수용한다'고 하는 입장이 있다. 그리하여 진리는 포기되고 상품가격이 모든 것을 판단한다. 가장 비싼 것이 진리가 된다. 그러나 이론형법학은 '진리는 더 많은 사람들이 욕망하는 것들을 선택하는 과정에서 실현되는 것이 아니다'라고 확신하는 것이다. 진리는 즉 '이 세계를 진정으로 변화시키는 무언가'는 다수결에 의하는 것이 아니다. 이론형법학은 '이것이 진리다라는 실천' 속에서만 진리가 가능하다는 어떤 태도이다. 즉 이론형법학은 '새로운 무언가가 도래할 수 있다'고 가정하는 실천이다. '현실언어가 아직 포착하지 못한 것이 있다'고 가정하는 실천이다. '타자의 사유를 그대로 반복하기'를 거부하는 것이다. '있는 것'을 사유하면 이미 타자의 고정관념에 의해 지배되어 버린다. 이론형법학은 '있는 것의 사유'에 의심과 질문을 던지고, '없는 것' 내지 '존재하지 않는 것', '비존재'를 사유하는 것이다. '이미 있는 것'이 아니라 '없었던 것' 그래서 '낯선 것', '비동일적인 것'을 사유함으로써, 새로운 가능성을 보여주는 것이다. 이론적 사유의 핵심은 자기자신의 변형가능성에 있다. 이론적 사유가 없다면 우리는 기존 고정관념의 지배질서의 힘에 의해 끊임없이 통제될 것이다. 형법이론은 집단적으로 강제되는 이념과 범주를 기계적으로 되풀이하지 않을 것이다. 틀에 박힌 생각을 재현하려고 하지 않는다. 그리하여 시장의 구매력에 휘둘리지 않으려는 것이다. 자신의 상품화와 사물화에 저항하는 것이다. 타율성에 대한 저항이다. 그리하여 이론이 하는 일은 사람들의 자기형성과 자기성장을 돕는 것이다.

이론형법학이란 무엇인가? 이와 같이 이론형법학은 변화를 추구하는 것이다. 그

것이 아무리 사소한 변화일지라도 진정으로 변화할 수 있다면 그것은 거대한 것이다. 뭔가 포기되고 버려지고 새로움이 출현했다면 그것은 엄청난 것이다(그런데 돈이 모든 것을 지배하는 상품자본주의 ― 우리나라는 물질적 편향성이 아주 심한 나라이다 ― 에서는 예컨대 자동차를 바꾸는 것이 거창한 것이 될 것이다). 이것은 상품가격으로 표시할 수 없는 우리 '존재의 변화'인 것이다. 진리는 '변화의 가능성'이고, 우리들은 모두 자신의 '진리 즉 변화가능성'을 생산할 능력을 갖는다. 이와 같이 이론형법학은 '새로운 사유를 산출하는 실천'이다. 지나간 시절과의 작별이 있고 또 새로운 시대를 맞이하고, 과거에는 절대적인 확신을 주었던 것이 환멸의 대상이 되고, 거짓과 오류로 보였던 것이 새로운 진리가 되는 것이다. 어제가 그대로 반복되지 않고 새로운 내일이 가능할 수 있다는 것이다. 어제 나를 지배하는 관념의 흔들림이 없다면, 이는 어제의 반복일 뿐이고 내일은 없는 것이다. 물론 고정관념의 지배를 반복하면 편안하고 안정적이다. 그러나 '이미 설정된 지식의 한계 밖으로' 나갈 수는 없다. 물론 '새로운 관념을 내가 발명'해 내는 것은 고통스럽고 불확실하고 성공이 보장되는 것도 전혀 아니고 그리하여 불안정적이다. 그러나 '타자의 관념에 복종'하여 즉 고정관념의 지배에 '내 자신을 내어주는 것'은 윤리적은 아니다. 그것은 '정치적인' 삶의 태도이지 '윤리적인' 삶의 태도가 아닌 것이다. 그리하여 '새롭지 않은 모든 것이 소멸'하는 지점 즉 '기존의 지식이 정지'하는 지점이 바로 새로움을 만들기 위해 출발하는 장소이다. 그곳이 진리의 장소이다. 그리하여 이론형법학은 '타자의 해석을 반복'하는 것이 아니라, '타자의 해석에 저항'하는 것이다. 타자에게 해석을 맡기는 것이 아니다. 모두가 '이렇다'고 말할 때, '달리 말하려고 노력하는 것'이다. 기존 고정관념의 지배 속에서 '새로움을 추구'하는 것이다. 형법학적 사고는 '확산되는 타율성에 대한 저항'으로 자리한다. 이와 같이 이론형법학은 자신의 윤리적 변화가능성을 사유하는 것이다. 이론형법학은 이론에 대한 비판적 존재론이다. '이론을 넘어서는 것', '비이론적인 것' 혹은 '이론 이전의 어떤 것'을 헤아려 보는 것이다. 이론을 절대시하지 않는 것 그리하여 이론의 또 다른 가능성을 성찰하는 것이다. 즉 '이론'은 ― '이론의 이해라기보다는' ― '이론을 사는 것'(living)이다.

　　이론형법학이란 무엇인가? 이와 같이 지식의 목표는 '지식'이 아니라, '지식의 붕괴'이다. '지식'='지식에서 거리두기'(지식적 거리두기, wissenschaftliche Distanzierung)이다. 지식은 지식을 쌓기 위한 것이 아니다(지식≠지식쌓기). 지식을 쌓아서 지식의 제1인자 Top이 되는 것이 아니다. 지식은 초과되어야 한다(지식=지식초과). 지식은 자신의 붕괴 속에서 새로운 것을 생산할 수 있도록 만드는 공간이다. 지식은 이와 같이 지식의 안과 밖 그 경계에 위치한 사고이다. 지식은 지식의 허망함을 깨닫게 해

준다는 조건하에서만 유용한 것이다. 지식은 (기존)지식이 아닌 (새로운) 다른 무언가를 자처하는 순간이 바로 진리의 차원에서 지식이 작동하는 것이다. 이것이 우리가 진리라는 병에 걸렸을 때 일어나는 일이라고 할 수 있다. 이러한 진리의 병이 우리의 존재를 변화시킨다. 이론형법학은 뜬구름을 잡는 것, 존재하지 않는 것, 이 세상에는 실용적으로 필요 없는 것을 탐구하는 듯한 모습을 보인다. 그러한 태도는 이론형법학이 진리의 전염병에 걸려 있기 때문에 그러한 언어구조를 만들어 내는 것이다. 이론형법학이 걸려 있는 바이러스 전염병은 그런 거다. 이 전염병은 '우리를 진리로 데려간다'는 의미에서 궁극적으로는 아주 선한 병이다(형법을 하지 않는 일상의 모든 나머지 순간에는 우리 모두는 '세속의 환상'이라는 일반적인 전염병에 걸려 있는 것이다). 이와 같이 이론형법학은 병이다. 일종의 정신병이다. 진리를 향한 정신적인 전염병이다. 이론형법학은 존재하지 않는 것에 대해서 질문을 던지려고 하고, 일상생활에 존재하는 우리의 삶을 흔들려고 하고 그 모든 것에 만족하지 않고 그것을 넘어서려고 하는 진리충동과 관련되어 있다. 그와 같은 정신병이 이론형법학의 병이다. 그러한 방식으로 이론형법학은 우리를 진리로 데려간다. 이론형법학은 바로 그러한 진리를 향한 전염병에 걸린 담화의 구조이다. 진리는 이성이나 합리적인 접근을 통해서 파악할 수 있는 것은 아니다. 오히려 진리는 병적인 것이다.

이러한 두서없고 뜬금없는 언급들은 우리가 이론형법학의 참상을 이야기하면서, 모든 형법이론이 파괴된 만큼 형법이론학을 다시 정립하는 데 필요한 정신적 조건을 그려보고자 한 것이다. 이러한 것을 자신의 것으로 현실화하는 실천적 행위가 이론형법학이다. 절망적인 심정을 표현하는 형법비가이다. 인간의 내면은 주어진 상황과의 관계에서 사람을 움직이는 동력일 수 있다. 이러한 내면의 요구는 단순히 공리적 계산에 일치하지 않는다. 돈은 모든 것을 평준화한다. 돈은 모든 가치의 공통분모이다. 돈은 모든 사물의 핵심, 특유의 고유성, 특별한 가치, 유일성, 비교불가능성을 없애버린다. 돈은 질을 양으로 평준화해서, 어떤 것이 가지고 있는 독자적인 가치를 없애버린다. 그 평준화된 가격을 가지고 모든 것을 평가하게 만든다. 그런데 이론형법학은 그러한 돌이킬 수 없는 공리적 동기를 넘어서, 보다 깊은 자기성장에의 요구이며 절망적 상황에서도 스스로 '중심을 보전하고자 하는 의지'에 관계된다. 상품자본주의는 진실과 거짓을 초월한다. 그리고 인간의 정신을 숨어들어 가게 만든다(풍요한 빈곤의 시대 / 번영의 빈곤의 시대). 정신은 쇠퇴하고 소멸된다는 것이기도 하지만, 어떤 상황에서도 그것은 지속된다. 이론형법학의 연구는 내면의 부름에 대한 대답이다. 냉정한 계산의 소산이 아니라 정열의 소산이다. 모든 것이 파괴된 가운데 새로운 시대를 열어야 한다. 그리하여 우리는 어둠의 세월도 기꺼이 견딜 수 있다. 폐허에서 다시 한번 희망하자, 진리Virus의 전염병 앓는 이론형법학이여!

<"사랑아">, 형법사랑아! 혼자서 불러 보는 가슴 아픈 그 이름(형법) / 눈물이 새어 나올까 봐 입술을 깨물고 / 또다시 다짐한 듯 가슴을 펴 보지만 / 홀로 남겨진 내 모습이 더욱 초라해져 / 사랑아. 그리운 내 (형법)사랑아 이렇게 아픈 내 (형법)사랑아 얼마나 아프고 아파해야 아물 수 있겠니 / 사랑아. 미련한 내 (형법)사랑아 버릴 수 없는 내 욕심에 못다한 (형법)사랑이 서러워서 또 이렇게 운다 얼마나 아프고 아파해야 아물 수 있겠니. 내 (형법)사랑아.

본서는 본인의 정년기념으로 만들어졌다. 이러한 은덕을 베풀어 주신 서울대학교 법학연구소 소장이신 정긍식 교수님께 진심으로 감사를 올린다. 존경하는 교수님의 은혜가 아니었다면 본서는 성립되지 않았을 것이다. 또 교수님은 출간의 과정에서 나의 많은 신경질을 그 크나큰 가슴으로 품어 주셨다. 생각하면 가슴이 너무 뭉클하다.

이 봄과 이 봄의 하늘을 모두에게 보내며
2020년 4월 4일
이 용 식

목차

1. 과실범의 위법성조각사유의 전제사실에 관한 착오

- 과실범에서의 오상방위 오상피난 -

- 더블과실인가 하프과실인가 -

- 주관적(책임)과실조각 혹은 면책가능한(허용된) 위험 -

1. 과실범의 위법성조각사유의 전제사실에 관한 착오*

- 과실범에서의 오상방위 오상피난 -
- 더블과실인가 하프과실인가 -
- 주관적(책임)과실조각 혹은 면책가능한(허용된) 위험 -

목차

I. 문제의 제기

1. 미발견된 문제 혹은 가상문제

과실범에서의 위법성조각사유의 전제사실에 관한 착오? 그런 것이 도대체 가능하기나 한 것인가? 어떠한 실례가 있을 수 있는가? 착오는 고의범에서만 논의될 수 있는 것이 아닌가? 그래서 착오는 고의의 이면이라고 말하지 않는가? 확실히 착오론에서는 과실범을 거의 무시하거나 관심이 없었다.[1] 본 논문이 다루려고 하는 테마는 위법성조각사유의 전제사실에 관한 착오와 과실범이 경합하는 경우에 이를 어떻게 처리해야 할 것인가 하는 논의이다. 지금까지 판례와 학설에서는 이러한 문제영역에 관하여 전혀 내지 거의 인식하지 못하고 있다. 아직 발견되지 않은 문제 혹은 가상문제라고 할 수 있다. 그러나 종래 고의범을 전제로 익숙하게 논의되어 왔던 위법성조각사유의 전제사실에 관한 착오의 논의에 과실범의 경우를 함께 포함시켜 논의하는 것은 위법성조각사유의 전제사실의 착오를 새로운 시각에서 바라볼 수 있는 하나의

---

* 교정연구 제28권 제4호, 한국교정학회
[1] 이에 대한 문제의식으로 유일하게 정영일, 과실범에 있어서 행위자의 주관과 착오론, 형사법연구 제28권 제4호, 2016, 84면은 과실 구성요건착오의 경우에 과실범의 주관적 구성요건요소인 과실이 부정된다고 한다. 이는 물론 통설과 달리 주관적 과실을 책임요소가 아니라 구성요건요소로 위치시키는 입장에서 서술하고 있는 것이다.

조그마한 계기가 될 수 있지 않을까 보여진다. 왜냐하면 고의범을 전제로 발전되어 온 착오론이 이제 과실범이론과도 상호작용하기 때문이다. 물론 과실범에 있어서의 위법성조각사유의 전제사실에 관하여 우리나라에서는 아직 논의가 없다. 그리하여 아무런 참고문헌이 존재하지 않는다. 이는 독일의 경우에도 마찬가지로 달랑 논문 두 편이 있을 뿐이다. 그리하여 본고는 전적으로 이 두 편의 독일논문을 소개하는 수준에 그치고 있다. 그리고 이는 전적으로 필자의 능력부족 탓이다.

[과실범에서의 오상방위 사례] 과실범에서의 정당방위 사례로서 ─ 주관적 정당화 요소가 필요한가 하는 주제와 관련하여 ─ 모든 문헌과 교과서에서 언급되고 있는 경고사격 사례가 있다. 살인범이 실제로 갑을 공격하려고 총을 손으로 꺼내는 것을 보고 갑은 정당방위로서 살인범에게 경고사격을 가하였는데, 과실로 인하여 살인범에게 탄환이 맞아 사망한 경우이다. 이 경우 만약 갑이 고의로 탄환을 발사하여 살인범이 사망하였더라도, 갑에게는 정당방위가 인정된다. 그러므로 경고사격으로 단지 과실에 의하여 살인범이 사망한 과실치사의 경우에는 당연히 더더욱 정당방위로서 위법성이 조각된다. 그런데 본 사례를 변형하여 살인범이 갑을 공격하기 위한 것이 아니라 악수를 하기 위하여 손을 내민 것이라고 가정한다면, 이는 과실범에 있어서의 오상방위 사례가 된다.[2]

갑은 우선 과실치사죄의 구성요건을 충족한다. 다음으로 위법성단계에서 갑에 대한 침해는 객관적으로 존재하지 않았기 때문에 즉 정당방위상황이 아니기 때문에, 갑은 정당방위로 위법성이 조각되지 아니한다.

[과실범에서의 오상피난 사례] 갑은 아내가 침실에서 의식을 잃고 쓰러져 있는 것을 발견했다. 아내는 이전부터 자살의사를 표시해 왔었다. 책상머리에 수면제 봉투가 열려 있는 것을 본 갑은 아내가 사망할 위험이 있다고 믿고 아내를 구조하기 위하여 빨리 병원으로 운전하여 갔다. 아내가 사망할 수도 있다는 생각에 갑은 속도위반을 하였으나 크게 교통규칙을 위반하거나 분별력을 잃지는 않았고 교통사고가 발생하지 않으리라고 믿었다. 그러나 도중에 자전거와 부딪혀서 을이 전도되어 팔이 부러졌다. 그런데 나중에 병원에서 담당의사가 말한 바에 의하면 아내는 전혀 아무런 위험에 빠진 것이 아니었다.[3]

갑은 그 상황이 실제로 존재했다면 제3자를 위한 긴급피난이 인정되어 위법성이 조각될 것이기 때문에, 갑은 위법성조각사유의 전제사실에 관하여 착오한 것이다. 갑은 업무상 과실치상죄로 처벌될 것인가가 문제된다. 갑은 일단 업무상 과실치상죄의

---

2) Börner, Der Erlaubnistatbestandsirrtum bei Fahrlässigkeitsdelikten, GA 2002, 277.

3) Ludes/Pannenborg, Der Erlaubnistatbestandsirrtum im Fahrlässigkeitsdelikt, Jura 2013, 24.

구성요건을 충족한다. 여기에서 과실은 도로교통법에서 요구하는 주의의무를 다하지 않은 점에 있다. 이러한 주의의무위반은 치상의 결과에 전형적으로 실현되었다. 다음으로 위법성단계에서 아내에게는 아무런 위난이 존재하지 않았기 때문에, 갑은 긴급피난으로 위법성이 조각되지 아니한다.

2. 두 가지 해결방식

이제 상기 두 사례에서 남은 문제는 자기가 정당방위 내지 긴급피난할 수 있는 정당화상황에 있다는 잘못된 인식을 범죄성립과 관련하여 고려할 것인가? 만약 고려한다면 어떻게 고려할 것인가? 하는 점이 밝혀져야 한다는 것이다. 이에 관하여는 두 가지 접근방식 내지 해결방식이 제시되고 있다. (1) 하나는 위전착에 관하여 고의범에서 제시되는 견해들을 과실범에 원용하는 방식이다(착오론에 의한 해결방식). 고의범의 위전착 이론들은 바로 자기가 객관적인 불법을 실현하고 있지 않다는 행위자의 인식을 어떻게 평가할 것인가 하는 문제를 다루고 있는 것이기 때문이다. 그렇지만 고의범의 위전착 학설들은 과실범의 위전착에는 어떻게 어디까지 어느 정도까지 수정 내지 변형되어 원용될 수 있는지, 즉 과실범의 경우에는 어떠한 의미를 가지는지에 관하여는 아무런 의견이나 입장이 제시되지 않고 있다. 따라서 본고에서 말하는 이하의 언급들은 아직 가설적인 성격을 가지는 것이다. (2) 다른 하나는 과실범의 위전착 문제를 일반 과실범이론으로 수렴하여 즉 과실범의 일반적인 성립요건들을 가지고 즉 그 각각의 요건과 관련하여 검토해 볼 수 있을 것이다(일반과실범론에 의한 해결방식＝요건론에 의한 해결방식).

3. 논의의 핵심이유 내지 포인트 – 위전착 없는 (일반적인) 과실범과 위전착 있는 (특별한) 과실범의 동일취급 혹은 차별적 취급 여하

고의범의 경우 위법성조각사유의 전제사실에 관한 착오에 형법 제16조 금지착오를 적용할 것인가 하는 점을 놓고 논란이 일어나게 되었다. 물론 다수의 견해는 이를 부정한다. 금지착오를 적용하면 (엄격책임설) 고의범의 불법을 인정하여 받아들이기 어려운 결론에 이르기 때문이다. 금지착오 혹은 위법성조각사유의 착오와는 달리, 위법성조각사유의 전제사실에 관한 착오의 경우에 행위자는 법에 충실하게 행위하고 있다. 위전착 상태의 행위자는 적법과 불법 여부에 대하여 올바른 태도를 가지고 법질서에 합치되게 행위하고 있으며, 단지 사실에 관하여 오인하고 있다. 법적 평가를 잘못하고 있는 것이 아니다. 이러한 점에서 이 위전착은 사실의 착오와 마찬가지로 평가되어야 할 것이다. 즉 실제로는 단지 과실불법만이 존재하고 있다는 것이다. 상황의 검토에 부주의하였다는 비난이 가능하다. 위법성조각사유의 전제사실에 착오를 일킨 행위자는 사태의 인식을 소홀히 한 것에 지나지 아니한다. 위전착상태의 행위자는 어디까지나 법에 충실하고 결코 법적대적인 태도 즉 고의범으로서의 심정반가치를 보이는 것은 아니다.4)

이러한 핵심논거와 사고가 — 가능한 한 — 과실범의 위전착 경우에도 관철되어야 한다. 그런데 과실범에서는 애시당초 고의가 결여되고 있으므로 고의조각이라는 사실의 착오의 효과는 가능하지 않다. 고의가 존재하지 않는 과실범의 경우에 사실의 착오 적용은 무의미하다. 그러므로 과실범에서는 위전착이 사실의 착오에 해당하지만 그대로 과실불법이 인정되고 과실범으로 처벌되는 것이 된다. 이는 결국 과실범에서의 위법성조각사유의 전제사실에 관한 착오를 — 위전착과 관계없이/무관하게/무시하고 — 위전착이 없는 경우의 일반적인 과실범으로서의 성립을 인정하면 된다는 사고와 동일한 결론에로 연결되어 버린다는 것이다. 즉 고의범에서 위전착은 사실의 착오로 평가되어 고의불법을 조각하고 과실불법으로 유리하게 작용하는 데 반하여, 과실범에서는 위전착을 사실의 착오로 보는 것이 오히려 금지착오로 보아 책임조각 무죄의 가능성을 열어 두는 경우보다 불리하게 되어 버린다(사실착오와 금지착오의 유불리관계 역전 현상). 이와 같이 과실범은 이미 고의가 존재하지 않기 때문에 행위자에게 고의조각의 혜택을 줄 수 없다는 점에서, 과실범에서의 위전착의 특수성 내지 문제성이 존재하는 것이다.

그렇다면 위전착 있는 과실범을 그냥 위전착 없는 일반 과실범의 경우와 결과적으로 동일하게 취급해도 될 것인가? 달리 보아야 할 것인가? 일반적인 과실범과는 다르게 평가하여 뭔가 유리한 혜택을 좀 강구해 주어야 하는 것은 아닌가? 그런 방도를 궁리해 봐야 하는 것이 아닌가? 물론 과실범에서의 위전착에 어떠한 혜택을 주지 않는 입장도 이론적으로는 가능하다. 위전착이 없는 일반적인 과실범에 비하여, 구성요건적 과실이 있고 이에 더하여 위법성조각사유의 전제사실에 관하여 착오가 추가적으로 있는 것이므로 즉 더블과실이 존재한다고 평가해 볼 수도 있기 때문이다. 그래서 그냥 과실범으로 취급하면 족하다는 것이다. 그러나 일반과실범과 달리 과실범에서 위전착이 있는 경우에는 자신이 정당하다고 위법성이 조각된다고 생각하고 행위를 했다는 점에서 어떠한 혜택도 주지 않는 것은 오히려 부당하다. 즉 하프과실로 평가해 볼 수도 있는 것이 아닌가 한다. 그리하여 무언가 혜택을 주려고 한다면, 어떠

---

4) 임웅, 형법총론, 제10정판, 2018, 353면.

한 방도가 형법이론적으로 가능할 것인가? 어떻게 과실범의 성립을 제한할 수 있겠는가? 아무리 혜택을 주고 싶더라도, 그 방법이 형법이론적으로 가능하지 않다면 즉 과실범의 성립을 제한할 수 없다면, 과실범의 위전착은 단지 양형에서 고려될 수 있을 뿐인 일반과실범의 법형상이 될 것이다.

그리하여 과실범의 경우 이미 고의가 존재하지 않기 때문에, 위전착은 ─ 사실의 착오에 해당하지만 ─ 사실의 착오의 효과를 적용할 수 없다면, 사실의 착오를 이 경우 금지의 착오로 평가하여 혜택을 주는 것이 이론적으로 가능할 것인가(고의범의 경우에는 사실의 착오, 과실범의 경우에는 금지의 착오)? 그러나 그렇게 되면 적법과 불법에 대한 평가에 관해서는 잘못 인식한 바가 없는 행위자를 금지착오로 취급하고, 결국 위법성조각사유의 착오와 위법성조각사유의 전제사실에 관한 착오를 금지착오로 동일하게 취급하는 것이 되어 사리에 맞지 아니한다. 이와 같이 사실의 착오에 해당하는 경우를 금지의 착오로 평가하여 적용하는 것이 이론적으로 가능한가? 양자는 엄격히 구분되는 것이 아닌가? 이와 같이 착오론에 의한 해결이 불가능하거나 곤란하다면, 과실범의 성립요건들을 새로운 시각에서 새롭게 검토하여 방도를 강구하는 쪽으로 가야 되지 않을까 생각해 볼 수 있다. 그리고 이 경우 어쨌든 위법성조각사유의 전제사실에 관한 착오는 사실의 착오에 해당하는 것이므로 적어도 금지의 착오로 보는 경우의 효과보다는 유리하게 과실범의 성립요건을 구성하려고 시도할 것으로 생각된다. 물론 과실 자체가 이 문제의 극복을 위한 기준을 ─ 이렇게 저렇게 어떻게든 시도해 보아도 ─ 담고 있지 못하다면, 또다시 착오론으로 돌아오게 될 수도 있을 것이다.

결국 위법성조각사유의 전제사실에 관한 착오는 사실의 착오로 보아야 하고 그리하여 그 법효과는 고의조각/과실범이지만, 과실범에서는 이러한 유리한 효과를 갖게 될 수 없다. 그리하여 그냥 과실범의 성립을 인정할 수도 있겠지만, 과실범의 경우에도 어떻게든 유리한 취급을 위하여 (사실의 착오이지만) 금지착오의 적용혜택을 줄 것인가 아니면 (사실의 착오니까) 적어도 금지착오보다는 더 유리한 취급을 할 수 있는 다른 방안을 착오론이 아닌 과실이론에서 모색할 것인가 하는 것이 논의의 핵심이라고 보여진다.

(사족이지만 다시 한번 반복하여 지적하여 둘 것은 과실범에서는 이미 고의가 존재하지 않기 때문에, 사실의 착오의 효과(고의조각/과실범)를 적용할 수 없다는 것이다. 과실범에서 상황을 잘못 인식했다는 비난은 고의범의 경우와 같이 의미 있는 것은 아니다. 과실범의 불법 비난은 여전히 존재하는 것이고, 그 착오가 회피가능했더라도 그러나 행위불법을 실현하려고 원한 것은 아니기 때문에 이 점을 고려하여 과실범은 처음부터 낮은 법정형이 설정되고 있는 것이다. 그러므로 고의범에서 사실의 착

오는 고의조각/과실범이니까, 과실범에서 사실의 착오는 과실조각/무죄라는 도식은 결코 존재하지 않는다. "과실범에서 상황을 인식하고 있지 못하는 경우에는 과실이 부정되는 구성요건착오가 된다"는 언급은5) 이해할 수 없다. 상황을 인식하지 못하고 있는 것이 이미 과실이고 과실불법이 인정되는 것인데 어떻게 과실이 부정되는지 이해할 수 없다. 또한 백보를 양보하여 설사 과실을 부정한다고 하더라도, 그것은 즉 과실을 부정하려면 그 착오가 회피가능성이 없을 때 그러할 수 있는 것인데, 과실범에서는 그 착오가 회피가능했는지를 묻지 않고 과실을 부정한다는 것도 이해할 수 없다.)

Ⅱ. 고의범에서의 위전착 견해를 원용하는 해결방식

1. 개별학설의 원용

1) 소극적 구성요건요소론 – 금지착오 적용배제설

소극적 구성요건요소론은 고의범에서 위전착을 구성요건착오로 보아 형법 제13조를 직접적용하여 고의가 조각되고 경우에 따라 과실범이 인정된다. 즉 소극적 구성요건표지론에서는 위법성조각사유를 소극적 구성요건으로 위치시키므로 (구성요건과 책임의 범죄2원론), 위법성조각사유의 부존재도 구성요건고의의 인식대상이 된다. 고의는 구성요건에 해당하는 사실의 인식과 위법성조각사유가 부존재한다는 인식이 있는 경우에 인정되는 것이다. 결국 위전착에서는 정당화상황의 부존재에 대한 인식이 없으므로 구성요건고의가 결여된다(고의조각/과실범). 소극적 구성요건요소론은 위법성조각사유에 관한 모든 착오를 사실의 착오로 보는 입장이다. 정당화와 관련된 모든 착오는 과실불법의 성립요소이기 때문에, 책임에 관련되는 금지착오의 적용은 부정된다. 그리하여 위전착의 경우에도 당연히 금지착오의 적용을 배제하는 입장이다.

이러한 입장을 과실범에 원용할 경우 어떻게 되는가? 과실범의 구성요건은 과실행위의 객관적 요소들과 위법성조각사유의 부존재로 이루어질 것이다. 이는 과실범의 위전착에서 무엇을 말하는가? 남편은 과속으로 운전함으로써 통행인에게 부상을 입혔고 또한 위법성조각사유가 존재하지 않음으로, 소극적 구성요건에서 말하는 과실치사의 구성요건을 충족하게 된다. 다음으로 책임단계에서 주관적 과실은 이러한 구성요건실현에 관련하여 즉 객관적 주의의무위반과 위법성을 남편의 주관적인 능력에 따라 인식가능하고 회피가능하였는가를 검토하게 될 것이다. 상기 사안들에서는 주관

---

5) 정영일, 전게논문, 84면.

적 과실은 당연히 긍정될 것이다.

그러면 이때 책임단계에서 다음으로 위법성인식의 요건검토로 넘어가서 형법 제16조 금지착오를 적용할 수 있는 것인가? 소극적 구성요건표지론은 위전착을 객관적 불법의 실현에 관한 구성요건착오로 보아 구성요건고의를 조각시키려는 견해이므로, 위전착을 동시에 위법성인식에 관한 착오로 이해할 수는 없는 입장이다.[6] 소극적 구성요건표지론은 사실의 착오와 금지의 착오를 서로 다른 것으로서 서로 다른 법적 효과를 가지는 것으로 파악한다. 즉 사실의 착오와 금지의 착오는 택일관계 내지 배척관계에 있다고 본다.

그러면 과실범에서 위전착을 사실의 착오로만 취급하여 금지착오의 적용가능성을 배제하고 그대로 과실불법을 인정하고 주관적 과실의 인정 여부로만 다루는 것이, 과연 위전착을 직접 책임단계에서 금지착오의 적용으로 검토하는 것 보다 <실제로> 불리한 것인지 문제될 것이다. 형법 제16조 금지착오에서 정당한 이유(회피가능성)가 있는가 여부와 주관적 과실에서 행위자가 정당화상황이 존재하지 않는다는 것을 주관적 개별적으로 인식가능하였는가 하는 문제에는 동일한 고려가 기능하고 있다. 그런데 착오의 정당한 이유 내지 회피가능성에 대하여 요구되는 것이 주관적 과실 내지 책임과실에서 요구되는 것과 같은 정도라고 보는 견해도 있고 더 높거나 엄격하다고 보는 입장도 있다. 후자의 입장에 따르면, 일단 주관적 과실 내지 책임과실이 인정된다면 이제 더 엄격한 정당한 이유 내지 회피가능성 심사를 하게 되고 따라서 정당한 이유 내지 회피불가능성은 당연히 부정될 것이다(특히 우리나라 판례는 정당한 이유를 거의 인정하지 않는다). 후자의 입장에 따른다면 정당한 이유 내지 회피불가능성이 당연히는 부정되지 아니할 것이다. 그러나 주관적 과실 내지 책임과실과 동일한 정도의 심사척도라면 역시 이 경우 역시 정당한 이유 내지 회피가능성이 부정될 것이다. 결국 형법 제16조의 금지착오의 적용가능성을 배척하는 견해가 얼핏 형식적으로 행위자에게 불리한 것 같아 보이지만 실제로 행위자에게 불리한 것은 아니라고 할 것이다.

2) 제한적 책임설(→ 금지착오 적용가능설)

고의범의 경우 제한적 책임설은 소극적 구성요건표지론과 (논거는 다르지만) 동일한 결론에 이른다. 제한적 책임설에서는 위전착을 사실의 착오와 질적으로 동일한 것은 아니지만, 구조적으로 유사하다고 본다. 그리하여 형법 제13조를 직접적용하지 않고 유추적용한다. 물론 고의범 처벌이 부정되는 근거가 구성요건적 고의가 조각되는

---

6) Ludes/Pannenborg, Jura 2013, 25.

것인지 아니면 구성요건적 고의는 긍정되지만 고의불법이 배제되는 것인지는 충분히 명확하지는 않다. 어쨌든 고의불법이 부정되고 과실불법이 인정된다.

이를 과실범에 적용하면 어떻게 될까? 구성요건단계에서 주의의무위반을 인정하는 검토는 동일할 것이다. 행위자가 법적으로 허용되지 않는 위험을 창출했다는 것 그리고 정당화상황이 존재하지 않는다는 점을 객관적으로 인식가능했다고 확인되면, 상기사례들에서 과실치사상죄의 구성요건해당성은 충족된다. 책임단계에서 주관적 과실 내지 책임과실을 검토하여 행위자에게 구성요건적인 주의의무위반을 개인적인 능력을 근거로 비난할 수 있는가를 확인한다. 상기사례에서는 이러한 주관적 과실 내지 책임과실이 긍정될 것이다. 이제 문제는 나아가 금지착오를 검토할 수 있는가 하는 점이다. 이 문제에 관하여 과실범에 있어서의 위전착 문제를 착오론에 의하여 해결하려는 입장(II)에서는 어떻게든 이를 적극적으로 보려고 노력할 것이다. 이에 비하여 착오론이 아니라 과실범의 요건론으로 해결하려는 입장(III)은 이 문제에 관하여 소극적인 입장에 있는 것이라고 보여진다. 이하에서는 먼저 착오론에 의한 해결방식을 취하는 입장에 적극적으로 서는 경우 어떠한 설명이 가능할 수 있겠는지 언급해 보기로 한다. 제한적 책임설의 입장에서는 사실착오와 금지착오가 배척관계에 있다고 보는 것인가? 소극적 구성요건요소론과는 달리 제한적 책임설은 이미 그 이름이 말해 주는 바와 같이 위법성인식에 관한 착오들을 기본적으로 책임영역에서 다루는 입장이다. 단지 위법성조각사유의 전제사실에 관한 착오의 경우에는 행위자가 원래 법에 충실하게, 법과 조화되게 행위하려고 원했다는 점에서 혜택을 부여해야 한다는 것이다. 그런데 착오가 있는 경우 한 번 평가혜택을 받는 것이지 이중의 평가혜택을 부여하는 것은 아니다. 그래서 고의범의 경우에는 이러한 이중의 평가혜택이 발생하지 않도록 하기 위하여, 형법 제16조 금지착오가 다시 적용되지 않는 것이다(배척관계). 그런데 원래의 과실범이 존재한다면 이는 그 과실행위의 불법을 통해서 드러나야 하는 것이다. 착오와 유사성이라는 사고는 배제되어 있는 것이다. 그러므로 책임설의 원래 생각으로 다시 돌아가서 고의범이 아니라 과실범의 위전착에서는 — 혜택을 주기 위하여 — 금지착오를 적용할 수도 있지 않을까 보여진다(엄격책임설로의 회귀). 제한적 책임설의 이념은 확고하다 위법성조각사유의 전제사실을 한 행위자에게 유리한 혜택을 부여하자는 것이다. 그리하여 고의범에서 위전착의 유리한 취급을 위하여 사실의 착오로 떠났는데, 과실범의 경우에는 이제 다시 유리한 취급을 위하여 금지의 착오를 적용하자고 주장할 수도 있을 것 같다.[7] 즉 위전착은 사실의 착오로 보지만 과실범의 경우에는 금지착오의 적용에 오픈된 태도를 취하지 않을까 생각된다. 그러나 사실

---

7) Ludes/Pannenborg, Jura 2013, 26.

의 착오와 금지의 착오는 본질적으로 서로 상이하여 배척관계에 있다는 점을 강조하는 입장에서는, 고의범에 관한 제한적 책임설을 과실범의 위전착에 적용하면서 금지착오를 인정할 수는 없다고 할 것이다.[8]

3) 법효과제한적 책임설(→ 금지착오 적용가능설)

법효과제한적 책임설은 고의범에서 위전착의 경우 고의불법을 인정하지만 책임고의가 부정되어 결국 과실범으로 처벌하려고 한다. 제한적 책임설과의 차이점은 위전착의 행위자에게 고의불법이 인정되기 때문에 이에 가담하는 자에게 공범성립이 가능하다는 점에 있다. 그러나 이러한 차이는 과실범의 위전착 경우에는 의미가 없다. 과실범에 대하여는 공범의 성립이 배제되기 때문이다. 그러므로 법효과제한적 책임설의 입장에서도 — 과실범에서의 위전착 문제를 착오론에 의하여 적극적으로 해결하려고 시도한다면 — 상기 제한적 책임설과 같이 금지착오의 적용가능성을 적극적으로 입장을 취하리라고 생각된다. 물론 이에 반대하는 입장도 가능하다는 점은 위에서 언급하였다.

그러나 그렇게 되면 제한적 책임설이든 법효과제한적 책임설이든 위법성조각사유의 전제사실에 관한 착오를 고의범에서는 사실의 착오, 과실범에서는 금지의 착오로 다루게 되어 결국 위전착이라는 동일한 법형상에 대한 평가가 일관되지 못하다. 그리하여 이 점을 어떻게 이론적으로 근거지울 수 있는가 하는 난제가 있게 된다. 또한 사실의 착오와 금지의 착오와의 관계에 관하여 고의범의 경우에는 배척관계 내지 택일관계로 보면서, 과실범의 경우에는 그렇게 보지 않는 근거도 밝혀져 있지 아니하다.

4) 엄격책임설(→ 금지착오 적용설)

엄격책임설은 고의범에서 위법성조각사유의 전제사실에 관한 착오를 직접 금지의 착오로 평가하여 형법 제16조 금지착오 규정을 적용한다. 그리하여 엄격책임설은 위법성조각사유의 착오와 위법성조각사유의 전제사실에 관한 착오 사이의 가치적 차이를 인정하지 않는다는 비판을 받게 된다. 엄격책임설을 과실범에 적용시키면 우선 주관적 과실 내지 책임과실에서 행위자가 자신의 주관적인 능력에 따라 주의의무위반을 인식가능했는가 여부를 검토한다. 엄격책임설에서는 착오가 여기에서 아직 아무런 역할을 하지 않는다. 다음 금지착오단계에서 착오의 정당한 이유 내지 회피가능성 여부에서 즉 행위자가 자신의 착오에 정당한 이유가 있었는가 내지 회피할 수 있었는

---

8) 이러한 입장으로는 Börner, GA 2002, 283ff.

가 하는 문제를 검토하게 된다. 위법성조각사유에 관한 착오와 위법성조각사유의 전제사실에 관한 착오를 차별적으로 취급하지 아니하고 동일하게 평가한다. 그렇기 때문에 위법성조각사유의 전제사실에 관한 착오의 경우에는 금지의 착오로 보더라도 반드시 감경해 주어야 한다는 주장이 있는 것이다.

2. 착오론에 의한 해결 비판 – 사실의 착오와 금지의 착오의 관계

그런데 위법성조각사유의 전제사실의 착오가 잘 보여주는 바와 같이 구성요건착오와 금지착오는 구조적으로 충분히 정확하게 구별되는가 하는 의문이 있다. 양자는 모두 같이 결국 위법성의 불인식에 이르는 것이라고 볼 수 있기 때문이다(사실의 착오도 결국 법률의 착오 아닌가? 위전착이 사실착오의 성격도 가지고 금지착오의 성격도 가지므로, 사실의 착오로 한 번 처리하고 또 금지의 착오로 한 번 처리해야 하는 것 아닌가?). 그래서 (1) 구성요건착오는 금지착오의 특별한 경우라고 보는 견해(특별관계설)가 있다.[9] 자기가 무슨 행동을 하는지 알지 못하는 사람은 자기가 하는 행동이 금지되어 있다는 것도 알지 못한다는 것이다. 극장 옷보관소에서 다른 사람의 외투인지 모르고 옷을 받은 사람은 재물의 타인성이라는 구성요건표지에 관하여 착오한 것일 뿐만 아니라 금지된 어떤 행동을 한다는 것도 알지 못하는 것이다. 이러한 관점에서는 모든 구성요건착오는 동시에 금지의 착오이다. 양자는 일반법과 특별법의 관계에 있다. 이에 반하여 (2) 구성요건착오와 금지착오는 처음부터 적용을 달리하는 것이라는 입장(배척관계 택일관계설)이 있다. 구성요건에 해당하는 사실에 대해서 인식하지 못한 경우가 구성요건착오이고, 불법사태에 관하여는 완전히 알고 있으나 자기행위가 허용되어 있지 않다는 점을 알지 못하는 경우에는 금지착오가 존재한다는 것이다. 따라서 구성요건착오와 위법성조각사유의 전제사실에 관한 착오는 처음부터 형법 제16조 금지착오가 적용될 수 없다고 본다. 물론 구성요건착오와 위법성조각사유의 전제사실에 관한 착오도 "간접적으로" 금지착오로 연결된다. 그러나 형법 제16조 금지착오는 오로지 직접적인 즉 구성요건착오나 위전착에 의해 매개되지 않은 금지착오의 경우에 적용되는 것이다.[10] 즉 불법을 근거지우는 사실에 관하여는 완전히 인식하고 있음에도 불구하고 위법성의 인식이 결여된 경우에만 형법 제16조의 금지착오가 적용되는 것이다. 이와 같이 금지착오의 본래 정의에 의할 때 금지착오는 사실의 착오가 있는 경우

---

9) NK–Puppe, 5.Aufl., 2017, §16 Rn.65; Gropp, AT, 4.Aufl., 2015, §13 Rn.10; Haft, AT, 9.Aufl., 2004, S.266; Herzberg, Fahrlässigkeit, Unrechtseinsicht und Verbotsirrtum, FS–Otto, 2007, S.265.

10) Roxin, AT I, 4.Aufl., 2006, §21 Rn.3.

에는 인정되지 않는 것이다. 위전착에 있어서 엄격책임설은 사실착오와 금지착의 관계에 관한 특별관계설과는 조화될 수 있지만, 배척관계설의 입장과는 맞지 아니한다. 배척관계설의 입장에서는 과실범의 경우 금지착오의 적용이 널리 배제될 것이다. 인식 없는 과실의 경우 행위자는 법적으로 중요한 사실을 인식하지 못하고 있으므로, 그러한 사실의 인식에 의하여 매개되는 금지의 인식도 또한 결여된다. 따라서 인식 없는 과실에 있어서 사실의 불인식은 항상 구체적 행위의 금지에 대한 착오를 발생시킨다.11) 이러한 착오는 단지 "주관적 과실의 이면"에 불과하고12) 이는 금지착오로 인정되지 않는다는 것이 지금까지 거의 명백한 것으로 널리 받아들여지고 있다.13) 인식 없는 과실로 행위하는 자에게 항상 금지착오를 인정해야 한다면 이는 불합리하며 사리에 맞지 않는 결과가 된다. 왜냐하면 과실범에서는 그러한 잘못된 인식은 (고의로 행위하는 자와 비교하여) 법정형에서 고려되어 혜택을 받고 있는 것이기 때문이다. 여기에 금지착오를 인정한다면 과실범의 잘못된 인식을 이중평가하는 결과가 된다. 인식 없는 과실행위자의 금지착오는 단지 사실과 상황에 대한 잘못된 인식에 따르는 결과에 불과하므로, 이러한 착오는 과실범의 법정형 속에 고려된 것이다.14) 즉 과실범에서 상황을 잘못 인식했다는 비난은 고의범의 경우와 같이 의미있는 것은 아니다. 과실범의 불법 비난은 여전히 존재하는 것이고, 그 착오가 회피가능했더라도 그러나 행위불법을 실현하려고 원한 것은 아니기 때문에 이 점을 고려하여 낮은 법정형이 설정되고 있는 것이다.

Ⅲ. 과실범론에 의한 해결방식

1. 과실범에서 위전착은 가능한가? – 정당화(위법성조각)의 구조와 관련하여

1) 과실범에서 위법성조각사유의 위치지움 문제 – 구성요건과 위법성의 겹침/중복/일체화

착오론에 의한 해결이 형법이론적으로 곤란하다면, 과실범에서 위법성조각사유의 전제사실에 관한 착오를 과실범론의 성립요건들의 어디에선가 고려할 수 있겠는

---

11) Neumann, Regel und Sachverhalt in der strafrechtlichen Irrtumsdogmatik, FS–Puppe, 2011, S.178.

12) Schünemann, Moderne Tendenz in der Dogmatik der Fahrlässigkeit – und Gefährdungsdelikte, JA 1975, 788.

13) LK–Vogel, 12.Aufl., 2010, §17 Rn.109; NK–Neumann, §17 Rn.86; Jakobs, AT, 2.Aufl., 1991, 19/34.

14) MK–Joecks, 3.Aufl., §17 Rn.73.

가 하는 해결가능성을 모색하게 된다. 상기 사례에서 위험상황이 존재하고 자신이 행위불법을 행하지 않는다는 갑의 인식은 과실범론에서 어떻게 고려될 수 있는가? 만약 정당화상황이 실제로 존재했다면 갑은 과실불법이 조각될 것이다. 그러면 이때 갑의 과실은 정당방위상황 긴급피난상황 때문에 일어난 것이 아닌가? 그렇다면 아예 갑에게 과실이 없다고 해야 하지 않는가? 갑의 객관적 주의의무위반 여부를 결정하는 데 있어서, 갑이 정당방위나 긴급피난상황에 있었다는 사실이 이미 고려되어야 하는 것이 아닌가? 상기 사례들에서 갑에게는 과실이 없는 것은 아닌가? 여기에서 제기되는 문제는 과실범에 있어서 위법성조각사유의 존재는 위법성 차원에만 제한되어 영향을 미치는 것인가 아니면 객관적 주의의무위반 여부를 결정하는 하나의 척도까지 되는 것은 아닌가 하는 점이다. 여기에는 과실범에서는 구성요건과 위법성차원이 밀접하게 관련되어 작용하고 있다는 고려가 바탕에 깔려 있는 것으로 보인다. 개개 과실범의 객관적 구성요건에 해당하는가 여부 즉 행위자의 행위에게 구체적 상황하에서 어떠한 행위가 요구되는가는 미리 확정적으로 기술되어진 구성요건에 따라 경직되게 정해지는 것이 아니라, 개별 사안별로 상이하게 결정되는 것이다. 그러므로 정당화되는 위험의 창출은 주의의무위반 즉 행위자에게 요구되는 행위요구에 위반한 것으로 파악할 수 없다.[15) 즉 정당화사유가 존재한다면 이는 동시에 행위자가 과실범의 행위요구에 위반한 것이 아닌 것이 된다. 그리하여 과실범에 있어서는 위법성조각사유가 존재하면 이는 위법성뿐만 아니라 구성요건해당성에 영향을 미친다. 결국 과실범에서는 구성요건차원과 위법성차원이 중복되거나 겹치고 일체화된다는 것이다.[16)

그러나 학설은 거의 완전히 일치하여 위법성조각사유의 존재는 단지 실현된 구성요건을 정당화하는 것으로 본다.[17) 주의의무위반이 존재하여 과실범의 구성요건실현은 확실히 인정되고, 추가적인 사정들이 — 과실 자체는 제거하지 아니하고 — 정당화의 요건들을 충족하여 불가벌이 되는 사례들이 있기 때문이다.[18) 위법성은 독자적인 의미를 가지는 것이다. 구성요건과 위법성을 통일적으로 취급하는 것은 양자의 가치적 상이함과 위법성조각사유의 특별한 요건들을 무시하는 것이 된다. 만약 과실범에서는 구성요건과 위법성이 분리되지 않고 일체화된다면, 과실범에 있어서 위법성조

---

15) 이정원, 과실범과 위법성조각사유, 고시계 2002/8, 29면 이하에서는 과실범죄에 정당화상황이 존재하는 때란 애당초 법률이 주의의무를 부과하지 않는 경우라고 한다. Vgl. Ludes/Pannenborg, Jura 2013, 28.

16) 정영일, 전게논문, 84면에서는 과실범에서 주의의무는 구체적 상황을 참작해서만 결정될 수 있기 때문에, 고의범과 같은 구성요건과 위법성요소의 구분은 행해지기 어렵고 주의의무 속에 함께 용해되어 있는 것이라고 한다.

17) 과실범의 경우 주의의무위반에서 위법성조각사유를 분리하지 않는 입장으로는 Donatsch, Sorgfalts—pflichtverstoß und Erfolg beim Fahrlässigkeitsdelikt, 1987, S.76ff.

18) Roxin, AT I, §24 Rn.99.

각사유의 전제사실에 관한 착오는 존재하지 않는 것이 되거나 혹은 독자적인 의미를 상실하게 될 것이다. 과실범의 위전착은 객관적 주의의무위반 여부의 검토문제로 된다. 그러나 과실범에서 구성요건과 위법성을 구별한다면 위전착에 독자적인 의미가 부여될 여지가 가능하다.

2) 과실범에 있어서 주관적 정당화요소

위법성조각사유의 전제사실의 착오는 정당화상황이 객관적으로는 존재하지 않는데 단지 주관적으로 존재한다고 오인한 경우이다. 위전착상태의 행위자는 단지 주관적 정당화요소만을 가지고 있다. 그런데 과실범의 경우 방위의사나 피난의사가 있을 수 있는가? 과실범의 경우에는 주관적 정당화요소 불요설이 다수설이다. 주관적 정당화요소가 의미가 없다면 자신이 정당화상황에 있고 불법을 실현한다는 주관적 인식에 아무런 의미가 부여될 수 없을 것이다.[19] 즉 주관적 정당화요소는 과실범의 위법성조각에 의미가 없는 것이다. 과실범에서 주관적 정당화요소 불요설의 근거는? 과실범에서는 방위의사나 피난의사라는 것이 존재할 수 없다는 것인가? 불요설은 그런 존재론적 논거 때문이 아니다. 과실범에서 주관적 정당화요소 불요설의 근거는 과실범의 구성요건이 고의범과 달리 객관적 구성요건으로만 이루어져 있기 때문에 위법성조각에서도 오직 객관적 상황만이 위법성조각에 의미가 있기 때문이다.[20] 어쨌든 주관적 정당화요소 불요설에 따르면 위전착은 과실범의 성립에 의미가 없다고 할 것이다. 즉 위전착상태의 행위자가 법에 충실하게 행위하려고 한다는 사실은 중요하지 않다. 그리하여 불요설에 의하게 되면 과실범에 있어서는 위전착은 존재하지 않게 되는 것이 아닌가 생각해 볼 수도 있다. 과실범에 있어서 주관적 정당화요소 불요설에 따라 결국 위전착은 착오가 아니라고 한다면, 객관적 정당화상황이 결여된 경우에 이러한 주관적 정당화의사는 어떻게 의미를 얻을 수 있는 것인가 아니면 없는 것인가? 의문이다.

물론 과실범은 사태의 객관적인 경과에 대한 것이지만, 과실범의 구성요건도 고의범과 마찬가지로 행위불법을 내용으로 포함하고 있다.[21] 과실범의 불법은 주의의무위반과 결과 그리고 양자 사이의 인과관계로 이루어진다. 과실범은 행위자에게 그가 무엇을 해야 할지 하는 행위요구를 정해 준다. 행위자가 이러한 행위요구에 위반하여 행위하면, 이것이 과실범의 행위반가치를 나타내 준다. 과실범에서 행위반가치가 존재한다면, 위법성조각사유에서 실현된 행위불법을 상쇄시키는 주관적 정당화요

---

19) NK-Puppe, §16 Rn.130f.
20) Jescheck/Weigend, AT, 5.Aufl., 1996, S.589; S/S-Perron, 30.Aufl., 2018, §32 Rn.64.
21) Roxin, AT I, §10 Rn.88; §24 Rn.3ff.

소가 필요하다고 할 것이다.[22] 주관적 정당화요소가 결여된 경우에 법적 효과에 관해서는 기수범설과 불능미수설이 대립하고 있지만, 그 때문에 과실범에서 주관적 정당화요소가 필요하다는 사실이 변하는 것은 아니다. 결국 과실범에 있어서도 행위자가 자신이 정당화상황에 있다는 인식은 의미가 있는 것이다.

이러한 인식은 단지 정당화상황의 존재와 행위불법을 행하는 점에 관한 것이다.[23] 고의범과 달리 과실불법을 실현하지 않으려는 의사는 중요하지 않다고 할 것이다. 그렇지 않으면 인식 없는 과실은 존재하지 않게 된다. 즉 행위자가 피해자에게 발생되는 법익침해의 가능성을 인식하지 못했다면, 그의 의사는 당연히 결과에 관련된 것이 아니다. 그러므로 정당화의사는 결과와 관련된 것이 아니라 단지 행위와 관련된 정당화의사로 족한 것이다.[24] 주관적 정당화요소의 의미가 '행위'반가치에 관한 것이라면, 이는 당연히 '행위'에 관련되는 것이며 따라서 결과야기의 의사는 필요로 하지 아니한다.[25]

2. 책임과실에서 위전착의 고려

1) 주관적 과실 내지 책임과실 – 주관적 인식가능성

고의범의 경우와 마찬가지로 과실범에 있어서 위법성조각사유의 전제사실에 관한 착오는 사실의 착오로 평가되는데, 과실범에서의 사실의 착오는 중요하지 않다.[26] 위에서 살펴본 바와 같이 고의조각/과실범이라는 법적 효과는 과실범에서는 의미가 없기 때문이다. 상기 사례들에 있어서 구성요건단계에서 갑에게는 구성요건과실이 인정되고, 다음으로 위법성단계에서 객관적 정당화상황 즉 정당방위상황 내지 긴급피난상황이 존재하지 않으므로 위법성이 조각되지 않고 위법성이 인정된다. 이와 같이 과실범의 위전착에서는 과실불법이 인정되는 것이다. 이제 책임단계에서 과실범의 책임이 조각될 수 있겠는가를 검토하는데, 위전착은 사실의 착오로 평가되므로 형법 제16조 금지착오를 적용하지 못하거나 적용해서는 안 된다(이점이 가능하다는 입장이 앞에서 살펴본 착오론(II)에 의한 해결방식이었다). 그러므로 주관적 과실 내지 책임과실에서

---

22) 임웅, 형법총론, 220면; 김일수, 한국형법 II, 1996, 430면; 김일수/서보학, 새로쓴 형법총론, 제12판, 2014, 331면; 김성돈; 형법총론, 제5판, 2017, 500면; 오영근, 형법총론, 제4판, 2018, 188면; 이훈동, 과실범에서의 주관적 정당화요소, 외법논집 제40권 제4호, 2016, 213면; 홍영기, 불법평가에서 주관적 정당화요소의 의의, 형사법연구 제27권 제4호, 2015, 51면.

23) Gropp, AT, §12 Rn.104; Roxin, AT I, §24 Rn.105.

24) Gropp, AT, §12 Rn.104; Roxin, AT I, §24 Rn.95.

25) 김일수, 한국형법 II, 430면; 이훈동, 전게논문, 219면.

26) Arzt, Zum Verbotsirrtum beim Fahrlässigkeitsdelikt, ZStW 91 (1979), 871f. 다른 견해로는 MK-Joecks, §17 Rn.74; Börner, GA 2002, 281f.

이를 검토하게 된다. 그리고 이 경우 금지착오 보다는 유리하게 하자는 취지가 바탕에 깔려 있는 기본사고이다. (적법행위의 기대가능성 여부에서 검토할 수는 있는 것은 아닌가? 그렇게 되면 위법성조각사유의 전제사실에 관한 착오가 책임조각사유의 전제사실에 관한 착오로 되어 버린다. 그리고 적법행위에의 기대불가능성은 흥분이나 격앙상태가 의무에 합치되는 행위를 억제한 경우에 인정된다. 오상방위나 오상피난 행위자는 방위행위나 피난행위를 냉정한 계산에서 수행한다고 우리들은 충분히 생각할 수 있다. 따라서 적법행위의 기대불가능성은 위전착 문제의 해결에 도움이 되지 못한다.) 위전착은 만약 정당화상황이 실제로 존재했다면 불법이 조각되는 경우인데, 행위자는 정당화상황이 존재하지 않는다는 것을 '자신의 주관적 능력에 비추어 볼 때' 인식가능했는가?

2) 견해의 대립 – 위전착 있는 과실범과 위전착 없는 과실범에서 주관적 인식가능성의 구별

(1) 주관적 (책임)과실조각 긍정설

현재의 부당한 침해 혹은 현재의 위난이 존재한다는 인식은 원칙적으로 사태를 합리적으로 혹은 시간적 여유를 가지고 분석하여 정말로 자신이 위험이 노출되어 있는지를 검토할 수 없게 만든다는 것이다. 이러한 객관적이고 심리적인 이유에서 위전착상태의 행위자는 어려움에 처하여 있다. 그의 감정상태는 대부분 공포 당황 불안과 같은 심약적 충동에 의해 지배되고 있다는 것이다. 이러한 상황은 자신의 능력에 따라 착오를 인식하지 못하게 할 수 있다. 이러한 심리적 압박상황과 그에 따라 사태관찰을 제대로 할 수 없음을 고려하여, 책임과실 내지 주관적 주의의무위반을 부정하자는 견해이다.[27)]

상기 오상피난 사례에서 갑에게는 자신이 행위불법을 실현한다는 것이 인식가능하였는가? 갑은 아내의 자살의사를 알고 있었다. 따라서 수면제 봉투를 보고 갑은 감정적으로 공포감에 사로잡혔다. 갑은 의학적으로 문외한이므로 정당화상황이 존재하지 않는다는 것을 인식할 수 없었다. 갑에게는 책임과실 내지 주관적 과실이 조각된다. 갑은 무죄이다.

물론 만약 개별사례에서 갑에게 주관적 과실 내지 책임과실이 인정되는 경우라면 다음으로 위법성인식의 결여로 금지착오가 문제되지만, 금지착오의 판단기준이 되는 정당한 이유 내지 회피가능성은 과실척도보다 더 엄격하거나 같은 수준이므로, 이러한 사례에서 금지착오의 적용은 책임을 조각시키지 못한다. 어쨌든 과실범의 위전착을 책임과실 내지 주관적 과실에서 검토하는 것이 금지착오로 처리하는 것보다는 유리하다. 그리하여 위법성조각사유의 전제사실에 관한 착오는 위법성에 관하여 잘못

---

27) Ludes/Pannenborg, Jura 2013, 28.

된 인식을 가지는 금지착오보다 ─ 과실범의 경우에도 ─ 유리하게 취급되게 된다.

(2) 주관적 (책임)과실조각 부정설

주관적 과실 내지 책임과실에서는 객관적 주의의무위반을 개인적 능력에 의하여 인식하고 회피가능하였는가 여부를 검토하는 것이다. 적법행위에의 기대불가능성 문제와는 구별하여, 여기에서는 의무에 합치되는 행위를 할 수 있는 "능력"이 문제되는 것이다. 즉 개인적 주의능력이다. 예컨대 지식, 경험, 연령, 지능, 신체조건, 성격적 결함 내지 정서적 결함 등이다.[28] 갑은 정상인이다. 상기 경고사격사례에서 객관적 주의의무위반과 관련하여 갑은 권총을 발사할 때에는 다른 사람에 대한 위험을 회피하기 위하여 주의 깊고 조심스럽게 다루어야 한다는 의무를 위반하였다. 이러한 주의의무위반은 행위자에게도 원칙적으로 인식가능하다. 또한 갑은 다른 방향으로 사격한다거나 사격을 포기함으로써 의무합치적으로 행위할 수 있었다. 설사 더 주의를 기울여도 침해가 있다고 오인할 수 있다고 하더라도, 갑은 자신의 사격으로 실현될 수 있는 사망의 위험을 예견가능하고 회피가능했다고 보여진다는 견해이다.[29] 갑에게 주관적과실 내지 책임과실이 조각될 여지는 처음부터 없다. 결국 주관적 주의의무위반 내지 책임과실은 갑의 위전착을 해결하지 못한다.

이와 같이 주관적 주의의무이반의 척도로도 위전착 문제를 형법이론적으로 해결하지 못한다면 어떻게 할 것인가? 가벌성 제한을 위한 이제까지의 시도들이 가능하지 않다면, 다른 방법은 모색될 수 있을 것인가?

3. 면책가능한 허용된 위험 – 주관적 과실의 제한원리

잘못된 상황판단의 과실을 어떠한 척도로 판단할 것인가? 주관적 과실 내지 책임과실과 같이 개인적 주의능력을 기준으로 판단할 수 있는 것인가? 그렇다면 갑은 주관적 주의의무위반은 당연히 긍정되는 것이 아닌가? 위전착의 경우 이제 이 지점에서 중요한 것은 개별적 인식가능성이 아니라, 상기사례에서 갑은 사태가 예상과 달리 전개될 수 있는 가능성 즉 착오의 위험을 고려하여 자신의 법익보호를 포기하고 정당방위나 긴급피난의 행사를 자제해야 할 것인가 하는 점이 아닐까? 사후적인 관점에서의 '착오' 자체가 아니라, 사전적인 관점에서 착오의 '위험'이 아닐까? 그리하여 이익의 형량이 중요하게 되는 것은 아닌가? (사후적인 관점에서 사전적인 관점으로, 착오에서

---

28) 임웅, 형법총론, 560면.
29) Börner, GA 2002, 280f.

착오의 위험으로 관점을 가져가면 이익형량의 길이 열린다는 것이다. 그러면 거기서 주관적 과실의 제한원리가 나올 수 있다는 이야기이다. 거꾸로 말하면 이익형량으로 나아가기 위해서 착오 자체가 아니라 착오의 위험을 사고하는 것이다. 위전착 즉 오상방위나 오상피난도 이익의 충돌상황 아니겠는가.)

위법성조각사유의 전제사실에 관한 착오의 경우에 판단기준이 되고 있는 과실 내지 회피가능성이라고 하는 척도는 그 실질을 고찰해 보면 주어진 상황에서 '사실의 인식에 요구할 수 있는 한계'를 말하는 것이라고 할 수 있다. 그 개인에게 '자신의 정당한 이익을 고려하여' 어느 정도의 주의를 요구할 수 있는가 하는 문제이다. 갑에게는 한편으로는 '정당방위 내지 긴급피난할 수 있는 긴급권'이 있고, 다른 한편에는 '적시 상황규명의 불가능성'이라는 점이 있다. 그러므로 정당화상황의 오인가능성을 '개인적 주의능력에 비추어' 인식가능하다고 하여, 항상 행위자에게 책임을 물어서는 안 된다. 그렇게 되면 대부분의 위전착은 비난가능한 내지 회피가능한 것으로 분류될 것이다. 보통 사람들은 위협적 상황에 갑자기 직면했을 경우에, 자신이 오인한 것이 아닐까, 상대방의 행동이 오해를 살 만한 행동에 불과한 것은 아닐까, 우롱하는 정도의 행동이 아닐까 하는 등등의 '다른 가능성을 확실하게 배제할 수 없다'는 것을 분명히 알고 있다.[30]

이러한 점은 과실범의 경우 객관적 주의의무의 정도를 정함에 있어서 허용된 위험 즉 일정한 행위가 불운하게도 타인의 법익을 침해할 수도 있다면 주의 깊은 사람은 모든 행위를 중단하거나 우연에 맡길 수밖에 없는 경우와 유사하다. 이와 같이 구성요건단계에서 객관적 과실의 제한원리인 허용된 위험에 상응하여, 책임단계에서도 오상방위나 오상피난과 같은 오상정당화의 경우에 — 행위자에게 불리하지 않도록 — '착오의 위험'을 고려해 주어야 할 것이다.[31] 행위자가 처벌을 피하기 위하여, 관련이 매우 멀지만 있을 수 있는 많은 경우의 사태들까지 고려하여 정당방위나 긴급피난의 긴급권을 사실상 완전히 포기하도록 요구할 수는 없기 때문에, 위전착의 위험을 행위자에게 부과할 수는 없는 것이다. 그리하여 오상방위나 오상피난 '피해자의 보호이익'과 정당화상황과 오상정당화의 가능성이 함께 존재하는 상황하에서 방어되어야 할 '행위자의 보호이익' 사이의 형량이 문제되는 것이다.[32] 비난할 수 없는 상대방의 위전착으로 인한 피해자가 될 위험은 사전적으로 보아 최소정도이고, 이는 긴급권의 효과적인 행사가능성을 위하여 수인되어야 할 것으로 평가된다.[33]

그런데 허용된 위험과는 중대한 차이점이 있다. 허용된 위험에서의 그 위험은

---

30) Erb, Wann ist die Fehleinschätzung von Rechtfertigungslagen vorwerfbar?, FS–Rengier, 2018, S.16.
31) Jakobs, AT, 11/29; MK–Schlehofer, Vor §32 Rn.95f.
32) Erb, FS–Rengier, S.16.
33) Vgl. MK–Duttge, §15 Rn.136.

예컨대 규칙을 지킨 자동차사고의 경우와 같이 타인을 죽거나 다치게 할 극히 낮은 법익침해의 가능성을 고려하는 것이지만, 정당방위나 긴급피난과 같이 긴급권을 행사하는 경우에는 사전적으로 이미 법익침해가 개연성이 매우 높거나 심지어는 확실한 경우들이다.[34] 그렇기 때문에 위전착에서의 행위는 위법하다고 평가되어야 하며, 책임단계에서 정당화상황의 존부를 정확하게 파악할 기회가 결여되고 있다는 점이 비로소 고려되는 것이다.[35] 그리하여 오상긴급행위권의 행사에 따르는 착오의 위험이 실현되더라도 이러한 위험은 감수되어야 하며 따라서 '허용된' 위험이 아니라, '면책가능한' 위험이라고 말하는 것이다.[36] 면책가능한 허용된 위험이라는 용어는 잘못된 용어임에 틀림없다. '고의 과실의 이중적 지위'와 같이 마치 '허용된 위험의 이중적 지위'를 말하는 인상을 주기 때문이다.[37]

Ⅳ. 결어

위전착상태의 행위자는 법에 충실하게 행위하려고 했다. 그러므로 과실범에서 위법성조각사유의 전제사실에 관한 착오는 사실의 착오로 평가된다. 그런데 과실범에서는 이미 고의가 존재하지 않으므로 고의조각/과실범이라는 사실의 착오는 의미가 없다. 따라서 과실범에서는 이를 금지착오로 다루는 것이 행위자에게 유리하다는 입장이 있을 수 있다. 그러나 사실의 착오와 금지의 착오가 본질적으로 가치차이가 있다는 점에서 이러한 해결책은 받아들이기 어렵지 않은가 생각된다. 착오론에 의한 해결이 곤란하다면 과실범론에 의한 해결이 모색된다. 이때 위전착은 사실의 착오이므로 과실범이론에 따른 해결방법에서도 금지착오의 적용효과보다는 유리하게 내지 적어도 불리하지 않도록 해야 한다. 그리하여 과실범에서의 위전착은 주관적과실 내지 책임과실에 영향을 미친다는 입장이 제시되고 있다. 하나는 심리적 압박상황에서는 개인적 주의능력이 제한되어 과실범의 위전착은 주관적 과실 내지 책임과실이 조각될 수 있다는 견해이다. 다른 견해에 의하면 갑은 정상인으로서 그의 개인적 능력에 무슨 흠결이 있는 것이 아니다. 따라서 행위자 갑의 개인적 능력을 기준으로 하여 볼 때 주관적 인식가능성은 긍정되는 것이다. 심리적 압박을 받고 있다고 볼 수 있지만

---

34) Reip, Täterhandeln bei ungewisser Rechtfertigungslage, 1996, S.34.
35) Erb, FS-Rengier, S.17.
36) Erb, FS-Rengier, S.17.
37) 본고에서는 단지 생소한 용어의 이해를 위해서, 면책가능한 허용된 위험이라는 잘못된 용어를 의식적으로 사용하였다.

행위자는 정당방위나 긴급피난의 행사를 냉정하게 계산하고 있다. 오상방위나 오상피난은 기본적으로 이익의 충돌상황인 것이다. 이러한 의미에서 위전착은 위법하지만 면책이 가능한 허용된 위험으로서 주관적 과실 내지 책임과실이 제한될 수 있다는 것이다.

어떠한 해결방식이 이론적으로 가능하고 더 나은 것인지 필자로서는 잘 모르겠다. 그러나 본고에서 어느 정도 암시는 되었으리라고 보여진다. 어쨌든 과실범에 있어서의 위법성조각사유의 전제사실에 관한 착오가 착오론과 과실범론을 종래와는 다른 시각으로 바라볼 수 있는 계기를 우리에게 제공해 줄 수도 있지 않을까 생각된다.

2. 위법성조각사유의 전제사실의 착오에 대한 대법원판례의 이해구조

- 오상을 이유로 하는 위법성조각과 정당방위상황의 인정 -

- 판례의 시각에 대한 학계의 이해부족 -

2. 위법성조각사유의 전제사실의 착오에 대한 대법원판례의 이해구조*

- 오상을 이유로 하는 위법성조각과 정당방위상황의 인정 -
- 판례의 시각에 대한 학계의 이해부족 -

목차

I. 들어가며

현재의 부당한 침해 즉 정당방위상황이 존재하지 않음에도 이를 존재한다고 오인하여 방위행위로 나아간 경우에, 객관적으로는 정당방위의 요건을 갖추지 못하였기 때문에 위법성은 조각되지 아니하고 이를 사실의 착오로 볼 것인가 아니면 법률의 착오로 볼 것인가에 관하여 다툼이 있다. 전자의 견해는 정당방위상황이 존재한다고 오신하여 행한 방위행위에 관하여 고의조각을 인정하는데, 후자의 견해는 이 경우 고의조각을 부정한다. 이와 같이 오상방위의 문제는 오상에 기초한 방위행위에 관하여 고의범으로 처벌할 것인가 아닌가 하는 점이 주된 논의의 대상이 되고 있다.

그러나 정당방위 오상방위의 성부가 문제로 되고 있는 대법원판례에서는 객관적으로 보면 정당방위상황이 존재하는지 여부가 의심스러운 본 사안과 같은 경우에 (1) 우선 「일정한 상황하에서는」 ― 정당방위상황이 존재하지 않았음에도 불구하고 ― 정당방

---

* 형사판례연구 제24권, 한국형사판례연구회

위상황의 존재를 긍정하여 반격행위의 정당화를 인정하고 있다. (2) 다음으로 객관적으로 생명의 위험이 급박하다고는 할 수 없는데 피침해자는 이를 알지 못하고 자기 생명을 보호하기 위하여 반격행위로 나아갔다면 오상방위가 성립되며, 이러한 오상방위는 일정한 경우에는 피침해자의 오상을 이유로 위법성조각을 인정하고 있다. 이와 같은 재판실무의 사고방법을 명확하게 정리하는 것은 오상방위가 문제로 되는 사안의 실무처리의 지침으로서 역할을 할 수 있을 것으로 생각된다. 즉 오상방위가 문제되는 사안들에는 피고인이 단순한 실수로 정당방위상황이 존재한다고 오신한 사안에서부터 싸움에 직면해서 신체의 위험이 급박하다고 오신하지 않을 수 없는 사안까지 여러 가지 다양한 유형이 존재한다(전적으로 단순한 실수로 현재의 부당한 침해를 오상하는 케이스는 교실사례에서는 생각할 수 있지만[1] 현실적으로는 거의 발생하지 않고 오히려 본 대상판결의 사안과 같이 상대방이 무언가 범죄적인 액션을 함으로써 침해를 오신하게 된 경우가 많다). 이와 같이 다양한 사안들을 「정당방위상황의 오신 유무」라는 단순한 기준으로 일률적으로 처리하는 것은 곤란하다. 여기에서 재판실무가 오상방위가 문제되는 사안을 어떻게 처리하고 있는가를 명확히 하는 것은 이러한 사안의 적절하고 효율적인 인정에 기여할 수 있다고 생각된다. 즉 오상을 이유로 위법성조각을 인정한다고 생각되는 판례가 존재하는 이상, 그 위법성조각의 구조를 살펴보는 것은 정당방위상황의 오상에 관한 재판실무의 사고논리를 이해하기 위하여 의미가 있다는 것이다.

　　이와 같은 문제의식에 기초하여 본 논문은 오상방위를 고의의 문제로 보는 학계의 입장과 달리 오상을 이유로 위법성조각을 인정하는 판례의 입장을 검토하여 그 구조를 명확히 하려고 시도하는 데 목적이 있다. 그런데 이러한 학계의 시각은 오상을 이유로 위법성조각을 긍정하는 판례의 견해와는 대립되는 것인가? 오상을 이유로 하는 위법성조각을 인정하는 판례도 오상방위를 일부분 즉 일정한 경우(정당한 사유가 없는 경우 예컨대 정당방위상황이 존재하지 않음이 명백한데 피고인의 인식에 문제가 있는 경우와 같이 정당방위상황의 순수한 오신만이 문제되는 경우)에는 사실의 착오로 보아 고의 조각을 인정하고 있는 것은 아닌가? 결론부터 말하면 판례는 오상을 이유로 위법성조각을 인정함에 있어서 ― 정당방위상황의 존재 여부 판단에 있어서 자신의 고유한 판단방법을 사용하고 있음에도 불구하고 ― 어떤 경우에는 정당방위상황의 존재를 인정하여 위법성조각을 인정하고(본 대상판결인 초소경비병 사건), 또 어떤 경우에는 정당방위상황의 오신만을 인정하는 경우에도 역시 위법성조각을 인정하고 있다는 것이다(역

---

1) 교과서에서는 예컨대 택배배달부가 들어오는 것을 강도가 들어오는 것으로 오인하거나 어두운 밤길을 걷던 행인이 맞은편에서 친구가 반가워서 달려오는 사실을 모르고 강도의 기습을 받고 있다고 생각하는 경우(김성돈, 형법총론, 제4판, 2015, 303면, 410면), 장난으로 들이댄 장난감총을 진짜로 오인하는 경우(배종대, 형법총론, 제12판, 2016, 345면) 등이 제시되고 있다.

시 본 대상판결인 초소경비병 사건). 또 어떤 경우 — 단순한 오상방위의 경우 — 에는 사실의 착오로 보아 고의조각을 인정한다는 전제에 기초하고 있는 것이 아닌가(경찰관 총기발사 사건에서 업무상과실치사의 죄책을 문제삼고 있다) 분석된다. 이와 같이 본 논문의 목적은 오상방위에 관한 판례의 내용을 검토하여 그 근저에 있다고 생각되는 실질적인 가치판단의 내용을 살펴보는 데 있다. 그리고 이러한 재판실무의 사고방법이 현재 형사소송절차에 비추어 어떠한 역할을 하고 있는가에 관하여도 간단히 살펴보기로 한다.

Ⅱ. 오상방위를 고의조각의 문제로 보는 학계 – 착오론에서 접근

1. 고의조각을 인정하는 입장

오상방위의 문제에 관하여 학계에서는 정당방위상황의 오신을 이유로 고의조각을 인정해야 할 것인가(사실의 착오설) 아닌가(법률의 착오설)가 논의의 대상이 되고 있다.[2] 이에 관한 학설대립의 본질은 구성요건을 기초지우는 사실(예컨대 사람을 살해한다는 사실)의 인식과 위법성조각사유를 기초지우는 사실(예컨대 현재의 부당한 침해가 존재한다는 사실)의 인식을 동질·대등한 것으로 볼 것인가 이질적인 것으로 볼 것인가에 있다. 양자를 동질 대등한 것으로 본다면(가치적으로 같은 것으로 본다면), 구성요건에 해당하는 사실의 인식이 있더라도 위법성조각사유에 해당하는 사실의 인식이 존재하면 전자가 후자를 해소함으로써 고의가 있다고 할 수는 없다는 것이다. 그러나 구성요건에 해당하는 사실의 인식과 위법성조각사유에 해당하는 사실의 인식을 이질적인 것으로 본다면 (가치적으로 다른 것으로 본다면) 전자의 인식이 있으면 위법성의 인식을 환기하는 의미에서의 사실의 인식은 있다고 보아 고의를 긍정하게 된다. 달리 표현하면 위법성조각사유의 전제사실에 관한 착오에 관하여 고의조각을 인정하는 사실의 착오설과 고의조각을 부정하는 법률의 착오설의 대립은 본질적으로 「고의의 인식대상으로서 구성요건에 해당하는 사실을 인식하면 충분한가?」 이와 관련된 논의이다.[3]

오상방위에 있어서 고의조각을 인정하는 견해 중에서 유추적용설에 의하면, 현재의 부정한 침해를 오인한 경우에는 구성요건에 해당하는 사실은 인식하면서도 위법성조각사유에 해당하는 사실을 인식하고 있기 때문에 전체적으로 불법을 기초지우는 사실의 인식은 존재하지 않아서 불법고의를 인정할 수는 없다고 본다. '위법성조

---

2) 학설의 자세한 내용과 헤아리기 어려운 수많은 문헌은 김종구, 우리 형법학에서 정당화 사정의 착오론의 의미, 형사법연구 제28권 제1호, 2016, 62면 이하 각주들 참조.
3) 김성돈, 형법총론, 229면 참조.

각사유에 해당하는 사실의 착오'를 한 오상방위를 '구성요건에 해당하는 사실의 착오' 와 동일하게 평가한다는 것이다. 그런데 이는 구성요건해당성 단계에서 존재한다고 긍정된 구성요건고의가, 위법성조각사유의 전제사실의 착오에 의하여 「사후적으로」 부정되고 그에 따라 과실범의 성부가 문제된다고 하는 것이다. 이는 구성요건의 범죄 개별화 기능을 부정하는 것으로 되어버린다. 구성요건에 가장 기대되는 기능은 '구성 요건해당성 없으면 범죄 없다'는 죄형법정주의 기능이라고 생각된다. 구성요건이 이 러한 죄형법정주의 기능을 하기 위해서는, 고의 과실이 구성요건요소가 아니면 안 된 다. 그리고 이러한 죄형법정주의 기능은 어떤 범죄를 다른 범죄를 구성요건해당성 단 계에서 구별할 것을 요구한다. 이를 위해 구성요건해당성 단계에서 고의범과 과실범 을 구별하는 것이 중요하다.[4]

법효과제한적 책임설에 의하면 오상방위는 사실의 착오이지만 이 경우 조각되는 고의는 구성요건고의가 아니라 책임고의이며, 그에 따라 고의범은 성립될 수 없고 오 인에 과실이 인정되는 경우에 과실범이 성립된다고 한다. 구성요건고의의 인식대상은 '개별 범죄유형에 관계되는 사실' 즉 객관적 구성요건에 해당하는 사실이며, '위법성 조각사유의 전제되는 사실'은 '개별 범죄유형에 관계되는 사실'은 아니기 때문에 책임 고의의 인식대상이라고 이해해야 한다는 것이다. 고의의 인식대상이 되는 '구성요건 에 해당하는 사실'을 인식하고 있으므로 구성요건적 고의 그 자체는 조각될 수 없지 만, 인식한 사실은 법이 인정하고 있는 '위법성조각사유에 해당하는 사실'이며 그 자 체로는 법질서에 충실한 것이고 법에 적대하는 것은 아니다. 따라서 고의의 책임비난 을 부정할 수 있다는 것이다. 이는 형사정책적으로 보아 고의범을 중한 법정형으로 처벌하는 것은 타당하지 않다는 생각에 기초한다. 이에 대하여는 일단 구성요건적 고 의가 인정되고 고의범의 구성요건해당성이 긍정되었는데, 다시 과실범의 구성요건해 당성에 해당한다고 인정할 수 있는가 하는 의문이 제기될 수 있다(되돌아 판단하기 현 상). 구성요건적 고의를 인정하면서 과실치사상죄의 성립을 인정하는 것은 타당하지 않다는 비판이다. 구성요건해당성을 일단 판단하고 나서 다시 출발점으로 되돌아와서 구성요건해당성을 다시 판단하지 않으면 안 된다는 것이다.[5]

이러한 문제점을 회피하기 위한 것 중의 하나가 소극적 구성요건표지론인데,[6] 구성요건해당성 판단과 위법성조각사유의 판단의 질적 차이를 무시한다는 비판을 받 고 있다. 법효과제한적 책임설에서는 이러한 되돌아와서 판단하는 현상에 대한 비판

---

4) 정성근/박광민, 형법총론, 전정2판, 2015, 355면.
5) 김성돈, 형법총론, 414면; 김일수/서보학, 새로 쓴 형법총론, 제12판, 2014, 193면, 194면; 정성근 /박광민, 형법총론, 357면.
6) 이상돈, 형법강론, 2015, 285면.

을 어떻게 해결하고 있는가? 이러한 비판은 '고의는 결과의 인식, 과실은 결과의 불인식'이라는 형태의 상호 배타적인 관계에 있다는 사고에 기초하고 있다. 그러나 과실은 단순한 결과의 불인식이 아니다. 결과의 예견가능성이 과실의 본질적 요소이다. 그렇다면 고의와 과실은 결과의 예견가능성이라는 부분에서 중첩 내지 공통되고 있다. 고의는 범죄사실의 인식이고 과실은 범죄사실의 인식가능성이라고 하는데, 고의는 어떻게 범죄사실을 인식하게 되었는가? 범죄사실을 인식하는 것이 가능했기 때문에 즉 예견가능성이 있었기 때문이다. 다시 말하면 결과발생의 예견가능성이 있었는데, 실제로 결과발생을 예견한 것이 고의이고 실제로 예견하지 못한 것이 과실이다. 예견가능성은 고의와 과실에 공통되는 요건이다. 이렇게 생각하면 살인죄의 구성요건적 고의가 인정된다는 것은 사망결과에 대한 예견가능성이 존재한다는 것이므로, 이는 동시에 과실치사의 구성요건에 해당한다는 것을 의미하고 따라서 과실치상죄의 성립을 인정하는 것에 지장은 없다. 즉 구성요건적 고의 속에 구성요건적 과실이 포함되어 있다는 것으로 볼 수 있다는 논의전개이다. 구성요건적 고의와 구성요건적 과실은 양립할 수 없는 관계에 있다는 것이 전통적인 이해였던 것으로 보인다. 그런데 법효과제한적 책임설의 입장에 따르면 과실범에는 두 가지 종류의 유형이 있는 것으로 보인다. 제1유형은 구성요건적 사실의 인식이 결여된 경우로서, 통상의 과실범은 이에 해당한다. 제2유형은 구성요건적 사실은 인식하여 구성요건고의는 인정되지만 정당화사정을 오인하였기 때문에 위법성을 기초지우는 사실의 인식이 결여된 경우로서 책임고의가 없어서 고의범은 성립되지 않고 과실범이 성립하는 것으로 되는 과실범이다. 즉 이는 위법성조각사유의 전제사실에 관하여 착오하는 행위자의 책임이 질적으로 과실책임과 일치하는 때에는 비록 고의불법이 인정된다고 하더라도 과실형벌을 부과하는 것은 당연하며, 고의책임의 탈락에 의해 과실이 의제되는 것이 아니라 과실의 새로운 영역이 발견된다는 것이다.[7]

사실의 착오설의 사고과정을 분석하면 결국 어느 입장도 실질적으로는 고의범이 성립하기 위하여는 구성요건에 해당하는 사실의 인식과 위법성을 기초지우는 사실의 인식이 요건으로 된다는 점에 다툼은 없는 것이다. 그러므로 오상방위의 경우는 고의범이 불성립하게 된다. 그런데 종래의 논의에는 고의가 조각된 이후에 과실범의 성립에 관하여 불충분한 점이 있다고 생각된다. 이때의 과실범은 정당화사정의 존재에 관한 과실이다. 이 경우의 과실은 정당화사정의 존부를 주의 깊게 검토하지 않았다는 주의의무위반이다. 예컨대 '사전에 상대방의 동작을 잘 관찰하여야 하는데 이를 하지 않았다'는 것이다. 종래의 학설은 구성요건적 고의가 있다는 이유로 이러한 과실의

---

7) 천진호, 형법총론, 2016, 585면.

인정을 방치하였던 것 같이 생각된다. 구성요건적 고의는 예컨대 '피해자를 칼로 찌르는 것에 대한 인식이 있었다'는 것이다. 양자는 동일하지 않다. 그런데 책임단계에서 과실범으로 이동할 때 검토되어야 할 과실요건은 구성요건적 고의의 단계에서는 문제가 되지 않았던 새로운 주의의무가 포함된다. 이를 책임과실의 요건으로 위치시켜 그 존부를 음미할 것인가?에 관하여는 더 논의할 필요가 있다. 우선 구성요건적 고의는 그대로 남기면서 책임과실의 유무를 검토함으로써 과실범의 성부를 결정하는 방향이 있을 수 있다. 그런데 정당화사정의 불인식이란 구성요건적 고의가 있다는 것을 전제로 정당화사정의 불인식에 관하여 주의의무위반이 있다는 것이다. 즉 새롭게 주의의무위반이라는 사실이 추가되는 것이다. 여기서 문제가 되는 주의의무위반행위에 대해서는 아직 구성요건해당성도 위법성도 검토되지 않았다. 이것을 느닷없이 책임단계에서 검토하여 이를 근거로 처벌하는 것은 구성요건해당성의 확인 없는 행위를 처벌한다는 점에서 죄형법정주의 위반의 염려가 있다. 즉 이러한 주의의무위반행위는 당초 문제가 되었던 고의행위와는 다른 사실에 관한 판단이기 때문에, 다시 구성요건해당성부터 검토되어야 한다. 따라서 이때 과실이 인정되어 유죄로 해야 할 경우에는 — 공소장변경을 하지 아니하고 축소사실을 인정할 수는 없고 — 공소장변경이 필요하다고 보인다. 오상방위의 경우는 고의범에서 과실범으로 죄명이 변경되므로 피고인의 방어권에 커다란 영향을 미치기 때문이다.

2. 고의조각을 부정하는 입장

오상방위에 의한 고의조각을 부정하는 견해는 오상방위를 법률의 착오로 평가한다. 이 견해는 고의의 인식대상으로서 행위자가 불법유형으로서의 구성요건에 해당하는 사실을 인식하고 있는 한 고의의 인식대상으로서 충분하다는 사고에 근거하고 있다.[8] 정당방위라고 오신한 것은 법률상 허용되지 않는 것을 허용된다고 오신하는 위법성의 착오에 지나지 않고 따라서 오상방위를 이유로 하는 고의조각을 부정한다(엄격책임설). 엄격책임설은 고의를 구성요건에 해당하는 사실의 인식으로 충분하다고 한정하여, 정당화사정의 착오를 위법성의 착오에 포함되는 것으로 보고 따라서 고의와는 무관계하다고 본다. 이 견해는 불법유형으로서의 구성요건에 해당하는 사실을 인식하기만 하면 고의가 인정되고 「행위자는 규범의 문제에 직면하고 있다」고 보는 것이다. 따라서 정당화사정의 착오에 있어서는 과실범이 성립할 여지는 없다. 고의범이 성립하는가 책임이 조각되는가 하는 문제일 뿐이다. 엄격책임설은 구성요건해당성과

---

8) 김성돈, 형법총론, 229면.

위법성조각사유가 범죄체계론에서 차지하고 있는 역할에 차이가 있다는 점을 강조하는 것이다. 구성요건에 관한 착오는 사실의 착오, 위법성조각사유에 관한 착오는 위법성의 착오라고 하여, 양자에 상응시켜 착오론을 구축하고 있는 점에 엄격책임설의 특징이 있다. 구성요건은 법익침해행위를 유형화한 것으로, 구성요건에 해당하는 사실(법익침해 사실)을 인식하는 것은 고의불법과 과실불법을 구별하기 위하여 불가결하다. 그런데 위법성조각사유는 구성요건에 해당하는 행위의 허용성을 판단하는 단계이다. 그 판단기준은 목적과 수단의 상당성이나 법익형량의 원칙 등과 같은 규범적인 기준이며, 허용되지 않는 행위를 허용된다고 생각한 점은 위법행위에의 의사결정이 비난가능한가 아닌가 하는 문제로 된다는 것이다. 이러한 견해에 의하면 구성요건에 해당하는 사실(법익침해 사실)을 인식하면, 자기 행위의 위법성을 인식하고 따라서 반대동기를 형성할 기회는 주어지고 있다고 보기 때문에, 고의의 인식대상은 구성요건에 해당하는 사실에 그친다고 한다. 범죄체계론적 일관성의 관점에서 우수한 학설이라고 평가될 수 있다.

이 견해에서는 오상방위를 이유로 고의조각은 인정되지 않기 때문에, 이에 기인하여 발생하는 되돌아 판단하기 현상은 발생하지 않는다. 그러나 행위자가 구성요건에 해당하는 사실을 인식하고 있지만 동시에 위법성을 조각시키는 사실을 인식하고 있는 경우에는, 「행위자가 규범의 문제에 직면하고 있다」고는 말할 수 없다.[9] 따라서 정당방위의 요건 그 자체를 오해한 경우와 오상방위와 같이 위법성조각사유의 전제사실의 착오의 경우를 동일하게 처리할 수는 없다는 것이다. 구성요건해당성을 기초지우는 사실(법익침해를 기초지우는 사실)을 인식하더라도 동시에 위법성조각사유를 기초지우는 사실이 존재한다고 인식하고 있는 행위자는 — 자기 행위가 위법하다는 것을 판단할 자료가 전부 마련되었다고는 할 수 없기 때문에 — 위법성을 의식할 가능성 내지 기회가 주어지고 있다고 볼 수 없다. 이러한 경우 법에 적대적인 심정을 가지지 않는 행위자의 심리상태를 고의범으로 직접 비난할 수는 없고, 정당화사정의 존재를 오인한 부주의에 대하여 과실범으로 간접적으로 비난할 수 있음에 지나지 않는다고 보여진다. 구성요건에 해당하는 사실도 위법성조각사유를 기초지우는 사실도 행위가 위법한가 아닌가를 결정하는 데 있어서 질적 차이는 없다고 생각된다.

---

9) 임웅, 형법총론, 제7정판, 2015, 324면.

3. 견해대립의 핵심 : 고의의 인식대상 – 위법성 인식의 환기와 관련하여

범죄성립요건으로서 고의가 필요한 것은 범죄사실을 인식하면 자기 행위의 위법성을 환기시킬 수 있어서 반대동기 형성이 가능하기 때문이다.[10] 그런데 다수설과 엄격책임설은 자기 행위의 위법성을 환기하는 데 필요한 사실인식의 범위 즉 고의의 인식대상에 결정적인 차이점이 있다. 다수설은 고의의 인식대상을 구성요건에 해당하는 사실과 정당화사정 부존재의 사실이라고 하는데, 엄격책임설은 고의의 인식대상을 구성요건에 해당하는 사실에 한정한다. 부정확한 비유이지만 다수설은 가령 구성요건해당성을 기초지우는 사실의 인식이 있으면 플러스 100의 위법성을 인식하는 것이 가능하다고 하면, 위법성조각사유를 기초지우는 사실의 인식이 있으면 (주관적으로는 자기 행위가 정당방위에 해당하여 완전히 적법하다고 생각하였으므로) 마이너스 100이 되어 결국 플러스 마이너스로 0이 되어 위법성의 인식을 환기하는 것이 불가능하다고 본다. 엄격책임설에 의하면 위법성조각사유를 기초지우는 사실의 인식이 있더라도 마이너스 50밖에 되지 않으므로 플러스 마이너스 계산을 하면 플러스 50이 되어 (위법성조각사유를 기초지우는 사실을 인식하지 않고 있은 통상의 경우보다는 작더라도) 위법성의 인식을 환기하는 것이 가능하다고 생각한다. 결국 다수설과 엄격책임설의 차이는 '위법성조각사유를 기초지우는 사실'의 위법성의 인식 환기기능을 '구성요건해당 사실'의 위법성의 인식 환기기능과 대등한 것으로 볼 것인가 아니면 그것보다 낮은 것으로 볼 것인가에 있다. 법익침해를 인식하더라도 정당방위에 해당한다고 생각하면 위법성을 인식할 수 없다고 볼 것인가 아니면 법익침해를 인식하면 위법성을 인식하는 것이 가능하다고 볼 것인가의 차이이다.[11] 오상방위의 경우 행위자가 인식한 사실은 「적법」한 사실이기 때문에 보통 사람이 그러한 사실을 인식하더라도 당연히 행위를 그친다고는 할 수 없다. 고의가 있다고 하기 위해서는 구성요건에 해당하는 사실을 인식하는 것만으로는 충분하지 않고, 구체적으로 위법한 사실(정당화사유를 구비하지 않은 사실)을 인식할 필요가 있다는 다수설이 설득력이 있다고 생각된다.

요약하면 오상방위를 고의조각의 문제로 보는 학설에서 논란되는 것은 (1) 위법성조각사유의 전제사실의 착오에 의하여 행위하는 자는 규범의 문제에 직면하고 있는가, (2) 위법성조각사유의 전제사실의 착오를 이와 같이 위치지우는 것은 범죄론체계와 모순되지 않는가 (되돌아 판단하기 현상) 하는 두가지 점이다. 위법성조각사유의 전제사실에 관한 착오가 문제되는 사안을 어떻게 처리해야 할 것인가 하는 점만이 문

---

10) 임웅, 형법총론, 316면, 324면 참조; 강철하, 위법성조각사유의 전제사실에 관한 착오, 동아법학 제52호, 2011, 323면 참조; 김종구, 전게논문, 72면.
11) 김성돈, 형법총론, 414면; 정성근/박광민, 형법총론, 359면 참조.

제된다면, 이 경우 고의조각을 인정할 것인가 즉 위법성조각사유의 전제사실에 관한 착오에 빠진 행위자는 규범의 문제에 직면하고 있는가 하는 점만 검토하면 족하다. 그러나 이 문제를 검토하는 논자들이 범죄론체계와의 모순을 어떻게 회피할 것인가에 관한 논의를 하게 됨으로써 여러 가지 학설이 나타나게 되었다.

Ⅲ. 오상을 이유로 하는 위법성조각을 (부분적으로) 인정하는 판례 - 위법성론에서의 접근

1. 판례의 접근시각

대법원은 위법성조각사유의 전제사실에 관한 착오를 이해하지 못하고 있다고 학계에서는 말하고 있다.[12] 도대체 위법성이 조각되는 위법성조각사유의 전제사실에 관한 착오라는 것이 말이 되는가? 비아냥거리고 있다. 그런데 정말로 그러할까? 절대로 아니다(Absolutely not!). 오히려 학계가 판례의 입장을 전혀 이해하지 못하고 있다(이해의 완전부족). 처음부터 지금까지 아주 오래전부터 판례는 정당화사정의 착오를 항상 착오의 문제로 논의하는 것에 의문을 제기하는 입장에 있어 왔다. 즉 위법성조각사유의 전제사실의 착오에 대하여 판례는 자신의 견해를 표명하지 않은 것이 아니라, 너무도 분명하게 자신의 입장을 밝혀 왔던 것이다. 정당화사정이 존재한다고 오인한 것에 정당한 사유가 있는 경우에는 그 행위는 위법하지 않다고 하여, 위법성론에서 해결하여야 한다는 것이다. 즉 객관적 사후적으로는 정당방위상황이 인정되지 않는 경우에도 「일정한 경우에는」 반격행위의 위법성조각을 인정해야 한다는 것이다. 결국 오상방위 중에서 어떤 경우는 적법하다고 한다. 오상방위의 일부를 위법성론에서 해결하려는 입장이다. 그 근거는 무엇일까? 정당방위상황의 존부에 관한 판단은 '행위시를' 기준으로 판단해야 한다는 것이다. 따라서 '행위시에' 정당방위상황이 존재한다고 판단되는 경우에는 — 설사 사후적 객관적으로는 존재하지 않더라도 — 존재하는 것으로 보지 않으면 안 되기 때문이다. 결국 판례는 오상방위의 문제를 단순히 착오의 문제로 논하는 것이 아니라 위법성조각사유의 요건의 존부 문제로 논하는 것이다.[13]

---

12) 김종구, 전게논문, 78면, 94면. 그런데 92면에서는 우리 대법원의 판례를 음미해 볼 필요가 있다고 한다.
13) 김종구, 전게논문, 90면 이하는 미국에서 오상방위의 위법성조각이 — 착오의 합리성을 이유로 — 인정된다고 한다. 그리고 독일형법은 우리 형법체계와 다르므로 이러한 영미법적 관점을 고려해야 한다고 주장한다. 그러면 마찬가지로 우리나라와 미국은 범죄론체계에 관한 사고나 사회정세가 크게 다르기 때문에 그러한 미국법의 기준을 그대로 우리나라의 해석론에 참고하는 것은 곤란하다고 말할 수 있다.

2. 판례의 문제의식

이와 같은 판례의 오상을 이유로 위법성조각은 위법성조각사유의 전제사실에 관한 착오에 대하여 위법성조각의 측면에서 접근하고 있기 때문에, 이 착오의 법적 효과에 관한 주장이라고도 생각할 수 있다. 그러나 판례의 입장의 본질적 핵심은 정당방위상황의 존부는 사후적 객관적으로 판단되어서는 안 된다고 주장하는 것이다.[14] 이러한 주장은 정당방위의 요건의 판단방법에 관한 것이다. 그러므로 이러한 판례의 견해는 실질적으로는 그 요건인 정당방위상황의 인정방법에 관한 주장이라고 해석될 수 있다. 물론 정당방위상황을 오신한 것에 정당한 사유가 있는 경우에 위법성조각이 인정된다고 하는 판례가 직접적으로 정당방위를 인정하는 것으로 보이지만(초소경비병 사건에서 "현재의 급박하고도 부당한 침해가 있는 것으로 오인하는 데 대한 정당한 사유가 있는 경우에 해당된다고 아니할 수 없음에도 불구하고 정당방위의 주장을 배척하였음은 오상방위에 관한 법리를 오해한 위법이 있다"), 위법성이 조각된다고 말하고 있는 듯한 경우(불심검문 사건에서 "그러한 착오에 정당한 사유가 존재하는지 여부 등에 관하여 면밀히 심리한 다음 범죄성립이 조각될 수 있는지 여부를 신중히 판단하여야 한다")도 있다. 즉 현재의 부당한 침해라는 정당방위상황의 오신에 정당한 사유가 있는 경우에 정당방위와 마찬가지로 취급하는지 (정당방위의 성립은 부정하지만) 위법성조각을 인정하는지는 애매한 면이 없지 않다. 또한 그 오신에 정당한 사유가 없는 경우에 과실범으로 처벌되는지 아니면 당연히 고의범이 인정되는 것인지도 명확하지는 않다. 어쨌든 오신에 정당한 사유가 있는가 하는 문제는 오신에 기초하여 반격행위로 나아간 것의 타당성 평가 즉 반격행위에 나아가는 행위시에 반격행위에 나아간 것이 타당하다고 할 수 있는 상황인가 하는 문제로 볼 수 있다. 이와 같은 행위시의 관점에서 본다면 정당방위상황이 존재하는가 혹은 그 오신에 정당한 사유가 존재하는가 여부의 판단은 실질적으로는 동일한 판단이라고 보여진다. 중요한 것은 행위자의 오신이라는 주관만을 이유로 위법성조각을 인정하는 것은 아니라는 점이다. 오상방위를 고의조각의 문제로 보는 학설은 피침해자의 내심상태를 직접적인 근거로 하여 그러한 문제를 바라보지만, 판례는 피침해자의 내심상태를 직접적인 근거로 하여 위법성조각을 인정하는 것은 아니다. 결국 판례의 견해는 실질적으로는 정당방위의 요건인 정당방위상황의 인정방법에 관한 학설로 자리매김되어야 한다. 판례가 이러한 태도를 취하는 이유는 무엇일까? 정당방위를 행사할 수 있는 범위를 확장하여야 한다는 문제의식에서 이러한 견해

---

14) 독일에서 행위 당시 사려 깊은 일반인의 관점에서 판단하는 견해로는 Jescheck/ Weigend, AT, 5.Aufl., 1996, S.342.

를 주장하는 것이라고 보여진다. 방위행위에 나아가는 시민을 위축시키지 않으려는 것이다. 또한 일반인에게 불가능한 것을 행위규범이 행위자에게 요구할 수는 없다는 것 때문이라고도 생각된다.[15)16)]

이러한 주장내용은 위법성조각사유의 전제사실에 관한 착오에 있어서 고의의 존부나 범죄론체계와의 모순과는 관계가 없다. 반격행위의 위법성조각의 범위에 관한 논의는 위법성조각사유 자체에 관한 문제이며, 그 인식을 잘못한 경우의 고의존부에 관한 논의와는 다르다는 것이다. 그러므로 대법원판례가 제한적 책임설의 입장이라든가[17)] 혹은 정당한 사유라는 말을 하니까 엄격책임설의 입장이라든가[18)]라고 단순히 말하면서, 마치 대법원이 학계와 마찬가지로 고의조각의 문제로 접근하는 것처럼 설명하는 것은 지나치게 피상적이며 견강부회하는 것으로 보인다. "칼을 소지한 것으로 믿었고 그 믿은 것에 정당한 사유가 있었다"라고 말할 때, 여기에서 즉 위법성단계에서 말하는 정당한 이유는 위법성착오에서 말하는 책임단계에서의 정당한 이유와는 전혀 다른 의미를 갖는다. 즉 두 가지 경우에 있어서 정당한 이유는 서로 다른 차원의 얘기다. 금지착오에 있어서 정당한 이유는 자신의 행위에 대하여 적법성을 심사숙고하거나 조회한다는 점과 관련된 것인 반면에, 오상방위에 있어서 정당한 이유는 시간적 여유가 없는 긴급상황에 관한 것이다.[19)] 오상에 정당한 이유가 있는가 하는 판단에 금지착오의 정당한 이유 판단기준을 적용하는 것은 곤란하다. 그리고 최근에는 대법원이 아직 학설이 통일되지 않은 상황에서 섣불리 고의조각이니 책임조각이니 결론을 낼 수가 없기 때문에 논란을 피하기 위해 「단순하게」 위법성조각의 문제로 다루고 있다는 지적까지 나오고 있다.[20)] 대법원이 단순하다고 말하는 이 견해가 바로 단순한 것이다.

---

15) 정당화사유도 행위규범에 포함시키는 입장이 소극적 구성요건표지론이라고 분석된다. Gössel, Überlegung zum Verhältnis von Norm, Tatbestand und dem Irrtum über das Vorliegen eines rechtfertigenden Sachverhalts, FS-Triffterer, 1996, S.93ff.은 구성요건만을 행위규범으로 하고, 정당화사유는 행위규범이 아니라 상위규범인 허용규범이라고 구별하여 행위규범인 구성요건만을 고의의 인식대상이라고 한다.

16) 이러한 점은 정당방위상황을 사후적/객관적으로 판단해야 한다는 김호기, 비대면상황에서의 피학대자 살해행위와 정당방위의 성립가능성, 경찰법연구 제9권 제2호, 2011, 168면에서도 지적되고 있다("불법판단이 일반 사회구성원에 대하여 행위지침으로서 기능한다는 점을 고려하면 일반인에게 행위준칙으로 기능하기 힘든 기준을 기초로 하여 행위의 적법성 여부를 판단하는 것은 타당하지 않다").

17) 김태명, 경찰관의 무기사용에 대한 정당방위의 성립여부, 형사판례연구 [15], 2007, 60면.

18) 신동운, 신판례백선 형법총론, 제2판, 2011, 338면; 신동운, 형법총론, 제9판, 2015, 430면; 김종구, 미국 형법상 위법성조각사유의 전제사실의 착오, 형사법연구 제25권 제3호, 2013, 8면(그러나 김종구, 전게논문, 78면에서는 대법원이 엄격책임설을 취했다고 보기 어렵다고 개설하고 있다); 배종대, 형법총론, 347면; 임웅, 형법총론, 336면; 강철하, 전게논문, 328면.

19) 김경락, 오상방위의 형사책임, 비교형사법연구 제8권 제1호, 2006, 96면.

20) 윤상민, 위법성조각사유의 전제사실의 착오, 법학논총(조선대) 제22권 제3호, 2015, 529면.

즉 고의의 문제로 고찰하는 학설과는 문제되는 상황이 공통될 뿐이지 그 고찰의 시각이 전혀 다르다. 판례는 수십 년 전부터 이러한 문제를 제기한 것인데, 학계는 그것이 문제제기인 것조차 의식하지 못하고 있다. 이러한 문제제기를 의식한다면 오상방위 등 위법성조각사유의 전제사실에 관한 착오의 문제에 있어서 종래와 같이 착오론만을 염두에 두는 것이 아니라 위법성론에서의 처리도 시야에 넣어 검토할 필요가 있다고 생각된다. 물론 위법성조각사유의 전제사실에 관한 착오를 고의조각의 문제로 접근하는 학설의 입장 자체가 잘못되었다는 것은 결코 아니다. 필자도 그러한 접근이 타당하다고 생각한다. 그러나 대법원판례가 위법성조각사유의 전제사실에 관한 착오를 도대체 어떻게 내지 어떠한 방식으로 이해하고 있는가 하는 점을 분석해 보려고 시작하고 노력해야 한다는 것이다. 위법성조각사유의 전제사실의 착오임에도 왜 위법성이 조각되는지에 대한 이론적 근거를 설명하기 어렵다는 학계의 비판에 대하여,[21] 위법성조각사유의 전제사실에 관한 착오에 대한 대법원판례의 이해구조를 파악하는 것이 중요하다는 의미이다.

3. 대법원판례의 결론에 대한 비판

현재의 부당한 침해라는 정당방위상황의 유무에 관하여는 사후적/객관적으로 판단한다는 것이 일반적이다.[22] 따라서 사후적 객관적으로 보아 현재의 부당한 침해가 존재하지 않았다면, 정당방위상황이 없었던 것이고 정당방위는 인정되지 않는다. 그런데 정당방위상황이 객관적으로는 존재하지 않지만 존재하는 것으로 오신한 것에 지나지 않는 경우에도, 일정한 경우 반격행위의 위법성조각을 인정하는 대법원판례의 견해에 대하여는 두 가지 비판이 가능할 것이다. 하나는 오상방위의 상대방에게 정당방위가 허용되지 않게 된다는 점이다.[23] 즉 객관적으로는 현재의 부당한 침해를 하지 않은 갑의 행동에 대하여 이를 현재의 부당한 침해로 오인하여 을이 오상으로 반격행위로 나아간 경우, 만약 을의 오상방위에 대하여 판례와 같이 위법성조각을 인정하면 오인당한 갑은 정당방위로 대항할 수 없게 되어 버린다. 이는 상대방에게 가혹한 결과가 되어 타당하지 않다. 즉 오상방위를 적법하다고 하는 것은 결국 정당한 상대방의 법익을 침해한 사실을 경시하는 것은 아닌가 생각된다.[24] 다른 하나는 오상방위가

---

21) 천진호, 형법총론, 586면 참조.
22) 이재상/장영민/강동범, 형법총론, 제8판, 2015, 224면; 김태명, 전게논문, 62면 이하; 허일태, 오상과잉방위와 형법 제21조 제3항, 형사법연구 제26호 특집호, 2006, 579면. 특히 자세하게는 김호기, 전게논문, 150면 이하.
23) 천진호, 형법총론, 584면; 김태명, 상게논문, 97면; 김호기, 상게논문, 150면.
24) LK – Rönnau/Hohn, 12.Aufl., 2006, §32 Rn.154.

이미 위법한 행위가 아니라면 정당방위와 오상방위의 법적 효과도 구별할 수 없게 된다. 즉 정당방위의 요건을 충족하지 못하는 오상방위를 정당방위와 동일하게 취급하는 것은 형법 제21조의 요건을 잠탈하는 것이 된다. 정당방위의 근거는 자기보존의 본능과 함께 법질서의 수호에 있는데, 오상방위는 소위 '정당방위의 미수'라고도 할 수 있는데 위법한 공격에 대하여 적법한 이익을 관철한다는 결과가 발생하지 아니하여 법질서의 수호라는 효과를 인정할 수 없기 때문이다.[25]

Ⅳ. 판례에 있어서 정당방위상황과 정당방위상황의 오신

1. 정당방위상황을 인정한 사례

1) 대상판결 – 초소경비병 사건

대법원은 공소외인이 카빈소총을 피고인의 등 뒤에 겨누며 발사할 것 같이 위협하는 행위는 피고인의 생명에 대한 현재의 급박하고도 부당한 침해가 있다고 인정하였다. 따라서 정당방위상황이 없음에도 불구하고 방위를 하는 오상방위는 아니라는 것이다. 이러한 정당방위상황의 판단에 있어서 대법원이 어떠한 사정을 고려하고 있는가? 공소외인이 공격에 사용한 흉기의 종류(실탄이 장전되어 있는 카빈소총), 공격 태양(등 뒤에 겨누며 발사할 것 같이 위협하는 행위를 하기는 했지만 피고인이 발사할 때까지 공소외인은 발사를 하지 아니하였다), 또한 피고인은 자신의 생명이 위험하다고 느꼈다는 점 그리고 공소외인에게 피고인을 살해할 의사가 없다고 볼 수 없다는 점을 언급하고 있다. 결국 본 판례에서는 정당방위상황을 판단함에 있어서 피고인의 주관과 상대방 공소외인의 행위를 모두 대상으로 하여 전체적으로 판단하고 있다는 점을 알 수 있다. 그리고 가사 공소외인에게 피고인을 살해할 의사가 없고 객관적으로 급박하고 부당한 침해가 없다고 가정하더라도 「피고인으로서는」 현재의 급박하고도 부당한 침해가 있는 것으로 오인하는 데 대한 정당한 사유가 있는 경우에 해당하므로, 정당방위를 부정한 원심을 배척하고 있다. 이러한 판시부분은 객관적으로는 정당방위상황이 존재하지 아니한 사안의 경우에도 위법성조각이 인정될 수 있음을 명백히 밝히고 있다.

침해의 현재성은 물리적 객관적으로 판단되어야 한다는 통설의 입장에서는, 본 판결사안에 있어서 물리적 객관적으로는 위협행위를 한 것에 불과하고 탄환발사로 나아가는 것은 아니므로 정당방위상황을 긍정하는 것은 어려울 것으로 보인다. 그러나 본 판결은 행위시를 기준으로 당사자의 주관면을 포함하여 종합적으로 공소외인

---

25) 김호기, 전게논문, 153면.

의 행위를 평가함으로써, 이 경우 정당방위상황을 긍정하고 있다. 즉 공소외인이 실탄을 장전한 카빈소총을 소지하고 있었다는 점, 공소외인이 공격의사가 없다고 볼 수는 없다는 점, 피고인이 생명의 위험을 느꼈다고 하는 점과 같이 행위시에 존재하는 모든 사정을 평가의 대상으로 하고 있다. 이러한 판단방법은 행위 후에 판명된 사정을 판단의 대상에서 제외하는 것으로, 행위시 판단을 철저히 하는 것이다. 또 행위 후의 사정을 배제하면서 관련자의 주관면을 고려하고 있기 때문에, 단지 행위시의 객관적 사실만을 판단의 대상으로 하고 있는 것은 아니다. 이는 반격행위시에 존재하는, 관련자의 주관을 포함하는 전체 사정을 고려하는 종합적 판단을 의미한다고 해석된다. 이러한 정당방위상황의 인정방법을 고려할 때 본 판결은 정당방위상황을 객관적 사실적인 요건이 아니라, 행위시의 사정을 종합적으로 고려하는 규범적인 요건이라고 보고 있으며, 따라서 물리적 객관적으로 판단하면 현재의 부당한 침해가 존재하지 아니하는 사안에서도 정당방위상황이 인정될 수 있게 된다.

이와 같이 본 판결에서 읽어낼 수 있는 바에 의하면 정당방위상황은 방위행위자의 상황을 위험성의 견지에서 판단한 것이라는 점이다(… 피고인의 생명에 대한 현재의 위험이 있다고는 볼 수 없다는 취지로 판시함으로써 … 정당방위에 관한 법리를 오해한 위법이 있다). 이러한 판단은 사실에 대한 직접적인 평가이다(그러므로 착오의 문제는 아니다). 정당방위를 기초지우는 요건을 정당방위상황이라는 큰 틀에서 포착하고 그 범위 내에서 상세하게 검토하는 방법이라고 보여진다.

2) 경찰관 총기발사 사건

대법원은 본 사안[26]에서 '공소외 1인이 술집에서 맥주병을 깨 다른 사람의 목을 찌르고 현재 자기 집으로 도주하여 칼로 아들을 위협하고 있다'는 상황을 고지받고 현장에 도착한 경찰관인 피고인으로서는 공소외 1인이 칼을 소지하고 있는 것으로 믿었고 또 그렇게 믿은 데에 정당한 이유가 있었다고 할 것이므로, 피고인과 동료 경찰관 김○하가 공소외 1인과 몸싸움에 밀려 함께 넘어진 상태에서 칼을 소지한 것으로 믿고 있었던 공소외 1인과 다시 몸싸움을 벌인다는 것은 피고인 자신의 생명 또는 신체에 위해를 가져올 수도 있는 위험한 행동이라고 판단할 수밖에 없을 것이고, 따라서 피고인이 공포탄 1발을 발사하여 경고를 하였음에도 불구하고 공소외 1인이 김○하의 몸 위에 올라탄 채 계속하여 김○하를 폭행하고 있었고, 또 그가 언제 소지하고 있었을 칼을 꺼내어 김○하나 피고인을 공격할지 알 수 없다고 피고인이 생각하

---

26) 대법원 2004. 3. 25. 선고 2003도3842 판결.

고 있던 급박한 상황에서 김○하를 구출하기 위하여 공소외 1인을 향하여 권총을 발사한 것이므로, 이러한 피고인의 권총사용이 경찰관직무집행법 제10조의4 제1항의 허용범위를 벗어난 위법한 행동이라거나 피고인에게 업무상과실치사죄의 죄책을 지울만한 행위라고 선뜻 단정할 수 없다고 판시하고 있다.

본 판결은 공소외 1인이 심○○와 몸싸움을 하다가 심○○을 땅바닥에 넘어뜨리고 출입문 쪽으로 달려 나오며 동료경찰관과 피고인을 밀어 넘어뜨리고 넘어진 동료경찰관의 몸 위에 올라타 폭행을 하는 시점에서 정당방위상황이 발생하고 있다고 할 수 있으므로, 오상을 이유로 하는 위법성조각과는 아무런 관계가 없는 사안이라고 생각할 수도 있다. 그러나 본 판결은 피고인이 자기의 생명 또는 신체를 방위하기 위하여 반격행위에 나아갔다고 하지만, 공소외 1인이 흉기를 소지하지 않은 것으로 밝혀졌기 때문에 생명에 대한 침해가 객관적으로 존재하였다고는 할 수 없다. 그럼에도 불구하고 본 판결이 자기의 생명 신체를 방위하기 위한 방위행위를 인정한 것은 동료경찰관의 몸 위에 올라타 폭행을 하는 객관적으로 존재하는 침해 그 이상의 것을 인정하였기 때문이라고 생각된다. 본 판결도 피고인에 대한 공소외 1인의 태도, 동료경찰관에 대한 행동 그리고 피고인의 주관을 종합적으로 고려하여 — 피고인이 오신에 의하여 반격행위로 나아간 경우에도 — 정당방위상황을 인정하고 있다고 보여진다. 즉 본 판결은 공소외 1인이 칼을 가지고 있다는 상황고지와 공소외 1인의 행동의 객관적 태양을 이유로 피고인은 공소외 1인이 흉기를 가지고 공격할 것으로 생각해도 무리는 아니라는 것이다. 즉 현실화된 침해 그 자체가 아니라 침해를 받을 가능성이 높다는 것을 정당방위상황이라고 하고 있다. 이러한 가능성을 인정할 때 피고인과 공소외 1인의 범행에 이르기까지의 일련의 언동이나 그에 대한 피고인의 평가를 종합적으로 고려하고 있다. 여기에서는 정당방위상황은 단순한 사실의 유무가 아니라, 상황에 대한 예측이나 평가로서의 의의를 가지고 있다. 공소외 1인의 태도는 「이러한 상황하에서는」 동료경찰관에 대한 현재의 부정한 침해라고 할 수 있을 것이다. 이러한 판단과정을 보면 피고인이 공소외 1인에 의한 침해를 오상한 것은 공소외 1인의 태도를 현재의 부당한 침해로 평가하였다는 점에 근거하는 것으로 보인다. 그러므로 본 판결도 피침해자의 주관을 포함하여 행위시의 모든 사정을 종합적으로 고려하여[27] 침해가 현실적으로 발생할 가능성이라는 의미에서의 정당방위상황의 유무를 판단하고 있는 것이다. 거꾸로 말하면 공소외 1인이 칼을 소지하지 않았고 따라서 동료경찰관에게 생명에 대한 위해를 가하려는 것은 아니었다는 사후에 비로소 판명된 객

---

27) 대법원이 정당방위상황을 행위자의 주관을 기준으로 판단하고 있다고 단언하는 잘못된 견해로는 김태명, 전게논문, 62면.

관적 사정만에 기초한 판단은 부정되고 있는 것으로 생각된다.

그런데 이러한 대법원의 이해구조를 읽어 내지 못하고, 정당방위상황의 오신에 정당한 사유가 있는가 하는 판단을 함에 있어서 대법원은 방위행위 자체의 상당성 판단을 미리 하고 있는 것이라는 잘못된 비판이 있다.[28] 정당방위상황의 판단과 방위행위의 상당성 판단을 혼동 내지 혼합 혹은 단일화하고 있다는 것이다. 대법원을 무시해도 한참 무시하고 학계의 오만과 독선을 잘 보여주고 있다. 또한 서로 호환할 수 없는 정당방위와 오상방위를 서로 호환할 수 있는 개념으로 이해함으로써 대법원은 오상방위 개념을 혼란에 빠지게 하는 우를 범했다고 비판한다.[29] 대법원은 정당방위와 오상방위를 구별하고 있다. 학계의 오만과 독선이 판례의 구별관점에 대하여 학계의 이해부족을 가져온 원인이다.

2. 정당방위상황의 오신을 인정한 사례 – 불심검문 사건

길을 걷고 있던 피고인은 그 전날 및 전전날 그 인근에서 심야에 발생했던 강도강간 사건의 용의자를 찾기 위해 잠복근무를 하던 경찰관 A로부터 02:20경 불심검문을 받게 되었다. 불심검문을 행한 시간대는 위 강도강간 사건 발생 시각과 비슷한 무렵이었고, 위 강도강간 사건 용의자는 '20 - 30대 남자, 신장 170cm 가량, 뚱뚱한 체격, 긴 머리, 둥근 얼굴, 상의 흰색 티셔츠, 하의 검정색 바지, 검정색 신발 착용' 및 '키 175cm 가량, 마른 체형, 안경착용'이라는 등으로 그 인상착의가 대략적으로 신고되어 있었는 바, 피고인의 인상착의가 위 정보와 상당히 일치하였다. 경찰관 A는 피고인에게 신분증을 내밀며 다가갔고, 이에 피고인은 바로 도망하였으며 경찰관 A와 함께 그 인근 노상 승용차 내에서 잠복근무 중이던 경찰관 B는 승용차를 운전하여 피고인을 뒤쫓았다. 도망하던 피고인은 넘어졌고, 넘어졌다가 일어나면서 경찰관 A에게 주먹을 휘둘렀고, 경찰관 A는 자신이 경찰관이며 불심검문을 하려 하는 것이라는 사정을 고지하였음에도 피고인은 계속해서 저항하며 폭력을 행사하였다. 경찰관 A, B는 함께 피고인을 제압하였다. 그런데 피고인은 당시 경찰관들을 소위 퍽치기를 하려는 강도로 오인하였던 상태였다.

대법원은 본 사안[30]에서 불심검문의 대상 선정 및 불심검문의 방법이 적법하다고 볼 여지가 있음을 전제한 후, 다만 피고인은 자신을 추적하는 경찰관들을 피하여 도망하다가 넘어졌는데, 당시는 새벽 02:20경으로 상당히 어두웠던 심야였고 경찰관

---

28) 허일태, 전게논문, 578면.
29) 허일태, 상게논문, 585면.
30) 대법원 2014. 5. 22. 선고 2012도7190 판결.

들도 정복이 아닌 사복을 입고 있었던 사실, 자신을 추적하는 차량(일반 승용차였던 것으로 보인다)을 피하려다가 넘어진 피고인은 주변에 고성으로 '경찰을 불러달라'고 요청하여 지나가던 택시기사도 이 소리를 듣고 정차하였던 사실 등을 알 수 있고 여기에 피고인은 원심법정에 이르기까지 일관하여 이 사건 경찰관들을 소위 퍽치기를 하려는 자들로 오인하였던 것이라고 진술하고 있는 사정 등을 종합하면, 피고인은 당시 경찰관들을 치한이나 강도로 오인함으로써 이 사건 공무집행 자체 내지 그 적법성이나 자신의 경찰관들에 대한 유형력행사의 위법성 등에 관하여 착오를 일으켰을 가능성을 배제하기 어려우므로, 원심으로서는 당시 피고인이 자신이 처한 상황을 어떻게 인식하였는지, 피고인에게 착오가 인정된다면 그러한 착오에 정당한 사유가 존재하는지 여부 등에 관하여 면밀히 심리한 다음 범죄성립이 조각될 수 있는지 여부를 신중히 판단하여야 한다고 판시하였다.[31)]

본 사안에서는 현재의 부당한 침해 즉 정당방위상황은 부정되고 있다. 이는 피고인과 경찰관의 주변상황에서 피고인에 급박한 위험성이 낮다고 평가되었기 때문이 아닌가 생각된다. 그런데 피고인에게 발생한 위험성은 현재의 부당한 침해라고 평가되는 정도는 아니지만, 그러한 위험성이 피고인의 인식에 영향을 미쳐서 정당방위상황의 오신이 인정될 수 있다는 것이다. 즉 정당방위상황이 인정되는가 아니면 정당방위상황의 오신이 인정되는가는 피고인에게 급박하고 있는 위험의 정도에 의하여 달라진다고 생각된다. 즉 피침해자에게 무언가의 위험이 임박하지만 그것이 정당방위상황이라고 평가되지는 않는 경우에 정당방위상황의 오신이 인정된다.

3. 정당방위상황과 정당방위상황의 오신이 문제되는 사안의 특징

1) 정당방위상황을 인정한 사례

오상방위에 유사한 사안에서 정당방위상황이 인정되는 경우는 사후적 객관적으로 보면 피침해자에게 위험이 급박하고 있다고는 할 수 없거나 혹은 위험이 급박하고 있는지가 의심스러운 사례에서, 행위시에 존재하는 사정을 종합적으로 고려하여 현재의 부당한 침해가 존재한다고 평가되고 있다는 점에 특징이 있다. 본 대상판결인 초소경비병 사건에서 피침해자에 대한 생명의 위험 유무를 정하는 데 결정적인 사정 즉 카빈소총을 발사한다는 사실은 부정된다. 그러나 피고인의 반격행위시에는 카빈소총에는 실탄이 장전되어 있다는 점, 공소외인에게는 공격의사가 없다고 할 수는 없다는

---

31) 파기환송심에서는 피고인에게 경찰관의 적법한 공무집행에 대한 미필적 인식이 있었기 때문에 공무집행방해죄와 상해죄 모두 유죄가 인정되고 확정되었다.

점에서, 「피고인에게는」 현재의 부당한 침해가 존재하고 있다고 평가하고 있다. 경찰관 총기발사 사건에서는 침해자가 칼을 소지하고 있다는 상황의 고지받은 점, 동료경찰관에 대한 공소외 1인의 거동 등을 고려하여 현재의 부당한 침해의 존재를 인정하고 있다. 현재의 부당한 침해에 해당하는 침해자의 태도는 구체적으로 특정되고 있다. 행위시의 상황을 막연하게 현재의 부당한 침해가 존재한다고 평가하는 것이 아니다. 이러한 침해자의 태도를 평가함에 있어서 반격행위시에 존재하는 모든 사정이 고려됨으로써 — 사후적 객관적으로 본다면 피침해자에게 급박하는 위험을 발생시킨다고는 할 수 없는 행위가 — 현재의 부당한 침해로 평가되는 것이다.

2) 정당방위상황의 오신을 인정한 사례

현재의 부당한 침해는 부정되고 그 오신이 인정되는 데 불과한 사례에 있어서도 동일한 판단방법을 사용하고 있다. 즉 이 경우에도 행위시에 존재하는 모든 사정을 고려하여 판단하지만 — 정당방위상황을 인정하는 사례와 달리 — 침해자의 행위가 피침해자에게 급박한 위험을 발생시키는 것은 아니라고 평가되어 정당방위상황이 부정된다. 그러나 이 경우에도 피침해자가 정당방위상황이 인정되는 사안과 유사한 상황에 있는 이상, 그러한 상황이 피침해자의 내심상황에 영향을 미쳐서 현재의 부당한 침해에 대한 오신이 발생한다고 생각된다. 피침해자에게 뭔가의 위험이 급박하지만 현재의 부당한 침해에는 이르지 못하는 것으로 판단되어 정당방위상황의 인식만이 인정되는 것이다. 말하자면 정당방위상황의 인정이 부정되고 그 오신이 인정되는 사례이다. 이 사안은 정당방위상황 자체를 인정하기 위한 판단과 동일한 내용의 판단을 한 결과 그 인식만이 인정됨에 불과한 유형이다. 여기에서 행해지는 판단의 내실은 정당방위상황의 유무가 문제되는 사례와 동일하다. 따라서 이 경우 행위시에 존재하는 사정이나 그에 대한 평가가 약간 달라진다면, 정당방위상황이 긍정될 가능성도 존재한다. 이를 잘 보여주는 것이 불심검문 사건에서 대법원은 정당방위상황의 오신이 인정될 수 있음에 불과하다고 하지만, 원심에서는 정당방위상황을 인정하고 있다는 점이다. 그리고 본 대상판결에 있어서도 이러한 점은 잘 나타나고 있다("피고인이 발사를 할 때까지는 공소외인이 발사를 하지 아니한 점으로 보아, 동인에게 피고인을 살해할 의사가 있다고는 볼 수 없으므로 피고인의 생명에 대한 현재의 위험이 있다고는 볼 수 없다는 취지로 원심이 판시함으로써, 피고인의 행위가 정당방위가 아니라는 취지로 판시하였음은 정당방위의 법리를 오해한 위법이 있다. 가사 피해자인 공소외인에게 피고인을 살해할 의사가 없고 객관적으로 부당한 침해가 없었다고 가정하더라도 피고인으로서는 현재의 급박하고도 부당한 침해가 있는 것으로 오인하는 데 정당한 사유가 있는 경우에 해당된다고 아니할 수 없음에도 불구하고, 원심이 피고인의 정당방위의 주장을 배척하였음은 역시 오상방위에 관한 법리를 오해한 위법이 있다").

이와 같이 사후적 객관적으로는 피침해자에게 위험이 급박하고 있다고 할 수 없는 경우에도 정당방위상황이 인정될 수가 있다. 정당방위상황의 오신이 인정되는 사안은 대부분 정당방위상황 자체가 인정되는 사안과 유사하다고 하겠다. 일반적으로 오상방위는 고의조각의 문제이며, 정당방위상황의 유무는 위법성론에서의 문제로 범죄체계상으로는 전혀 다른 문제이다. 그러나 그 인정의 면에서는 양자가 인접한 문제라고 할 수도 있다.

V. 오상을 이유로 하는 위법성조각과 정당방위상황의 인정

1. 정당방위상황과 그 오신의 판단방법

위와 같이 재판실무는 행위시에 존재하는 사실을 종합적으로 판단하여, 사후적으로는 법익침해의 위험이 없었던 경우에도 정당방위상황 자체를 긍정할 여지를 인정하고 또한 오신을 이유로 위법성조각을 인정하는 경우도 있다. 오상을 이유로 위법성조각을 주장하는 판례의 견해는 오상방위에 관한 학계의 견해와는 전혀 다른 것이다. 그 다름은 정당방위상황의 판단방법에 있다. 판례가 사용하는 판단방법은 피침해자가 놓여진 상황, 침해행위가 이루어지는 주변상황, 침해행위의 태양 그리고 침해행위에 대한 피침해자의 인식 등의 사정을 종합적으로 고려하여, 피침해자에게 위험이 급박하고 있는가를 판단하고 있다. 예컨대 대상판결에서는 행위 후에 비로소 판명된 사정인 탄환을 발사하려는 사실은 없었다는 점은 고려의 대상에서 제외된다. 행위시에 인식가능한 '실탄이 장전된 카빈소총에 의한 공격'이라는 사실을 기초로 정당방위상황의 유무를 판단하고 있다. 경찰관 총기발사 사건에서도 공소외 1인이 칼을 소지하지 않고 있었다든가 동료경찰관의 생명에 위해를 가할 의사로 폭행한 것은 아니었다는 행위 후에 밝혀진 사정이 아니라, 행위시에 있어서 공소외 1인의 행동태양(피고인과 동료경찰관을 밀어 넘어뜨리고 넘어진 동료경찰관의 몸 위에 올라타 몸싸움을 벌이고 목을 누르는 등 일어나지 못하게 하였고, 공포탄 1발을 발사하여 경고를 하였음에도 불구하고 계속 동료경찰관을 폭행하고 있었다), 피침해자의 주관(공소외 1인이 칼을 소지하고 있다는 상황을 고지받았고 따라서 몸싸움에 밀려 넘어진 상태에서 칼을 소지한 것으로 믿고 있었던 공소외 1인과 다시 몸싸움을 벌인다는 것은 피고인 자신의 생명 또는 신체에 위해를 가져올 수도 있는 위험한 행동이라고 판단하였고, 그가 언제 소지하고 있었을 칼을 꺼내어 동료경찰관이나 피고인을 공격할지 알 수 없다고 피고인이 생각하고 있었던 급박한 상황)을 이유로 정당방위상황을 인정하고 있다. 불심검문 사건에서도 주변의 상황("당시는 새벽 02:20경으로 상당히 어두웠던 심야였고, 경찰관들도 정복이 아닌 사복을 입고 있었던 사실, 추격하는 차량이 일반 승용차였던 것으로 보인다"), 피침해자의 주관("당시 피고인이 자신이 처한 상황을 어떻게 인식하였는지")을 고려하여 정당방위상황을 판단하고 있다. 이러한 판단의 결과 불심검문 사건에서와 같이 피침해자에게 급박하는 위험의 정도가 낮은 경우에는 정당방위상황의 오신이 인정된다. 즉 정당방위상황 그 자체를 인정할 것인가 혹은 그 오신만을 인정할 것인가의 구별은 행위시에 존재하는 사정이나 그에 대한 평가의 약간의 차이에 의하여 결정된다. 이러한 사안에서 정당방위상황을 긍정한다는 의미에서 보면 재판실무는 오상을 이유로 하는 위법성조각을 인정한다고 할 수 있다.

2. 판례 사고논리의 근거 – 정당방위상황 요건의 성질(사전적/규범적)

정당방위상황의 판단에 있어서 가장 중요한 '침해의 현재성'에는 현실적으로 침해가 발생한 경우뿐만 아니라 침해가 즉시 임박한 경우도 포함되며, 침해가 아직 현실화되고 있지 않아도 법익침해의 고도의 개연성이 있다면 침해의 현재성이 인정된다. 침해가 종료되었는가 계속되는가 여부와 관련하여, 예컨대 반격으로 침해자가 넘어졌지만 침해자의 가해의사가 존속하고 있으며 태세를 갖추어 재차 침해가 가능한 경우에도 현재의 부정한 침해가 인정된다. 여기에서는 사실경과의 예측이라는 가치판단을 수반하는 평가적인 판단이 이루어지고 있다. 이러한 가치판단이 현저히 나타나는 것이 싸움과 정당방위의 장면이다. 즉 이 경우에 정당방위상황을 인정할 것인가 아닌가를 결정함에 있어서는, 상대방과 본인 누구의 어떠한 행위가 현재의 부당한 침해인가를 결정하지 않으면 안 된다. 이를 위해서는 침해자의 객관적 주관적 사정뿐만 아니라 피침해자의 객관적 주관적 사정도 상관적으로 고려하지 않으면 안 된다.

그러나 이러한 가치판단은 정당방위상황의 오신이 문제되는 장면에서도 나타난다. 정당방위상황의 오신이 문제되는 경우에 있어서도 갑자기 느닷없이 정당방위상황의 오신이 발생하는 것이 아니라, 양 당사자 간에 무언가 다툼(trouble)이 발생하여 이를 계기로 현재의 부당한 침해로 인정될 가능성이 있는 행동이 이루어지고 그에 대한 반격행위가 행해지는 사안이 많기 때문이다(이 점을 염두에 두고 위에서 다룬 대법원 판례들을 다시 보면 모두 이러한 사안임을 새삼 확인할 수 있을 것이다). 따라서 이러한 사례에 있어서도 침해에 이르게 된 경위나 당사자의 인적 관계(초소근무 사병들 사이의 관계, 경찰관과 신고된 범인 혹은 불심검문자의 관계) 등 반격행위시에 존재하는 다양한 사정을 고려할 필요가 있다. 이를 위해서는 다양한 사실을 종합적으로 고려하여 평가적 규범적인 판단을 행할 필요가 있다는 것이다.

이러한 판단의 필요성 때문에 정당방위상황이 문제가 되는 사안에 있어서는 침해자의 행위가 동일한 경우에도 범행에 이르게 된 경위, 주변상황, 당사자의 인적 관계 등 다양한 사정에 따라 침해자의 행위에 대한 평가가 달라지고 따라서 정당방위상황의 존부에 관한 판단이 이렇게도 저렇게도 내려질 수 있는 여지가 발생한다. 즉 피침해자가 정당방위상황의 오신에 기초하여 공격에 나아간 것으로 보이는 사례가 사실에 대한 평가의 약간의 차이 때문에 정당방위상황 자체가 인정되기도 하고, 반대로 정당방위상황이 인정되는 것으로 보이는 사안이 그 오신만이 인정됨에 불과한 경우도 있다. 따라서 각 심급 간에 이러한 판단이 번복되는 사태가 발생할 수 있다. 이와 같이 재판실무에 있어서 정당방위상황의 판단에 필연적으로 발생하는 미묘한 차이 혹은 여지 때문에, 사후적 객관적으로 보면 정당방위상황이 존재하지 않는 사안에서 정당방위상황이 긍정된다는 의미에서 결국 오상을 이유로 위법성조각이 발생할 수 있는 것이 된다. 이러한 의미관점에서 고찰해 보면, 오상을 이유로 하는 위법성조각의 근거는 정당방위상황의 성질 자체에 있다.

즉 판례는 정당방위상황을 정당방위를 기초지우는 규범적 종합적 요건으로 보고, 그 인정은 반격행위시에 존재하는 사정을 종합적으로 고려하여 이 경우에 정당방위를 인정해야 할 것인가 라는 가치판단을 내포하는 것이 되지 않을 수 없다. 그 결과 정당방위상황의 존부에 관한 판단에는 여지나 동요가 생기게 되고, 그 오신만이 인정되는 사안과의 한계는 불명확한 것이 된다. 그러나 이러한 여지나 동요는 — 정당방위상황을 정당방위를 기초지우는 규범적 종합적 요건으로 보아, 사안에 나타난 다양한 사정을 고려하여 정당방위상황의 존부를 적절하게 판단하기 위해서는 — 필연적인 것이다. 그렇다면 정당방위상황에 관한 판단의 여지나 동요라는 의미적 관점에서 보면, 오상을 이유로 하는 위법성조각은 이와 같은 정당방위상황의 성질 자체에서 필연적으로 발생하는 현상이다. 즉 정당방위상황의 의의나 기능에 관한 판례의 이해구조를 받아들이면 필연적으로 판단에 미묘한 여지나 동요가 생기게 되며 결국 오상을 이유로 하는 위법성조각이 발생하게 된다는 것이다(바로 이러한 점이 분명히 드러나는 것이 본 대상판결이다. 대법원은 본 사안에서 정당방위상황의 존재를 인정하면서도 동시에 "가사 급박하고 부당한 침해가 없었다고 가정하더라도 피고인으로서는 현재의 급박하고도 부당한 침해가 있는 것으로 오인하는 데 대한 정당한 사유가 있는 경우에 해당된다"고 판단하고 있다). 판례의 입장에서는 정당방위상황 자체가 인정되는 사안과 그 오신만이 인정되는 사안의 구별은 미묘하며, 이러한 경우에 정당방위상황이 인정되는 범위가 약간 넓어지는 것은 정당방위의 권리성이나 형법의 보충성이라는 견지에서는 오히려 바람직하다고 볼 수도 있을 것이다.

요약하면 오상을 이유로 하는 위법성조각이라는 재판실무에서 발생하는 현상에 있어서 결정적인 요인은 판례가 이해하고 있는 정당방위상황의 성질이다. 정당방위상황의 성질을 판례는 정당방위를 기초지우는 규범적 종합적 요건으로서 이해하고 있다고 보여진다.[32]

3. 형법 제310조의 해석과의 관계

오상방위의 경우 위법성조각의 당부에 유사한 논의로서, 형법 제310조의 해석에 관한 논의가 있다. 명예훼손죄는 형법 제310조에 의하여 진실성과 공익성이 인정되는 경우에는 위법성이 조각된다고 해석된다. 그런데 진실성의 오신에 기초하여 타인의 명예를 훼손한 경우의 취급에 관하여는 다툼이 있다. 이에 관하여 판례는 진실하다고 믿은 것에 상당한 이유가 있는 경우에는 위법성을 조각시킨다.[33] 즉 진실성의 오신이 확실한 근거와 자료의 존재를 인식함으로써 진실성을 확신한 경우에는 — 예컨대 언론내용의 진실성이 사후적/객관적으로는 인정되지 않더라도 — 명예훼손 행위의 위법성이 조각된다(위법성론에서의 접근). 이러한 판례의 견해는 사후적 객관적으로는 표현내용의 진실성이라는 위법성을 조각하는 사정이 인정되지 않는 경우에도, 진실하다고 믿을 만한 확실한 근거나 자료가 존재하는 때 즉 표현행위가 이루어지는 시점에 진실이라고 평가될 수 있는 때에는 위법성조각을 인정한다는 것이다.[34] 이러한 구조는 오상을 이유로 하는 위법성조각과 공통된다.

이와 같이 위법성론에서 접근하는 근거는 확실한 자료근거에 기초하여 진실이라고 신뢰한 언론이 사후에 처벌될 수 있다는 우려 때문에 위축되지 않도록 보장하려는 것이다. 이러한 요청은 정당방위 행사에도 그대로 적용될 수 있다고 생각된다. 정당방위는 자기의 이익 또는 법질서를 수호하기 위한 권리로서의 성질을 가지고 있다. 이러한 권리행사의 요건이 사후적으로 부정될 우려가 있으면, 정당방위의 행사를 과도하게 위축시킬 수 있다. 특히 정당방위가 문제되는 사안에서는 피침해자의 생명 신

---

32) 정당방위상황을 사후적/객관적으로 판단해야 한다고 하면서도 김호기, 전게논문, 168면은 현실로부터 유리된 기준에 의하여 이루어지는 것을 방지하고자 한다면 불법판단의 기준이 적절히 설정되어 있는가의 여부가 끊임없이 현실 속에서 검증되고 수정되어야 한다고 강조함으로써, 결국 규범적 요건에로의 결론에 도달하고 있는 것으로 보인다.

33) 대법원 1996. 8. 23. 선고 94도3191 판결.

34) 이와 동일한 입장을 취하는 견해로는 김일수, 한국형법 III, 1997, 396면.

체에 위험이 있어서 반격행위가 이루어지는 경우가 많다. 이러한 경우는 방위행위에 의하여 보전되는 이익이 — 표현의 자유보다도 — 중요하다. 따라서 방위행위를 함에 있어서 위축되는 효과를 피할 필요성은 언론활동에 대한 위축효과를 회피할 필요성보다도 높다고 할 수 있다. 그렇다면 사후적 객관적으로는 정당방위상황이 존재하지 않는 경우라고 하더라도, 정당한 사유가 있는 경우에 정당방위의 행사를 인정하는 것은 반드시 결론의 타당성이 결여된 것은 아니라고 생각된다.

VI. 정당방위상황의 오신과 형사절차 – 국민참여재판

위에서 본 오상을 이유로 위법성조각을 인정하는 것은 현재의 재판실무에 있어서 어떠한 역할을 하는가? 국민참여재판은 일반 국민이 재판과정에 참여하여 재판내용에 국민의 건전한 사회상식이 반영되도록 함으로써, 국민의 사법에 대한 이해와 지지를 깊이있게 하는 데 목적이 있을 것이다. 특히 정당방위에 관한 판단은 궁극적으로는 당해행위에 정당방위로서 법적인 보호를 부여하는 것이 정의에 합치되는가 하는 판단이다. 이 판단은 국민의 건전한 감각과 정의감정에 합치되지 않으면 안 된다. 즉 국민참여재판에 상응한 가치판단이라고 할 여지가 있다. 이러한 관점에서는 행위시의 사정을 일반인의 견지에서 판단함으로써 — 사후적 객관적으로는 법익침해의 위험이 존재하지 않는 경우에도 — 정당방위상황을 인정하는 판례의 견해는, 정당방위 행사의 범위를 결정함에 있어서 일반 국민의 견지를 반영하는 것으로 국민참여재판의 취지에 합치되는 판단기준이라고 할 수 있다.[35] 위에서 기술한 바와 같이 판례는 정당방위상황의 판단을 규범적 종합적인 것이라고 보고 있다. 이러한 판단을 할 때에는 통상의 사회생활을 영위하고 있는 일반인에게 이 경우 피고인과 동일한 행동으로 나아갔을 것인가를 직접 듣는 것이 합리적이다. 이러한 일반인의 의견을 충분하게 반영하기 위해서는 행위시의 사정을 일반인의 견지에서 판단하는 기준이 적절하다고 보여진다. 배심원의 감정적인 판단에 의하여 정당방위상황의 유무가 결정되는 사태가 발생할 가능성은 낮다고 생각된다.

공판준비절차에서는 쟁점정리와 증거정리가 행하여진다. 쟁점정리는 검사의 주장에 대하여 피고인이 어떠한 점을 다투는가를 명확히 하는 것으로, 당사자와 법원이 쟁점의 소재와 쟁점 상호 간의 관계에 대하여 서로 인식을 가지며 또한 어떤 쟁점은

---

35) 재판의 내용이 배심원들과 일반인들에게 설명되고 이해되어져야 한다는 점에서 착오의 정당한 이유 또는 합리성이라는 기준도 참고할 만하다는 단순한 언급은 김종구, 전게논문, 92면.

무용한 것으로 해소된다. 특히 국민참여재판에서는 사건의 핵심을 중심으로 심리를 행하여 그 판단을 구하는 것이 본래의 모습이다. 이를 위해서는 그 쟁점을 철저히 하는 것이 필요하다. 증거정리는 형성된 쟁점에 관하여 그 증거구조나 중요한 증거를 명확히 하고 그에 대한 피고인의 대응 등도 명확히 하는 것이다. 이러한 공판준비절차에는 증거의 개시가 널리 인정되고 있다. 정당방위상황의 오신이 문제되는 사안에서는 전술한 바와 같이 그 판단의 여지에 따라서는 정당방위상황 자체가 인정될 가능성도 존재한다. 따라서 이러한 사안에 공판준비절차가 이루어지는 경우에는 이를 쟁점과 증거정리의 지침으로 삼아야 한다. 우선 정당방위 내지 오상방위의 성부와 관련하여 피침해자가 처한 상황, 침해행위가 이루어진 주변의 상황, 침해행위의 태양 등에 다툼이 있는 경우에는 — 사후적 객관적으로는 현재의 부당한 침해가 존재한다고 할 수 없는 경우에도 — 정당방위상황이 인정될 가능성이 있다. 그러므로 이러한 경우 피고인 측은 기본적으로는 정당방위상황의 존재를 주장하고 그 예비적 주장으로써 정당방위상황의 오신을 주장하게 된다. 즉 소송의 당사자는 정당방위상황의 존부를 다투고, 그 존재가 인정되지 않는 경우에 정당방위상황의 오신이 인정되는 것이 된다. 즉 정당방위상황의 오신은 정당방위상황의 존재에 대한 예비적 주장으로서 문제되는 것이므로, 정당방위상황을 추인케 하는 객관적 사실이 중심적인 증거가 된다. 예컨대 피고인과 피해자의 종전의 관계, 범행에 사용된 흉기, 피해자 부상의 정도, 범행현장의 상황 등이 중요한 증거가 될 것이다. 물론 피침해자에게 아무런 위험이 급박하지 않음이 명백하고 피침해자의 인식능력 등에만 다툼이 있는 경우에는, 정당방위상황이 인정되지 않고 순전히 정당방위상황의 오신만이 쟁점이 된다. 이러한 경우에는 현재의 부당한 침해가 존재하지 않는 것이 명백하기 때문에, 이 점을 입증하기 위한 증거는 중요하지 않다. 즉 이때에는 피해자의 인식능력에 관한 증거, 예컨대 피침해자의 지적 장애 유무, 피고인의 시력, 범행시 피해자와의 위치관계 등이 중요한 증거가 된다. 이와 같이 동일하게 정당방위상황의 오신이 문제되는 사안에 있어서도 그 유형에 따라 필요한 증거가 달라지게 된다. 이에 따라 공판준비절차 단계에서 쟁점과 증거정리를 행하여 보다 신속하게 소송절차가 진행될 수 있다고 생각된다.

Ⅶ. 나오며

판례는 정당방위상황의 인정 여부를 행위시에 존재하는 사정을 종합적으로 고려하여 판단한다. 이러한 인정방법에 의하게 되면 사후적 객관적으로는 현재의 부당한 침해가 존재하지 않는 경우에도 정당방위상황이 인정될 수 있다. 이러한 오상을 이유로 하는 위법성조각은 국민참여재판이나 공판전 준비절차와의 관계에서도 의의가 있다. 이러한 판례의 태도는 정당방위상황 및 그 오신이라는 요건의 이론적인 해석이 아니라, 실제 사안에 있어서 인정방법에 기한 것이다. 이러한 입장에 대하여는 요건론과 인정론을 혼동한 것이라는 비판이 예상된다. 그러나 재판실무에서는 사실인정과 법률적용에 교착이 있는 것으로 보인다. 그리하여 사실인정을 법해석에 반영할 필요가 있지 않을까 생각된다. 이러한 교착은 특히 정당방위상황이라고 하는 규범적 종합적인 요건을 인정할 경우에 강하게 나타난다고 생각된다. 또한 정당방위의 해석론에 있어서는 사실인정의 정밀성이 반드시 높다고는 할 수 없다는 점을 고려하는 기준 내지 해석론이 바람직하다는 측면도 있다. 그러므로 정당방위상황에 관한 해석론을 전개함에는 인정론도 배려하는 것이 요청된다. 판례의 이러한 오상을 이유로 하는 위법성조각이 학계에서 배척되는 것은 이론적인 측면에서만 검토되었기 때문이라고 생각된다. 실제 사안에 있어서의 정당방위상황의 인정과는 관계없이, 위법성의 과도한 주관화나 오상방위 상대방의 정당방위 불가능이라는 효과 때문에 오상을 이유로 하는 위법성조각은 검토의 여지가 배제되었던 것으로 보인다는 것이다. 그러나 이러한 판례의 이론은 실제의 사안에 비추어 검토한다면 그다지 불합리한 것은 아니라고 생각된다. 이러한 맥락에서 오상방위를 고의조각의 문제로 검토하는 학계에 있어서도 본 대상판결과 관련하여 「피고인이 피해자가 장전된 총을 가지고 자신을 향해 발사할 것이라고 생각한 것은 비록 총이 장전되지 않았고 발사할 생각이 없었던 경우라고 하더라도 자신의 생명이 위태롭다고 판단하고 정당방위를 인정할 필요가 있다고 보아야 한다. 정당방위의 필요성 여부는 장래의 시점에서 판단하는 것이 아니라 현재의 상황을 근거로 판단하여야 하기 때문이다」라는 지적이 있다.36) 그리고 불심검문 사건과 관련하여 「피고인의 입장에서는 자신이 불심검문의 대상자가 아니며 불심검문절차 역시 위법하므로 정당방위에 해당한다고 주장하였다. 정당방위를 인정하지 않을 경우 다른 한편으로는 사건의 내용상 피고인이 정당방위 상황임을 오인하였다는 가능성, 즉 오상방위 해당 여부가 문제될 수 있을 것이

---

36) 박상기, 형법학, 제2판, 2015, 125면.

다. 즉 당시 피고인은 하루 또는 이틀 전에 일어난 강도강간미수 사건의 내용을 알지 못하는 상태였고, 늦은 시간에 길을 걸어가다 사복 차림의 불심검문을 받게 되자 경찰관이 아니라 소위 퍽치기를 하려는 자들로 오인하였던 것이라고 주장하고 있고, 피하려다 넘어진 피고인이 주변에 고성으로 경찰을 불러달라고 요청하여 지나가던 택시기사도 이 소리를 듣고 정차하였던 사실 등을 볼 때 그러하다」라고 언급하고 있다.[37] 또한 오상피난과 관련하여 「긴급행위자가 오인하여 위험을 인정하고 피난행위를 했고 피해가 발생하면 긴급피난자는 긴급피난으로 인한 정당한 행위를 인정받지 못하지만 객관적 기준에 따라서 그 정도에 차이가 있을 정도의 오해라면 긴급피난을 인정하고 그러한 정도에 이르지 아니하면 오상피난으로 취급될 것이다. 오상피난 행위자에 대해서 정당한 법익침해를 했다고 인정할 수 없지만 대개 불가벌로 된다」는 지적도 있다.[38]

　　이러한 관점에서 판례에 있어서 정당방위상황 판단과 정당방위상황의 오신 판단은 동시에 같은 지점에서 일어난다. 정확히 이해된다면 양자는 같은 것을 표현하는 두 가지 방법이다. 이들은 같은 방향을 가리키는 두 가지 지표이다. 즉 정당방위상황이 존재한다고 평가하는 정당한 사유가 있는 경우에만 정당방위상황이 존재한다고 평가되는 것이다. 정당방위상황의 존재 판단은 정당방위상황의 존재이유 찾기 판단이다. 정당방위상황이 존재하는지를 판단하고자 한다면, 정당방위상황이 존재한다는 정당한 사유를 판단해야 하는 것이다. 정당방위상황의 존재(여부)는 정당방위상황에 대한 정당한 사유의 존재(여부)인 것이다. 정당한 사유는 정당방위상황과 정당방위상황의 오신 사이의 접촉부분 즉 양자의 만나는 지점이다. 정당방위상황이 인정된다고 말할 수도 있고, 정당방위상황이 존재한다고 할 정당한 사유가 있다고 말할 수도 있는 것이다. 판례의 입장은 이러한 평가적 시각에 입각하고 있다고 보여진다.

　　방위상황의 존재 여부는 하나의 평가적 문제이다. 대법원의 이러한 태도가 전혀 근거가 없는 잘못된 것은 아니다. (객관적인) 정당방위상황과 함께 판례는 동시에 또 하나의 정당방위상황을 보고 있다. 즉 또 하나의 '미묘한 정당방위상황'을 보고 있는 것이다. 주관과 객관의 양자 사이의 「불일치」를 문제삼는 시각이 착오론에서의 접근이라면, 주관과 객관의 양자 사이의 「조율과 조화」를 시도하는 시각이 위법성론에서의 접근이라고 여겨진다. (객관적인) 정당방위상황의 인정과 정당방위상황의 인정의 정당한 사유 사이의 조율에 핵심이 있다. 위법성조각사유의 전제사실에 관한 착오에 대하여 판례의 시각은 결국 정당한 사유를 통해서 정당방위상황을 이해하는 구조이

---

37) 박상기, 형법학, 178면.
38) 조준현, 형법상 긴급피난의 법리, 성신법학 제15호, 2015, 23면 이하.

다. 이러한 대법원판례의 시각을 학계에서는 더 논의하고 더 추적해야 할 것이다. 그것이 이 논문의 전부이다.

3. 과실범에 있어서 피해자의 승낙

- 동의에 의한 타인위태화와 관련하여 -

3. 과실범에 있어서 피해자의 승낙*

- 동의에 의한 타인위태화와 관련하여 -**

목차

Ⅰ. 들어가며

1. 피해자의 승낙과 과실범

과실범에 대한 피해자의 승낙이 개념상 가능한가? 과실범의 경우에 피해자의 승낙을 인정할 수 있는가? 이는 피해자의 승낙을 논할 때 그 승낙의 대상이 되는 범죄는 고의범이라는 것을 암묵적으로 전제하여 논의하고, 위법성조각사유는 과실범의 경우에도 원칙적으로 고의범의 경우와 마찬가지로 적용이 가능하다고 보았기 때문이라고 생각된다.[1] 그리하여 과실범에 있어서도 승낙은 가능하다고 간단히 언급함에 그치는 경우가 많다.[2] 과실범의 경우 승낙에 의한 위법성조각이 어떠한 경우에 어떠한 근거로 어떠한 요건하에 유효하게 되는가에 관하여는 명확하지 않다. 그리고 과실치사죄에 있어서 피해자의 승낙에 관한 판례는 아직 존재하지 않는 것으로 보인다.

과실범에 있어서 피해자의 승낙이 고의범과 마찬가지로 범죄의 성립을 조각할 수 있는가 하는 문제는 단지 이론적으로 고의범과 과실범을 병행되게 본다는 범죄체계론상의 관점에 그치는 문제는 아니다. 현실적으로 과실범은 행위자와 피해자의 상호 행위과정의 소산으로 발생하는 경우가 많다. 피해자의 행위가 관여하여 과실범의 성립에 무언가의 기여를 한 경우에 이러한 다양한 피해자의 행위에 어떠한 의미를 부

---

 * 이 논문은 서울대학교 법학발전재단 출연 법학연구소 기금의 2012학년도 학술연구비 지원을 받았음.
** 경찰학논총 제7권 제2호, 경찰학연구소
 1) 김일수/서보학, 새로쓴 형법총론, 제11판, 2006, 461면; 성낙현, 형법총론, 제2판, 2011, 419면.
 2) 이재상, 형법총론, 제7판, 2011, 197면; 임웅, 형법총론, 제4정판, 2011, 332면; 박상기, 형법총론, 제9판, 2012, 308면; 이상돈, 형법강의, 2010, 170면; 성낙현, 형법총론, 420면.

여하고 어떠한 평가를 할 것인가 문제된다. 특히 운전미숙자나 음주운전자에의 동승과 같이 과실범에 있어서 피해자가 의식적으로 스스로 행위자의 행위로부터의 위험을 인식하였음에도 불구하고 결과불발생을 신뢰하고 행위로 나아갔는데 불행하게도 행위자에 의한 운전부주의로 결과가 발생한 경우, 그 피해자의 위험한 행위가 과실행위자의 가벌성에 어떠한 영향을 미칠 것인가 하는 문제영역이 있다. 이 문제를 피해자의 입장에서 본다면 피해자의 자기위태화(Selbstgefärdung)라고 불릴 수 있는 영역이고, 행위자의 입장에서 본다면 피해자에 대한 타인위태화(Fremdgefährdung)로서 피해자의 승낙을 이유로 한 과실범의 위법성조각이 문제될 수 있는 것이다. 그리하여 종래 이러한 사례군은 통설에 의하면 피해자의 승낙 문제로서 파악되어 왔던 것은 사실이다.

그런데 양해 있는 피해자에 대한 타인위태화행위로[3] 사망의 결과를 발생시킨 이러한 행위자에 대하여, 과연 정말로 그 행위자의 과실치사죄를 피해자의 승낙에 의하여 위법성을 조각시킬 수 있겠는가 의문이 제기된다. 이는 과실범에 있어서 피해자의 승낙을 어떠한 내용으로 구성할 것인가에 따라 달라질 수 있는 문제라고 할 수 있다. 만약 과실치사에 대하여는 피해자의 승낙이 적용되지 않는 것이라면, 통설은 타인위태화행위에 대하여 결과귀속을 인정하고 피해자의 승낙에 의한 위법성조각으로 처리되어야 한다고 말하지만[4] 이는 결국 사실상 위법성조각을 부정하여 행위자의 가벌성을 전면적으로 긍정하는 견해라고 할 수 있을 것이다. 이와 같이 과실범에 있어서 피해자의 승낙이 인정되지 않아 행위자의 가벌성을 긍정하지 않을 수 없는 것이라면, 이러한 사례군을 피해자의 승낙이 아닌 다른 법적 구성 즉 사회적 상당성이나 허용된 위험, 특히 결과의 객관적 귀속론으로 처리하는 소수설적 입장이 더욱 설득력을 가지게 될 것이다. 이와 같이 합의에 기초한 타인위태화 문제는 최근에 과실범에 있어서 피해자의 승낙이론에 다대한 영향을 미치고 있다.

---

3) 피해자의 동의 문제영역에서는 법적효과와 관련하여 구성요건을 조각하는 양해와 위법성을 조각하는 승낙을 용어상 구별하는 것이 일반적이다. 그러나 타인위태화 문제영역에서는 용어상으로는 '양해 있는' 타인위태화라는 표현을 일반적으로 사용하고 있다. 이러한 '양해 있는' 타인위태화의 경우 통설은 구성요건해당성을 긍정하고 피해자의 승낙에 의하여 위법성을 조각하고 있다. 즉 위법성을 조각하는 법적효과를 가져오는 본 법형상을 "양해 있는" 타인위태화라고 표현하여 이를 가치중립적 내지 사실적으로 기술하고 있는 것이지, 양해(구성요건해당성조각)와 승낙(위법성조각)이라는 법적효과를 미리 선취하고 있는 개념으로 사용하고 있지 아니하다. 따라서 이를 양해 있는, 합의에 의한, 동의에 의한, 승낙에 의한 등의 표현을 사용하더라도 이는 일정한 법형상을 가리키는 지도형상으로서의 개념이라고 할 수 있으며, 구성요건조각이나 위법성조각이라는 법적 효과를 가지는 양해나 승낙의 의미로 사용되고 있지 아니하다고 볼 수 있다.

4) 손동권/김재윤, 새로운 형법총론, 2011, 367면; 정성근/박광민, 형법총론, 제5판, 2011, 159면; 박상기, 형법총론, 308면; 정영일, 형법총론, 제3판, 2010, 255면; 성낙현, 형법총론, 420면(그러나 158면에서는 피해자의 양해보다는 결과유발에 대한 범죄적 기여도가 중심적 판단기준이 되어야 한다고 서술하고 있다); 이재상, 형법총론, 156면 참조.

2. 문제사례

[사례 1] 갑은 도로상에서 차량 사이를 빠져나가는 위험한 곡예오토바이 경주를 제안하였고 을은 이에 동의하여 각자의 오토바이로 곡예운전을 하던 중 충돌사고로 중상을 입었다(곡예오토바이경주 사례).

[사례 2] 갑이 음주하여 취하였다는 점을 을은 완전히 인식하면서도 강청하여 갑이 운전하는 자동차에 동승하였는데 갑이 사고를 일으켜 을이 중상을 입었다(음주운전동승 사례).

[사례 3] 홍수와 풍랑으로 강을 도하하는 것이 생명에 위험한 상황에서 도하를 희망하는 승객 2명의 간청과 강권을 받아 피고인은 작은 배로 메멜강을 도하하다가 전복되어 승객 2명이 익사하였다. 뱃사공 갑은 승객 2명에게 도하하면 생명에 위험이 있다는 것을 반복하여 지적하고 도하하지 말라고 하였다. 그러나 승객이 강권하고 그런 용기도 없냐고까지 말하자 반대의사를 접고 도하를 시도하였다. 갑도 승객들도 모두 생명에 위험이 있다는 것은 충분히 인식하고 있었다(메멜강 사례).

[사례 4] 에이즈에 걸린 갑은 감염가능성과 위험성을 완전하게 여자친구에게 설명하였고 그녀는 이를 알면서도 콘돔을 사용하지 않는 성행위를 요청하였다. 갑은 장기간 망설이다가 그녀의 강청에 양보하여 성관계를 가졌다(에이즈 사례).

[사례 5] 갑은 운전자로서 을은 동승자로서 도로상에서 병이 운전자로 무가 동승자인 자동차와 속도올리기 경주에 참가하여 엄청난 과속운전을 하였다. 이들은 이미 이전에도 여러 번 운전자가 되기도 하고 동승자가 되기도 하면서 이러한 속도올리기 경주를 하였었다. 이날 갑은 앞에서 제한속도를 준수하면서 운전하던 승용차를 추월하려고 시도하였다. 을도 추월을 시도하여 추월경쟁이 되어 세대의 차량이 도로에 겹쳐 있게 되었고, 갑은 추월하던 중 왼쪽 도로방지벽에 근접하자 핸들을 지나치게 오른쪽으로 돌리다가 차가 미끄러져 전복되어 을이 사망하였다(속도올리기 경주 추월전복 사례).

이러한 자기위태화와 타인위태화 문제사례들의 특징은 결과발생이 행위자와 피해자의 부주의한 태도의 공동작용으로 야기되었고, 이때 행위자도 피해자도 결과발생을 원하지 않았고 오히려 결과의 불발생을 신뢰하였으며, 따라서 피해자가 과실로 결과발생에 관여하였고 행위자도 주로 과실범으로서의 가벌성이 문제된다는 점이다.[5]

자기위태화에의 관여행위와 타인위태화행위들은 양자 모두 일단은 주의의무위반은 긍정된다. 행위자와 피해자 두 사람이 동일한 정도로 위험한 행위에 관여하였다면, 그 행위자의 행위는 주의의무에 따른 것이었다고는 할 수 없다.[6] 그런데 이러한 경우 침해결과가 행위자의 책임영역에 귀속될 것인가 혹은 자기 스스로를 위태화시킨 피해자의 책임영역에 귀속될 것인가? 이러한 사례들에서 어떠한 경우가 동의피해자를 행위자가 위태화시키는 타인위태화이며, 어떠한 경우가 피해자의 자기위태화에 행위자가 관여하는 자기위태화에의 관여인가? 이를 구별하는 이유는 전자의 경우에는 결과귀속이 가능하다고 보는 입장이 다수설적 입장이지만, 후자의 경우에는 결과귀속이 부정되어 구성요건해당성이 없다는 데에 거의 견해가 일치하고 있기 때문이다. 피해자가 위험을 인식하고도 자유위사에 근거하여 자기 스스로를 위태화한 자기위태화의 경우, 그 사망결과는 타인의 침해가 아닌 피해자 자기 자신의 행위로 인한 것이므로 행위자가 창출한 위험이 결과에 실현되었다고 할 수 없기 때문이라는 점을 논거로 한다.[7] 또한 규범의 보호목적 관점에서는 과실치사죄의 보호목적은 타인에 의한 생명침해로부터 피해자를 보호하는 데에 있으므로, 행위자가 창출한 위험의 실현이 규범의 보호목적 내에서 실현되었다고 평가할 수 없기 때문이라고도 한다.[8] 그리고 자기위태화행위에 행위자가 관여하여 과실로 발생한 결과는 규범적으로 행위자의 책임영역에 귀속시킬 수가 없고, 자율성원칙에 근거하여 오로지 법익주체의 책임영역에 속하기 때문이라고도 한다.[9]

이하에서는 자기위태화와 동의에 의한 타인위태화를 구별할 수 있는가 또 구별기준은 무엇인가에 관하여 살펴보고(II), 타인위태화에 대한 피해자의 승낙이 가능한지 또 어떠한 요건하에 유효한가를 논의해 보고자 한다(III). 본고에서는 본인의 능력부족으로 생명과 신체에 대한 과실범과 관련된 사례만을 취급한다.

---

5) 여기에서 말하는 위태화란 결과를 의욕하지 않은 상태를 말한다. 이에 비하여 자기침해행위 (Selbstverletzung)와 타자침해행위(Fremdverletzung)는 고의에 의한 경우를 말한다.

6) Roxin, Zur einverständlichen Fremdgefährdung, JZ 2009, 400; Hellmann, Einverständliche Fremdgefährdung und objektive Zurechnung, FS−Roxin, 2001, S.274. 또한 Dölling, Zur Strafbarkeit wegen fahrlässigen Tötung bei einverständlichen Fremdgefährdung, FS−Geppert, 2011, S.54.

7) Eisele, Freiverantwortliches Opferverhalten und Selbstgefärdung, JuS 2012, 582. 이미 위험창출 자체를 부정하는 입장으로는 Murmann, Die Selbstverantwortung des Opfers im Strafrecht, 2005, S.335.

8) 김일수/서보학, 새로쓴 형법총론, 178면; 이재상, 형법총론, 156면; 정영일, 형법총론, 139면; 한정환, 형법총론 제1권, 2010, 193면; 이상돈, 형법강의, 222면; 정성근/박광민, 형법총론, 159면; 성낙현, 형법총론, 158면. 그리고 Roxin, AT I, 4.Aufl., 2006, §11 Rn.110.

9) Radtke, Objektive Zurechnung von Erfolgen im Strafrecht bei Mitwirkung des Verletzten und Dritter an der Herbeiführung des Erfolges, FS−Puppe, 2011, S.837.

Ⅱ. 자기위태화에의 관여와 타인위태화의 구별

1. 구별설(행위지배기준설) - 타인위태화 위법성단계 해결설

양자의 구별기준에 관하여 명시적으로 언급하고 있지는 아니하는 것으로 보이지만 양자의 사례분류를 살펴보면 그 기준으로 통설은 자기위태화에의 관여와 양해피해자에 대한 타인위태화를 행위지배의 기준을 가지고 구별하는 것으로 보인다.[10][11] 이는 독일의 다수설이기도 하다. 즉 기준이 되는 것은 누가 위태화행위를 지배하였는가, 좀 더 정확히 표현하면 결과발생에 직접 선행하는 최종적인 생명위태화행위를 누가 지배하였는가 하는 점이다(위태화지배설). 이러한 행위지배가 행위자에게 있었으면 타인위태화, 피해자에게 있었으면 자기위태화가 인정된다. 물론 행위자와 피해자가 공동으로 지배하고 있는 경우에는 그 판단이 곤란하다는 어려움이 있다.[12] 본 견해는 과실범 영역에 있어서도 사태평가의 결정적인 차이는 해당법익이 본질적으로 피해자 자신에 의하여 위태화되었는지 아니면 행위자에 의하여 위태화되었는지에 있다고 본다.[13]

이 견해는 타인위태화와 자기위태화가 구조적으로 상이하다는 점을 근거로 한다. 타인위태화의 경우에는 피해자의 잘못될 수 있는 자기결정으로부터 피해자를 보호한다는 피해자의 이익이 전면에 나서기 때문에, 위태화행위가 행위자에게 위임된 경우 행위자의 행동자유는 제한된다. 따라서 그 행위는 금지되는 것이다. 반면에 자기위태화의 경우에는 대부분 피해자가 행위자의 행위에 뒤따르게 되고 따라서 피해자가 스스로 자신의 결정을 나중에 검토할 기회를 가질 수 있다. 따라서 피해자의 자

---

10) 고의범의 경우에 논하여지는 타인침해행위인 촉탁승낙살인죄와 자기침해행위에의 관여인 자살관여죄의 구별기준이 되는 행위지배가 과실범의 경우인 타인위태화행위와 자기위태화에의 관여의 구별에 암묵적으로 원용되는 것으로 보인다.

11) 최우찬, 사례형법총론 II, 2007, 73면에 의하면 피해자가 직접 결과를 수행하는 행위를 했는가 여부에 따라 구별된다고 한다.

12) 행위지배가 오로지 피해자 한사람에게 있을 경우에만 자기위태화를 인정하는 입장에는 공동행위지배는 타인위태화로 보게 될 것이다. 그러나 마지막 순간까지 위태화사태를 중단하고 결과발생을 방지할 수 있는 것은 피해자에게 달려 있다고 볼 수 있으므로 이러한 관점에서는 자기위태화를 인정하게 될 것이다. 자기위태화로 보는 입장은 예컨대 Duttge, Erfolgszurechnung und Opferverhalten, FS-Otto, S.245f.; S/S-Lenckner/Sternberg-Lieben, 28.Aufl., 2010, Vor §32ff. Rn.107; Kühl, AT, 6.Aufl., 2008, §4 Rn.89; Neumann, Die Strafbarkeit der Suizidbeteiligung als Problem der Eigenverantwortlichkeit des Opfers, JA 1987, 137f.; Eisele, JuS 2012, 582; Grünewald, Selbstgefährdung und einverständliche Fremdgefährdung, GA 2012, 371. 타인위태화를 인정하는 견해로는 Wessels/Beulke, AT, 41.Aufl., 2011, Rn.190; Murmann, Zur Einwilligungslösung bei der einverständlichen Fremdgefährdung, FS-Puppe, 2011, S.775.

13) Beulke, Opferautonomie im Strafrecht, FS-Otto, 2007, S.214.

기위태화를 가능하게 해 주는 행위자의 관여행위는 보호할 가치가 있다는 행위자의 이익이 고려된다.[14] 즉 피해자는 언제든지 스스로의 결정으로 위태화사태를 중단할 수 있거나 위험을 현저하게 감소시킬 수가 있다. 결국 마지막까지 위험과 그에 따른 결과의 방지는 피해자의 손에 달렸다는 것이다. 이러한 행위지배 기준에 의하면 [사례 1] 곡예오토바이경주 사례는 자기위태화에 해당되며, 나머지 사례들은 타인위태화로 볼 수 있을 것이다.[15] 다만 [사례 4] 에이즈 사례는 공동지배로 볼 여지가 있다. 그러나 에이즈위험은 오로지 행위자 갑에게서 나오기 때문에, 양해피해자에 대한 타인위태화로 보는 것이 타당할 것으로 생각된다.[16]

2. 일치설 – 타인위태화 구성요건적 결과귀속배제설

구별설은 고의범에서 정범과 공범을 구별하는 기준인 행위지배 개념을 과실범에 전용하려는 것이다. 즉 과실범에서도 정범과 공범이 구별된다는 것을 암묵적으로 전제하고 있다. 이는 과실범의 단일정범개념과 모순된다.[17] 그러므로 자기위태화에의 관여와 동의에 의한 타인위태화의 구별은 과실범에 있어서는 이루어질 수 없으며 또한 요구되지도 아니한다. 과실범에서는 항상 누구도 지배할 수 없다. 지배할 수 있는 사태가 아니라는 점은 과실의 정의에 의해서 바로 그러하다.[18] 사태를 지배한다는 것은 고의를 의미한다. 그렇다면 위태화행위에 관여하는 경우에는 사태의 지배라는 기준으로 자기위태화에의 관여행위와 타인위태화행위를 구별할 수 없다. 이러한 견해는 자기위태화와 양해피해자에 대한 타인위태화의 동일시를 주장하여 양자는 모두 구성요건실현이 부정된다고 평가한다.[19] 예컨대 마약이 든 주사기를 행위자가 건네주어 피해자가 마약을 자기 손으로 주사하여 사망한 경우와 피해자에게 주사기로 마약을

---

14) Murmann, FS-Puppe, S.785f.

15) 이재상, 형법총론, 156면은 [사례 1] 메멜강 사례를 양해 있는 피해자에 대한 타인위태화로 본다.

16) 한정환, 형법총론 제1권, 197면 참조. 자기위태화에 상응한다고 보는 입장으로는 손동권/김재윤, 새로운 형법총론, 368면.

17) Puppe, Mitverantwortung des Fahrlässigkeitstäters bei Selbstgefärdung des Verletzten, GA 1999, 249; NK-Puppe, 3.Aufl., 3.Aufl., 2010, Vor §13 Rn.180. 이에 반하여 과실범의 경우에도 제한적 정범개념을 주장하는 견해로는 Renzikowski, Restriktiver Täterbegriff und fahrlässige Beteiligung, 1997, S.192ff.

18) Stratenwerth, Einverständliche Fremdgefährdung bei fahrlässigem Verhalten, FS-Puppe, 2011, 1019.

19) 이상돈, 형법강의, 222면; 성낙현, 형법총론, 158면은 예외적으로 — 행위자의 결과유발에 대한 기여도에 따라서는 — 객관적 결과귀속이 긍정되는 경우도 있을 수 있다고 지적한다. 독일에서는 LK-Vogel, 12.Aufl., 2007, §15 Rn.240f.; Schünemann, Moderne Tendenzen in der Dogmatik der Fahrlässigkeits-und Gefährdungsdelikte, JA 1975, 722f.; NK-Puppe, Vor §13 Rn.192ff.

행위자가 주사해 주었는데 사망한 경우가 과연 동일한 평가를 받을 수 없는 것인지 의문이라는 것이다. 즉 피해자의 자기결정권 측면에서 무슨 구별의 의미가 있느냐는 것이다. 자기결정의 자유라는 실질적 관점에서 보면 자기위태화에의 관여와 동의에 의한 타인위태화의 구별은 규범적으로 의미가 없다는 것이다.[20] 양자는 피해자의 자기책임이 ― 단지 상이한 방법으로 ― 실현되었다는 점에서 동일하며, 따라서 타인위태화에 대하여 자기위태화에의 관여보다 불리하게 취급하는 것은 타당하지 못하다는 것이다.[21]

3. 조건부 동일시설 ― 타인위태화 원칙적 처벌/예외적 구성요건적 결과귀속 배제설

기본적으로 행위지배기준설의 입장에 서면서도 타인위태화 사례들 중에는 예외적으로 자기위태화와 동일하게 볼 수 있는 경우가 있다는 견해이다. 이는 피해자가 행위자와 완전히 같은 정도로 위험을 인식하고, 행위자의 다른 과오가 부가되지 않았고, 피해자가 행위자와 동일한 귀책을 부담하는 경우라고 한다.[22] 그리고 이 견해는 타인위태화행위는 피해자의 승낙으로 처리할 수 없다고 보아 ― 이와 같이 자기위태화와 동일하게 해결하여 구성요건적 결과귀속이 부정되는 경우가 아닌 한 ― 가벌성을 긍정한다.[23] 이러한 관점에 따르면 [사례 2] 음주운전동승 사례에서 피해자는 상황을 완전히 인식하고도 행위자의 자동차에 동승할 것을 강청하여서 음주운전사고의 피해자가 된 것이므로, 이러한 타인위태화는 피해자의 자기위태화에 관여한 경우와 동일하다고 볼 수 있다고 한다.[24] [사례 3] 메멜강 사례에서도 행위자는 승객에게 위험한 도하를 시도하지 말 것을 여러 번 반복적으로 지적하였고, 그렇게 용기가 없느냐는 강요적인 요청에 반대의사를 접게 되었다. 본 사례는 사태발생에 오히려 피해자

---

20) Otto, Eigenverantwortliche Selbstschädigung und―gefährdung sowie einverständliche Fremdschädigung und―gefährdung, FS―Tröndle, S.171f.; Otto, AT, 7.Aufl., 2004, §6 Rn.60f.; Cancio Melia, Opferverhalten und objektive Zurechnung, ZStW 111 (1999), 368ff.; Puppe, GA 2009, 489, 494; Radtke, FS―Puppe, S.841f.; Frisch, Tatbestandsmäßiges Verhalten und Zurechnung des Erfolgs, 1988, S.149f.; Frisch, Selbstgefährdung im Strafrecht, NStZ 1992, 5; M.―K. Meyer, Ausschluß der Autonomie durch Irrtum, 1984, S.148ff.

21) LK―Rönnau, 12.Aufl., 2007, Vor §32 Rn.146.

22) 김일수/서보학, 새로쓴 형법총론, 180면; 한정환, 형법총론 제1권, 196면. 독일에서는 Roxin, JZ 2009, 401; Roxin, Zum Strafzweck der Norm bei fahrlässigen Delikten, FS―Gallas, 1973, S.249ff.; Roxin, AT I, §11 Rn.121ff.; Hellmann, FS―Roxin, S.282ff.

23) 김일수/서보학, 새로쓴 형법총론, 460면, 180면. 독일에서는 Roxin, JZ 2009, 402.

24) 김일수/서보학, 새로쓴 형법총론, 180면. 독일에서는 Roxin, JZ 2009, 401.

인 승객의 책임이 더 크다고도 할 수 있다. 따라서 메멜강 사례는 양해 있는 피해자에 대한 타인위태화로서 자기위태화에의 관여와 동일하게 평가된다고 한다.[25] [사례 4] 에이즈 사례도 사태는 여자친구의 주도에 기인하는 것으로서 본 학설에 따르면 이러한 타인위태화의 사례는 자기위태화와 동일시할 수 있을 것이다.[26] [사례 5] 속도 올리기 경기 추월전복 사례에서 동승자 을은 속도테스트 자체에 관해서는 운전자 갑과 동일한 귀책을 진다고 볼 수 있을 것이다. 따라서 과속 자체가 사고를 야기한 것이라면 행위자 갑에게 결과귀속이 부정된다. 그러나 사고의 본래 원인은 누구도 통제할 수 없는 높은 위험의 추월행위에 의한 것으로서 이러한 위험에 대하여는 피해자가 동의했다고 볼 수 없다. 또한 지나치게 핸들을 오른쪽으로 돌린 운전자의 과오가 부가되고 있다. 따라서 본 학설에 따르더라도 [사례 5]은 타인위태화에 해당된다.[27]

4. 비판적 검토

1) 일치설에 대한 비판 – 구성요건과 위법성의 가치구분

자기위태화에의 관여와 타인위태화를 동일시하는 견해는 피해자의 자기결정의 자유를 실질적인 근거로 한다. 그러나 자기결정의 자유를 위해서 타인위태화를 구성요건 단계에서 귀속을 부정해야 할 필연적인 이유는 없을 것이다. 구성요건단계 해결설이 자기결정권보장을 위한 유일한 방법은 아니라는 의미이다. 피해자의 승낙이라는 위법성조각단계에서 해결하여도 피해자의 자기결정의 자유는 보장될 수 있는 것이다. 형법상 구성요건의 임무는 어떠한 행위가 일반적으로 금지된다는 것을 보여주는 것이다. 살인죄나 상해죄의 구성요건은 피해자의 의사와는 무관하게 결정된다. 이러한 일반적 금지에 대하여 피해자의 승낙은 개별적 사례에서 일정한 요건하에 형량을 통하여 허용하는 것이다. 자기위태화에의 관여와 타인위태화의 동일시가 객관적 결과귀속이라는 객관적 구성요건단계에서 반드시 이루어져야 한다는 사실을 자기책임성의 원리에서 근거지울 수는 없다고 생각된다. 자기책임성의 원리는 자기책임적인 결정이 이미 구성요건에 관련되는 것인지 아니면 위법성과 비로소 관련되는 것인지에 관해서는 말해 주는 바가 없다.[28]]

---

25) 한정환, 형법총론 제1권, 196면. 또한 Roxin, JZ 2009, 401.
26) 한정환, 형법총론 제1권, 197면. 그리고 Roxin, JZ 2009, 401.
27) Roxin, JZ 2009, 402.
28) Murmann, FS-Puppe, S.773.

2) 행위지배와 책임범위의 이전

자기위태화와 양해피해자에 대한 타인위태화를 과실범영역에서 구별하자면 어떠한 기준에 의해야 할 것인가? 과실범에 행위지배의 기준을 고려하는 것은 설득력이 없다는 것이 사실이다. 이때의 행위지배를 종래의 견해와 같이 순전히 형식적으로 파악하여 최종적인 생명위태화행위로서 사실적으로 이해하는 것으로는 부족하다고 생각된다. 직접 생명위태화행위를 하였는가 하는 사실적 지배기준(직접적 실행지배)으로는 행위자만의 책임을 근거지우기에 충분하지 않다.[29] 사실적인 행위지배에 규범적인 중요성이 부가되어야 할 것이다. 즉 직접적인 최종 생명위태화행위 수행이라는 기준은 단지 최초의 근거점이 될 뿐이다. 다른 사람의 생명과 신체를 주의의무에 위반하여 위태화한 행위는 주의의무에 위반한 것이다. 자기위태화에의 관여행위 사례에서 피해자가 최종행위를 하고 따라서 피해자에게 행위지배가 있다는 라는 표현이 행위자의 관여행위가 주의의무에 위반되지 않았다는 말은 아니다(따라서 과실범이다). 위태화에의 관여행위와 그 결과가 피해자의 책임영역에 놓이기 때문에 그러한 관여행위는 허용된다는(굳이 이야기하자면 과실공범적) 의미이다. 따라서 이러한 피해자의 책임영역을 넘어가는 경우에는 즉 피해자가 위험사태를 최종행위로 사실적으로는 지배했다고 하더라도 피해자가 위험의 범위를 제대로 인식하지 못하고 행위자는 사태를 더 잘 인식할 수 있다면 자기위태화는 부정될 것이다.[30] 예컨대 마약상인 갑이 마약소비자인 을에게 약속대로 코카인을 전달하려고 했으나 잘못하여 헤로인을 제공하고, 을은 자기 손으로 헤로인을 복용하였는데 사망하고 말았다면 피해자의 자기책임성은 부정되어야 한다. 피해자 을은 코카인의 전형적 위험을 넘는 헤로인복용에 따른 위험을 인식하지 못하였다. 마약거래가 불법이지만 직업적 마약상인 갑은 위험을 보다 잘 인식할 수 있으므로 마약을 제공할 때 이를 확인할 의무가 있다고 할 수 있다. 올바른 마약품의 전달은 행위자 갑의 책임영역에 속한다. 갑의 이러한 과실은 결과의 객관적 귀속을 부정하지 아니한다. 결국 자기위태화와 타인위태화를 구별하는 기준으로서 이야기되는 행위지배에는 행위자의 관여행위라는 기준과 자기위태화에 의하여 매개되는 사태를 객관적 귀속이론에 의하여 결합하는 내용이 포함되어야 하지 않을까 생각된다.[31] 그리하여 사태 전체에 주도적 지위를 가지고 있는 경우에는 발생된 결과는 그의 책임영역에 귀속되고, 그렇지 않은 경우에는 말하자면 과실방조적인 성질을 가지는 것으로 평가될 수 있을 것이다.[32]

---

29) Murmann, Die Selbstverantwortung, S.319ff., 337ff.
30) Eisele, JuS 2012, 582.
31) Murmann, FS－Puppe, S.774.

과실범에서는 결과를 야기한 모든 주의의무위반행위가 정범을 근거지울 수 있다는 입장 (단일정범개념)을 철저히 관철하려는 입장에서는, 자기위태화에의 관여행위나 타인위태화행위가 마찬가지이므로 법익주체인 피해자의 자기책임적 결정을 척도로 양자 모두에 대하여 구성요건단계에서 객관적 귀속을 부정하게 될 것이다.

Ⅲ. 타인위태화에의 승낙

자기위태화에의 관여행위와는 달리 양해피해자에 대한 타인위태화는 통설에 의하면 구성요건에 해당하는 행위이다. 그리하여 타인위태화행위의 위법성조각은 과실범에서 피해자의 승낙이 가능하다고 볼 것인가 여부에 달려 있게 된다. 과실범은 적어도 결과에 대한 인용이 결여되어 있다는 점에서 고의범과 구별된다. 고의범에 대한 승낙의 경우 결과에 대하여도 승낙이 미쳐야 하는 점은 분명하다. 그런데 과실범에 대한 승낙의 경우에는 결과에 대한 승낙이 존재하는 것인가 혹은 필요한 것인가 문제된다. 이하에서는 피해자의 승낙론에 의한 해결을 방해하는 것 아닌가 여겨져 왔던 문제 즉 과실범에서 피해자의 승낙은 원칙적으로 결과를 포함할 수 없으므로 부정되는 것 아닌가(A) 그리고 생명에의 위험을 승낙하는 것이 법률에 의하여 허용되는가 (B) 하는 점에 관하여 살펴보기로 한다.

1. 과실범에 있어서 승낙의 대상

1) 결과승낙설

승낙은 직접적으로 법익침해의 구체적 결과에 미치지 않으면 안 된다는 견해이다.[33] 승낙은 구성요건 전부에 미쳐야 하므로, 과실범에 있어서는 구성요건행위 이외에 침해결과에도 승낙해야 한다는 점을 근거로 한다. 따라서 단지 위험한 행위에 대한 승낙으로는 불충분하다.[34] 그런데 과실범에서는 결과불발생을 신뢰하기 때문에 결과

---

32) 피해자의 자기책임성에 의한 과실정범성의 제한은 과실범에 있어서도 제한적 정범개념이 타당한 것인가 하는 의문을 들게 함은 부정할 수 없다.

33) 김일수/서보학, 새로쓴 형법총론, 460면.

34) Zipf, Einwilligung und Risikoübernahme im Strafrecht, 1970, S.22f.; Geppert, Rechtfertigende Einwilligung des verletzten Mitfahrers bei Fahrlässigkeitsstraftaten im Straßenverkehr?, ZStW 83 (1971), 974; S/S−Lenckner/Sternberg−Lieben, Vor §§32ff. Rn.102; Duttge, FS−Otto, S.232; MK−Duttge, 2.Aufl., 2011, §15 Rn.196; Duttge, Fahrlässige Tötung bei illegalem Autorennen, NStZ 2009, 691; Hellmann, FS−Roxin, S.276f.; Roxin, JZ 2009, 400, 403; Roxin, AT I, §24 Rn.108; Jescheck/Weigend, AT, 5.Aufl., 1996, S.588f.; Hinderer/Brutscher, Der Tod war schnel−

에 대해서는 승낙하고 있지 아니하다. 따라서 피해자의 승낙을 인정하는 입장은 의제에 기초한 것이라고 한다.[35] 승낙은 법익의 포기를 전제로 하는데, 과실범에서는 법익의 포기가 없기 때문이다.[36] 이 견해에 따른다면 결과적으로 과실범에 있어서는 승낙의 가능성은 사실상 부정된다. 과실범의 결과는 피해자에 의하여 의욕되지 않는 것이 보통이기 때문이다.[37] 결국 과실범에 있어서 피해자의 승낙은 아무런 의미가 없는 것이 된다. 따라서 이러한 입장에서는 타인위태화 사례에 관하여는 위법성단계에서 피해자의 승낙이 아닌 다른 해결방법을 모색하게 되고, 자기위태화에의 관여와 마찬가지로 구성요건단계에서 객관적 귀속을 부정하는 방향으로 돌아가게 된다.[38]

　이 견해는 승낙을 법익의 포기라고 정의함으로써 고의범에서의 승낙요건을 과실범에 일대일로 동일하게 적용한다. 그리고 이와 같이 승낙의 결과관련성을 요구하는 견해는 형법의 임무를 법익보호로 이해하는 입장과 상응되고 있다. 그리하여 법익과 법익의 보호를 지향하는 관점이 전면에 나서게 된다. 형법의 역할을 법익보호에 있다고 할 때 행위불법의 배제를 위해서는 피해자가 부주의하게 위험한 행위의 실행을 허용한 것만으로는 부족하고 결과의 발생 그 자체도 승인하여야 한다고 보는 관점이라고 보여진다.

2) 행위승낙설

(1) 자율성의 표현으로서의 승낙

　과실범에서 피해자의 승낙의 대상은 예상될 수 있는 결과가 아니라 (결과를 승낙하면 행위자는 이미 고의범이다) 행위자의 위험한 행위이라는 견해이다.[39] 피해자가 생명위태화행위에 승낙하였으므로 행위불법이 탈락하고 따라서 과실범의 성립요건이 부정된다는 것이다. 그러므로 (우연히) 결과가 발생했다는 점은 문제가 되지 않는다. 우리나라와 독일에서 다수설적 입장이라고 할 수 있다. 형법에서는 상호 간의 법적 관계와 승인관계가 중요하며 승낙은 이러한 법적 관계를 형성하는 것이라고 한다면, 승낙이 반드시 결과에 관한 것이어야 한다고는 할 수 없다.[40] 또한 승낙을 결과관련

---

ler, JA 2011, 911.

35) Zaczyk, Strafrechtliches Unrecht und Selbstverantwortung des Verletzten, 1993, S.51; LK－Rönnau, Vor §32 Rn.168; S/S－Lenckner/Sternberg－Lieben, §§32ff. Rn.102.

36) S/S－Lenckner/Sternberg－Lieben, §§32ff. Rn.103; LK－Rönnau, Vor §32 Rn.164, 168.

37) 김일수/서보학, 새로쓴 형법총론, 460면.

38) 김일수/서보학, 새로쓴 형법총론, 460면.

39) 정성근/박광민, 형법총론, 279면; 손동권/김재윤, 새로운 형법총론, 367면; 배종대, 형법총론, 제10판, 2011, 695면; 정영일, 형법총론, 255면.

40) Grünewald, Das vorsätzliche Tötungsdelikt, 2010, S.302f.; Renzikowski, Restiktiver Täterbegriff,

성의 관점에서 파악하여, 자기법익의 위태화에 대한 승낙은 허용되지 않는다고 한다면 이는 승낙을 자율성의 표현이라고[41] 말할 수 없게 되는 것이다.

(2) 승낙의 행위불법 배제와 그 효과

이 견해에 의하면 행위자에게 피해자는 일반적으로는 허용되지 아니하는 행위를 승낙하면 그에 따라서 행위불법이 배제된다고 한다.[42] 행위불법이 인정되지 않으면 불법은 존재하지 않는다. 물론 미수범의 경우에는 결과반가치가 결여되어도 불법이 인정된다. 그러나 행위불법의 인정은 불법이 존재하기 위한 필수불가결한 요건이다.[43] 법익주체인 피해자가 위험한 행위에 동의하여 행위불법이 배제되면, 발생된 결과는 그러한 위태화행위를 행한 행위자에게 귀속될 수 없다. 결과가 귀속될 행위 자체가 존재하지 않게 되는 것이기 때문이다. 정확히 말하면 이러한 경우에는 이미 결과불법이 본래 의미에서 더 이상 존재하지 않는 것이라고 할 수 있다.[44] 형법에서는 행위불법이 없는 결과불법은 없다고 할 수 있다.[45]

그런데 피해자는 결과의 불발생을 신뢰하여 따라서 과실범에 승낙하였지만 행위자는 결과발생에 미필적 고의를 가지고 행위했다면, 이때에도 행위승낙설에 따른다면 행위불법이 배제되어야 하는 것 아닌가 하는 의문이 있을 수 있다.[46] 물론 이러한 경우 행위자는 고의범으로 처벌된다. 행위자의 행위는 피해자의 승낙에 상응하지 않고 이를 초과했기 때문이다. 행위불법을 근거지우는 행위자의 고의를 피해자가 충분히 인식하지 못했기 때문에, 그러한 피해자의 승낙은 행위불법을 완전히 배제할 수 없는 것이다.

(3) 승낙에 있어서 피해자와 행위자 의사의 내용적 일치 요구

이와 같이 본다면 유효한 승낙의 요건은 행위자가 행한 범행이 갖춘 요소보다 더 많을 필요는 없는 것이다.[47] 따라서 행위자가 행한 과실범에 대한 승낙은 결과에 관한 것일 필요는 없다. 과실범이란 애시당초 발생한 결과에 대한 인식이 없기 때문

S.64; Murmann, Grundkurs Strafrecht, 2011, §25 Rn.116.

41) S/S‒Lenckner/Sternberg‒Lieben, Vor §§32 Rn.102; MK‒Duttge, §15 Rn.196.

42) Dölling, Fahrlässige Tötung bei Selbstgefährdung des Opfers, GA 1984, 84; Murmann, FS‒Puppe, S.776f.

43) Frisch, NStZ 1992, 67; Freund, AT, 2.Aufl., 2009, §2 Rn.5.

44) Murmann, FS‒Puppe, S.777; Murmann, Grundkurs Strafrecht, §25 Rn.139; Murmann, Die Selbstverantwortung, S.431.

45) Roxin, AT I, §10 Rn.94ff.

46) Hellmann, FS‒Roxin, S.277; Duttge, FS‒Otto, S.232.

47) Grünewald, GA 2012, 374f.; Vgl. Beulke, FS‒Otto, S.215.

이다. 결과에 대한 승낙이라는 것 자체가 이미 과실범의 구조와 조화되지 아니한
다.[48] 행위자가 행한 범행이 갖춘 요소보다 더 많은 요건에 대한 승낙이 있어야 한다
고 요구하는 것은 타당하지 아니하다. 물론 행위자는 결과불발생을 신뢰하였는데 피
해자가 결과를 인용한 경우에는 상관없다. 반면에 유효한 승낙의 요건은 행위자가 행
한 범행이 갖춘 요소보다 더 적어서는 안 된다. 따라서 피해자는 결과불발생을 신뢰
하였는데 행위자는 결과발생을 인용한 경우에는 승낙이 유효하지 않다. 결국 피해자
의 승낙의 대상은 다른 사람 즉 행위자가 행하는 행위이며 그 이상의 것을 내용으로
할 필요는 없다. 과실범 행위자는 결과가 아니라 위험의 인식과 인용에 그치므로, 피
해자는 행위자의 그러한 위험과 일치하는 인식과 인용으로 충분하다. 승낙의 대상은
행위자와 피해자의 의사의 내용적 일치를 기초로 한다.

3) 비판적 검토

피해자의 승낙은 원래 피해자의 보호를 위하여 설정된 원칙적 금지행위를 행위
자와의 구체적인 법적관계에서 배제시켜 주는 것이라고 생각된다.[49] 이는 피해자의
처분권에 기초한 것이라고 할 수 있다.[50] 따라서 승낙의 대상은 행위자와 피해자의
의사의 내용적 일치를 기초로 하여 결정되는 것이라고 하겠다. 과실범에서 행위자는
결과가 아니라 위험을 인식하고 인용하고 있을 뿐이다. 그러므로 피해자는 행위자의
그러한 위험과 일치하는 인식과 인용으로 충분하다. 그리고 결과승낙설의 입장에서는
고의상해죄에 대한 승낙은 가능한지만, 과실치상에 대한 승낙은 불가능한 것이 되어
야 할 것이다. 그런데 과실치상에 대하여는 승낙이 "의문의 여지가 없이" 가능하다고
한다.[51] 또한 이때 사회상규의 적용에 의한 제한이 있다는 언급도 없다. 판례도 자궁
적출사건에서 업무상 과실치상행위가 피해자의 승낙에 의해서 위법성조각이 가능하
다는 전제하에 승낙의 유효성 여부를 검토하여 이를 부정한 바 있다.[52] 승낙의 대상
은 결과라고 하면서 과실치상에 대하여는 별다른 의문 없이 당연히 피해자의 승낙이
가능하다고 하는 점은 놀랍다고 이야기할 수밖에 없다.

[사례 5] 속도올리기 경주 추월전복 사례에서 피해자의 승낙은 평소의 위험한
속도경주에 대하여 이루어진 것이지, 극히 위험한 추월행위에 관련한 것은 아니었다.

---

48) Schaffstein, Handlungsunwert, Erfolgsunwert und Rechtfertigung bei den Fahrlässigkeitsdeliten, FS−Welzel, 1974, S.559ff.
49) Baumann/Weber/Mitsch, AT, 11.Aufl., 2003, §12 Rn.101; NK−Paeffgen, §228 Rn.12.
50) Murmann, Die Selbstverantwortung, S.488ff., 512ff.; Murmann, FS−Puppe, S.777.
51) 김일수/서보학, 새로쓴 형법총론, 460면.
52) 대법원 1993. 7. 27. 선고 92도2345 판결.

따라서 위험한 행위동의설에 따르더라도 승낙의 유효성은 부정된다.

2. 생명의 위태화에 대한 승낙

1) 문제의 소재 – 과실범에 있어서 생명·신체에 대한 피해자의 승낙 제한 여부

타인위태화행위에 대한 승낙은 촉탁승낙살인죄(형법 제252조 제1항) 규정과 상해죄에 대한 피해자의 승낙(형법 제24조)을 제한하는 사회상규에 의하여 제한되는가 문제된다. 만약 사회상규에 의한 제한에 피해자에게 '사망에의 위험'을 발생시키는 경우를 포함시켜 해석한다면, 타인위태화행위에 대한 승낙은 유효성이 부정될 것이다. 법익보존에 대한 사회공동체의 이익이 당사자의 의사보다 우위에 있기 때문일 것이다. 그러나 전적으로 일신전속적인 법익의 경우에 승낙을 사회공동체의 이익을 근거로 제한할 수 있을 것인지 의문이 없지 않다.

형법 제252조 제1항은 다른 사람의 촉탁 승낙을 받아 그를 고의로 살해하는 경우 즉 고의살인죄에 적용되는 규정이다. 여기에서 생명은 처분불가능한 법익이라는 해석을 도출하고 있다. 그런데 이러한 입법적 평가를 과실치사죄에 적용시킬 수 있을 것인가? 형법 제252조 제1항으로부터 자기생명에 대한 위태화의 승낙을 할 수 없다는 평가를 도출하는 것이 가능한가?

2) 형법 제252조 제1항의 입법적 평가(생명처분권결여)의 과실치사죄에의 적용 여부

(1) 적용긍정설

이 견해는 생명이라는 법익은 애당초 포기할 수 없다는 점을 근거로 한다.[53] 촉탁승낙살인죄 자체는 확실히 고의범에서의 법익침해만을 그 구성요건으로 규정하고 있다. 그렇지만 이 규정의 실질적 근거인 생명처분의 무효 즉 생명자체는 완전하게 포기할 수 없다는 것은 과실에 의한 생명침해에 대하여도 미치는 것으로 보아야 한다는 의미이다.

(2) 적용부정설

고의범과 달리 과실치사죄에 있어서는 피해자의 승낙이 가능할 수 있다는 견해이다.[54] 촉탁승낙살인의 경우는 피해자가 위태화에 승낙하는 타인위태화와는 질적으

---

53) 김일수/서보학, 형법총론, 460면; 김성천/김형준, 형법총론, 제3판, 2005, 226면. 또한 Hinderer/Brutscher, JA 2011, 911.

54) 손동권/김재윤, 새로운 형법총론, 367면. 독일에서는 Radtke, FS – Puppe, S.841; Lackner/Kühl,

로 전혀 다른 사태이기 때문이다. 타인위태화의 경우에는 행위자와 피해자가 모두 결과의 불발생을 신뢰하고 있다.[55] 촉탁승낙살인죄 규정은 고의범에만 관련되는 것이다. 생명에 대한 처분권결여가 과실치사죄의 경우에도 승낙을 제한하는 것으로 볼 수 없다.

3) 상해죄승낙제한 사회상규위반성의 과실치사상죄에의 적용 여부

형법 제252조 제1항의 입법적 평가 즉 생명처분권결여의 과실치사죄에의 적용을 부정하는 입장을 취하더라도, 더 나아가 상해행위에 대한 승낙제한규범으로서 사회상규위반성이 과실치상죄에 대하여 적용되는가 문제된다. 이에 대한 논의는 명시적인 논의는 아직까지는 거의 없다고 보여진다. 우선 상해행위에 대한 사회상규위반성은 고의상해죄에만 적용된다는 적용부정설의 입장이 있을 수 있다.[56] 이러한 관점에 의하게 되면 과실치상에 있어서 사망의 위험이 발생한 경우에도 위법성이 조각될 것이다(적용부정설).

반면에 과실치상의 경우에도 사회상규에 의한 제한이 준수되어야 한다는 견해가 있을 수 있다.[57] 이러한 입장에서 만약 사망에의 위험을 야기하는 경우가 사회상규에 위반에 포함된다고 ─ 물론 사회상규위반이 생명에의 위험과 동일시될 수 있다는 것은 지금까지 충분히 논증되지 않았다 ─ 해석한다면,[58] 구체적인 사망위험의 경우에는 그에 대한 피해자의 승낙은 유효하지 않게 될 것이다(적용긍정설). 그런데 사망결과가 발생한 과실치사죄의 경우에는 이미 이러한 구체적인 사망의 위험이 원칙적으로 포함되어 있다.[59] 따라서 과실치사에 대한 피해자의 승낙을 인정할 여지가 없게

StGB, 27.Aufl., 2011, §216 Rn.1.

55) Kühl, Fahrlässige Tötung des Teilnehmers eines Beschleunigungsrennens, NJW 2009, 1158f.; Beulke, FS─Otto, S.216; Duttge, NStZ 2009, 691; Murmann, Grundkurs Strafrecht, §25 Rn.140; Radtke, FS─Puppe, S.840; Schaffstein, FS─Welzel, S.571.

56) Stratenwerth, FS─Puppe, S.1023; Radtke, FS─Puppe, S.841; Roxin, AT I, §13 Rn.69; Beulke, FS─Otto, S.216.

57) 정성근/박광민, 형법총론, 279면에서는 과실치상에 대한 승낙은 허용된 위험에 해당할 때에 위법성이 조각된다고 한다. 또한 배종대, 형법총론, 695면은 과실행위에 대한 피해자의 승낙은 고의범과 마찬가지로 승낙의 일반적 요건을 구비해야 한다고 보고 있다. 그리고 정영일, 형법총론, 255면도 과실치상죄에 있어서의 피해자승낙은 여러 상황을 고려하여 인정될 수 있다고 함으로써 과실치상에 대하여도 사회상규에 의한 제한이 적용될 수 있다는 취지로 해석된다. 독일에서는 Fischer, 59.Aufl., 2012, §228 Rn.4; NK─Paeffgen, §228 Rn.9; S/S─Stree, §228 Rn.1; Murmann, Grundkurs Strafrecht, §25 Rn.141; Dölling, FS─Geppert, S.60.

58) 황태정, 불법적·반윤리적 목적의 승낙과 상해, 형사판례연구 [19], 2011, 89면; 황태정, 형법상 승낙에 관한 연구, 연세대 박사학위논문, 2006, 177면.

59) Duttge, NStZ 2009, 691.

되어 버린다. 처음에는 과실범에서 생명의 위태화는 승낙가능하다고 논증하여 출발하지만 끝에 와서는 법익의 후견적 보호에 의하여 대체되고 만다. 개인의 자유로운 처분의 자유는 구체적 생명의 위태화의 경우에는 생명법익의 보존이라는 사회공동체의 이익에 의하여 거부되어 버린다. 결국 타인위태화 사례를 구성요건적 결과의 객관적 귀속을 긍정하고 위법성단계에서 피해자의 승낙에 의하여 처리한다는 통설의 입장은 실제상으로는 위법성조각의 문을 봉쇄하고서 하는 말만 위법성조각이 가능하다고 하는 꼴이 된다. [사례 3] 메멜강 사례에서도 구체적인 생명의 위험은 발생하였으므로 승낙의 유효성이 부정될 수밖에 없다. 그리하여 타인위태화를 자기위태화에의 관여와 동일하게 보아 구성요건단계에서 객관적 귀속을 부정하자는 해결방식을 택하게 된다.[60]

여기에서 구체적 사망의 위험이 발생한다고 하여 무조건 피해자승낙의 유효성을 부인하지 말고, 그 구체적 사망위험에 관하여 '비합리적 이유가 있는 경우에는' 승낙의 유효성을 부정하자는 견해가 나오게 된다(제한적 적용긍정설). 이 입장에서는 사회상규성제한의 정당화근거를 개인적 법익을 넘어서는 사회적 국가적 이익의 보호를 위한 것이라고 보는 견해를 반대하면서, 생명 신체의 중대한 위험이 피해자의 의사결정의 자유라는 관점에서 비합리적인 결정이라고 평가되는 경우에 사회상규위반을 인정한다.[61][62]. 승낙제한의 근거는 비합리적인 위험행위를 방지하려는 데 있다는 것이다.[63]그리하여 위험에의 비합리적 승낙은 위법성조각이 인정되지 않는다는 것이다. [사례 5] 속도올리기 경주 추월전복 사례에서 생명에 위험한 자동차속도올리기 경주는 개인의 자기확인을 위하거나 조금 환각적인 상태를 위하여 행하여지는 바, 사회의 다수 사람들에게는 고도로 비합리적인 것으로 판단될 수 있다. 그러나 물론 그들 집단 구성원들은 전혀 그렇게 판단하지 아니한다. 동승한 피해자 을의 행위는 순간적 결정에 의한 것이 아니라 장기간에 걸친 연습에 따른 것이었다. 피해자 을은 위험을 완전히 인식하고 인용하고 있었다. 을의 이러한 위험감수 행위는 의식적인 자기결정이었다. 그러므로 피해자 을의 승낙은 유효하다고 해야 할 것이다.[64]

---

60) Roxin, JZ 2009, 403.
61) Frisch, Zum Unrecht der sittenwidrigen Körperverletzung, FS−Hirsch, 1999, S.495ff.; Fateh−Moghadam, Die Einwilligung in die Lebendorganspende, 2008, S.126ff.; Murmann, Die Selbstverantwortung, S.501ff.
62) 이와 달리 피해자의 자율성으로 추구된 목적과 과실치사의 반가치를 형량하여 전자가 우월할 때에는 예외적으로 위법성조각을 인정하자는 견해로는 Dölling, FS−Geppert, S.60.
63) Arzt, Einwilligungsdoktrin und Teilnahmelehre, FS−Geppert, 2011, S.15.
64) Murmann, FS−Puppe, S.788.

4) 비판적 검토

판례는 안수기도나 장난권투 폭행치사 사건의 경우 그 폭행이 승낙을 받았더라도 사회상규에 위반하여 위법하고 따라서 폭행치사죄의 성립을 긍정하고 있다.[65] 이러한 입장을 폭행치사죄에 사회상규성위반이 적용되는 것으로 해석한다면, 사회상규위반성의 과실치사죄에의 확장도 용이하게 될 것이라고 보여진다. 결과적 가중범인 상해치사나 폭행치사에 내재하는 생명에의 위태화가 사회상규성위반의 판단에 중심적 의미를 가질 수 있기 때문이다.

형법 제252조는 생명법익주체의 자율성을 현저하게 제한하고 있다. 그러나 타인 생명의 위태화 사례는 이와 다르다. 피해자와 행위자 아무도 결과발생을 받아들이고 있지 아니하고 있다.[66] 또한 타인위태화 사례에서 발생하는 과실치사죄의 경우 사회상규위반의 관점에서 이야기되는 구체적 사망의 위험은 원칙적으로 인정되고 따라서 위법성이 긍정될 수밖에 없다는 결론에 이르게 된다. 승낙을 고려한다는 것이 결국에는 사실상 빈말이 되고, 여태까지의 모든 논증작업은 아무런 의미가 없게 된다. 그러므로 과실치사죄에서 피해자승낙에 의한 위법성조각의 여지를 위하여 결국 그에 대한 합리적 이유의 존부라는 척도를 도입하여 승낙의 유효성을 결정하는 입장이 나오게 된다. 그러나 승낙의 한계로서 합리적 이유라는 것은 기준이 모호하고 불분명한 점이 있는 것이 사실이다. 그렇다고 자기위태화의 경우와 동일시하여 구성요건단계에서 객관적 귀속으로 해결해야 하는 것도 문제가 있다.

이와 같이 사회상규의 기준으로 사회일반의 이익이 개인의 자율성을 곧바로 배제할 수 있다는 점에는 문제가 없다고 말할 수는 없을 것 같다. 더구나 이를 고의범의 경우뿐만 아니라 그 적용범위를 넘어 생명에의 위험 있는 행위로 인한 과실범의 경우에까지 확장한다는 것은 적절하지 않은 것으로 생각된다.[67] 중병에 걸린 환자가 고도로 위험하고 생명을 위협하는 수술을 그것이 유일한 수단이어서 승낙한 경우 그 승낙이 유효하지 않다고 보아야 할 것인지 의문이다. 또한 생명의 위태화에 대한 비합리적 승낙은 허용되지 않는다고 하여 현실적으로 어떠한 일반예방적 효과가 있으리라고 생각되지 아니한다.[68]

---

65) 대법원 1985. 12. 10. 선고 85도1892 판결; 대법원 1989. 11. 28. 선고 89도9606 판결.

66) Puppe, GA 2009, 490; Roxin, AT I, §11 Rn.121; NK−Pfaeffgen, Vor §228 Rn.112; LK−Walter, Vor §13 Rn.126.

67) Kühl, NJW 2009, 1158f.; Duttge, NStZ 2009, 691; NK−Puppe, Vor §13 Rn.194; Schaffstein, FS−Welzel, S.571; Grünewald, GA 2012, 376; Kudlich, Der Tod war schneller — strafrechtliche Verantwortung bei privaten Autorennen, JA 2009, 391.

68) Arzt, FS−Geppert, S.16.

Ⅳ. 결어 - 타인위태화와 과실치사에의 승낙

타인위태화와 자기위태화의 경우 생명에 위험한 행위를 하는 행위자나 피해자는 원칙적으로 사망결과의 불발생을 신뢰하고 있다. 그런데 자기위태화에의 자유는 모든 사람이 인정하고 있다. 반면에 타인행위로부터 나오고 따라서 단지 제한적으로 밖에 조종할 수 없는 위험을 피해자가 완전히 인식하고 위태화행위로 나아간 경우에는, 그 결과가 발생하면 행위자는 구성요건에 해당함은 물론 어떠한 경우에도 피해자의 승낙에 의하여 위법성이 조각될 여지가 없다는 것은 의문이다.

고의범에서 문제되는 생명침해에의 승낙과 과실범에서 문제되는 생명의 위태화에의 승낙은 질적으로 다르다고 생각된다. 생명의 위태화에 대한 승낙은 형법 제252조 제1항에 의하여 방해되지 아니한다. 타인위태화에 의한 과실치사가 문제로 되는 경우에도 승낙에 의한 위법성조각이 인정될 수 있다고 생각된다.

합의에 의한 타인위태화의 문제를 해결함에 있어서 주목할 만한 것은 객관적 귀속론과의 관계이다. 본 사안에서는 피해자도 결과발생에 기여하고 있지만, 행위자도 인과과정에 참가하고 있다. 이러한 피해자와 행위자의 관계에 관하여는 구체적 개별적 사례에 따라 달라지는 것이다. 그러므로 양해 있는 피해자에 대한 타인위태화 문제는 위법성단계에서 문제되어야 할 것으로 생각된다. 이 경우 과실범에 대한 피해자의 승낙론으로 해결하는 것이 타당하다고 보여진다. 합의에 의한 타인위태화의 문제는 객관적 귀속론에 그치지 아니하고 정범개념 그리고 피해자의 승낙에도 커다란 영향을 미치고 있다. 그러나 양해피해자에 대한 타인위태화를 객관적 귀속론으로 포섭시키려는 시도에는 주저하게 된다. 그 유용성을 높이 평가하지만 객관적 귀속론을 마법의 열쇠로 하려는 데에는 저항감을 느끼게 된다.

4. 형사판례법리로서 가정적 승낙의 논리구조 비판

- 설명의무위반과 결과와의 관계 / 주의의무위반과 결과와의 관계 -
- 요건-효과의 관계 / 원인-결과의 관계 -
- 가정적 승낙은 없다 -

4. 형사판례법리로서 가정적 승낙의 논리구조 비판*

- 설명의무위반과 결과와의 관계 / 주의의무위반과 결과와의 관계 -
- 요건-효과의 관계 / 원인-결과의 관계 -
- 가정적 승낙은 없다 -

목차

Ⅰ. 들어가며

1. 환자의 자기결정권

피해자의 승낙은 상해의 경우 통설과 판례는 위법성조각사유로 보고 있다. 특히 의사의 치료행위에서 유효한 승낙의 전제조건으로서 의사의 설명의무가 요구된다. 물론 이는 피해자의 승낙을 구성요건해당성 배제사유로 보더라도 마찬가지로 의사의 설명의무는 유효한 승낙의 전제조건이 되고 있다. 그리하여 의사의 설명의무 위반은 피해자의 승낙의 유효성을 부정하게 되어 의사의 치료행위의 구성요건해당성 혹은 위법성이 조각되지 아니한다. 즉 의사가 치료행위를 행하기 전에 환자에게 침습내용을 설명할 때 그 환자의 병적 상태에 비추어 일반적으로 필요한 설명을 태만히 하고, 환자는 그 하자 있는 설명에 기초하여 치료침습을 승낙하는 경우가 그러하다. 이 경우 충분한 지식과 정보에 기초하지 않은 환자의 승낙이 무효가 되면 의사에 대하여

---

* 형사판례연구 제25권, 한국형사판례연구회

고의나 과실에 의한 상해죄가 성립된다는 것이다. 여기에서 의사의 설명의무는 유효한 승낙의 전제가 되는 정보제공의무이며 치료침습의 내용과 범위, 상정되는 결과, 발생가능성이 있는 합병증이나 장애 등의 설명을 그 내용으로 한다. 이에 반하여 예컨대 용량을 오인하면 생명·신체에 위험을 미치게 될 우려가 있는 약의 용법을 설명한다든가 타과의 진단이나 정밀검사를 받을 필요가 있다고 생각되는 환자에게 그 진료나 검사의 필요성을 설명하는 의무는 '의료과실'로서 단적으로 과실범의 성부가 문제로 되는 것이다. 즉 본 주제에서 우리가 다루는 설명의무 위반의 문제(가정적 승낙의 문제)는 진단상의 과실이나 치료 내지 수술상의 과실, 즉 의료과실이 없다 혹은 증명되지 않았다는 것을 전제로 하여 논의되는 것이다. 의사의 설명의무의 범위는 확대되고 있다. 과대화되고 있다. 환자의 자기결정권! 의료에 있어서 근본원리는 치료가 아니라 피해자인 환자의 의사이다! 치료행위가 성공하여도 환자의 승낙이 없는 경우에는 위법성이 조각되지 아니한다!

2. 승낙이 없는 치료행위의 부분적 정당화?

그러나 의사에게 불충분한 설명 혹은 부분적인 설명상의 하자가 있었다는 것만으로 치료행위가 상해죄를 구성한다는 논리에는 반대도 강하다. 환자의 자기결정권은 절대적인 것인가? 환자의 자기결정권에 반하면 곧바로 상해죄의 위법성이 인정되는가? 피해자의 의사에 배치되는 치료행위는 곧바로 상해죄로 처벌되는가? 현재까지 의사의 설명의무위반만을 근거로 상해죄의 성립을 인정한 형사판례는 없다. 단지 '설명에 관한 과오'를 상해죄로 처벌할 것인가? 설명의 완전히 무효는 아닌, 부분적 하자를 이유로 승낙 전체를 무효로 할 것인가? 이러한 경우 의사의 처벌범위를 한정하려는 논리의 하나로서 모색된 것이 가정적 승낙론이다. 그리고 우리나라에서도 가정적 승낙을 명시적으로 인정한 형사판례가 등장하였다. 상기한 2개의 대상판례가 그것이다. 대상판례들은 의사의 치료행위에 대한 피해자의 승낙과 관련된 아주 이론적인 판례이기 때문에 별다른 관심을 받지 못하고 있다. 가정적 승낙론이란 의사가 설명의무를 충분히 다하였다고 하더라도 환자는 마찬가지로 그 치료행위를 승낙했다고 인정되는 경우에는, 실제로 의사가 범한 설명의무 위반은 결국 설명 없는 승낙이 발생시키는 효과에 중요한 의미는 없고 따라서 정당화되거나 기수불법을 묻지 않는다는 것이다.[1] 이 발상을 논리로 구현하기 위해서 차용한 것이 과실범에 있어서 인정되고 있는 '합법적 대체행위이론'(의무위반관련성)의 논법이다. 이러한 합법적 대체행위론은

---

1) 김성돈, 형법총론, 제4판, 2015, 332면.

우리나라 형사판례상으로도 인정되고 있는 법리이다. 여기에서 실질적으로 채용되고 있는 논리는 실제로 주의의무에 위반한 '현실사례'와 주의의무를 다하였다고 가정된 '가정사례'를 비교하여 동일한 결과가 발생하였다면, 그 주의의무위반은 결과발생에 중요한 의미를 가지는 것이 아니므로 그 결과를 주의의무 위반행위에 귀속시킬 수는 없다는 것이다. 즉 여기에서는 인과관계 내지 객관적 귀속의 부정이 문제가 되고 있다. 그런데 가정적 승낙의 경우에도 '의사의 설명의무위반이 없었더라도 환자는 승낙했을 것이기 때문에' 마찬가지로 객관적 귀속의 문제가 아닌가 하는 것이다. 즉 과실범에서의 주의의무와 의사의 수술에서 상해죄의 성부를 결정하는 요건의 하나인 설명의무는 — 그 의미의 내용은 다르지만 — 구조적으로는 유사하다는 점이 있다는 것이다(III). 그리고 범죄체계상의 문제로서 결과귀속은 구성요건해당성 단계에서의 논의인데, 위법성조각단계인 정당화사유에 있어서도 결과귀속이 문제로 되는가 하는 종래에는 없었던 새로운 논점이 있다(IV). 그런데 중요한 것은 합법적 대체행위론에서 이론적인 유추 내지 차용을 통하여 등장한 가정적 승낙론이 실제로는 그 논리구조에 있어서 전자와는 전혀 다른 것이 아닌가 하는 논리구조에 대한 비판이라고 생각된다(V). 그리고 가정적 승낙론을 긍정하지 않더라도 예컨대 설명의무의 축소 등 의사의 형사책임을 제한하기 위한 다른 방법도 충분히 고려될 수 있다(VI). 그 이전에 의사의 치료행위에 있어서 피해자인 환자의 승낙이 가지는 의미에 관하여 우선 살펴본다(II).

II. 치료행위에 있어서 승낙의 위치

1. 승낙의 제한적 고려

환자의 승낙이 의사의 치료행위에 있어서 어떠한 위치를 갖고 있느냐? 어느 정도의 의미를 가지느냐? 이러한 위치지움을 이해하는 것이 적어도 필자에게는 솔직히 쉽지가 않다. 상당히 혼란스러운 것이 사실이다. 일반적인 신체상해에 대한 승낙은 무한정하게 그 승낙의 유효성이 인정되는 것은 아니고, 사회상규에 의한 제한을 받아서 승낙이 있다는 것만으로는 위법성이 조각되지 않는다고 통설과 판례는 해석하고 있다(승낙이 있어도 적법은 아니다). 이러한 제한적인 고려는 치료행위에 있어서도 그러하다고 생각된다. 승낙이 없는 치료행위를 처벌하는 형사판례가 아직 보이지 않는 현상을 고려하면 그렇게 볼 수 있을 것 같기 때문이다. 승낙에 의한 일반적인 신체상해에서의 자기결정권과 마찬가지로, 치료행위에 있어서도 환자의 자기결정권을 존중하라고 목소리는 높이지만 실제로는 그렇지 않다는 것이다. 일반적인 승낙상해와 마찬가지로 치료행위에 있어서의 환자의 승낙도 확고한 기반을 가지고 있지 못하다고 보여진다. 즉 우리나라의 형사실무는 자기결정권을 의식하면서도 치료행위의 의학적 적응성을 중시하는 입장을 견지하고 있기 때문에, 환자의 승낙이 결여된 치료행위이지만 이것이 일괄적으로 위법성을 가지는 것이라고는 생각하지 않고 있는 것으로 보인다(승낙이 없어도 위법은 아니다). 의사가 설명의무를 다하지 않은 것만으로는 환자의 승낙의 유효성 자체가 부정되는 것은 아니며, 따라서 치료행위는 정당화되거나 혹은 승낙의 유효성이 의문시되거나 인정되지 않더라도 기타 다른 정당화의 요건과 관련하여 정당화의 여지가 있다는 실체법상의 고려가 형사실무에 정착되고 있는 것은 아닌가 생각된다. 즉 설명의무위반이 있었다는 것만으로는 위법성까지 인정되지는 않는다는 사고이다. 민법상으로는 위법하다고 하여도 형법상으로는 위법하지 않다는 것이다. 그런데 학설상으로는 환자의 승낙이 극히 중요하다. 그렇지만 상해죄의 보호법익에 피해자의 의사가 포함된다는 견해는 존재하지 아니한다.[2] 환자의 승낙만으로는 치료행위가 정당화되지 않는다고 보고 있다. 이와 같이 볼 때 승낙의 치료행위에 있어서의 위치를 이해하는 것이 곤란한 상황에 있다.

2. 치료행위의 위법성조각(구성요건해당성 인정) – 왜 위법성조각인가?

자신의 신체에 대한 치료적 침습행위, 예컨대 수술을 받아야 하는 환자들은 누구나 먼저 자신의 건강희생을 치르고 나중에 건강회복을 얻는다. 신체의 종국적 악화라는 위험을 가지고 환자는 신체회복의 기회를 얻는다. 심지어 환자는 생명연장을 위하여 생명을 걸어야만 한다. 이 점이 바로 의사의 치료행위가 비록 의료과실이 없이 행하여졌더라도 상해죄에 해당하는 근거이다.[3] 장래 우리가 의사의 전단적 치료행위를 처벌하는 특별구성요건을 갖게 되더라도 그것은 어디까지나 상해죄의 특수사례이지, 자유에 관한 독자적인 범죄는 아니다. 이에 대하여는 상해죄의 구성요건은 신체의 완전성이라는 법익을 보호하는 것이므로, 자기결정권의 보호를 목적으로 하는 구성요건으로 할 수는 없다는 비판이 제기될 수 있다. 그러나 개인적 법익의 보호는 그 법익을 처분하는 권리와 분리될 수 없으며, 이는 신체의 완전성에 대한 이익에도 타당하다.[4]

---

2) 김성돈, 의사의 설명의무위반의 효과와 가정적 승낙의 법리, 형사판례연구 [21], 2013, 55면 참조.
3) Puppe, Die strafrechtliche Verantwortlichkeit des Arztes bei mangelnder Aufklärung über eine Behandlungsalternative, GA 2003, 765; Die hypothetische Einwilligung und das Selbstbestimmungsrecht des Patienten, ZIS 2016, 372.

　　의사의 치료행위가 상해죄의 구성요건에 해당한다는 것에 대하여는 지속적으로 비판이 있어 왔다. 즉 상해죄의 구성요건해당성을 인정하는 것은 의사의 치료행위를 단지 자연적으로 여러 단계로 쪼개어 고찰하는 것으로서, 건강상태의 개선 회복이라는 치료행위의 본래 목적과 의미를 망각한 것이라는 비판이다. 치료행위의 본래 의미는 도달한 혹은 의도한 최종결과를 고려하여, 치료행위가 환자의 건강에 대하여 가져오는 이익과 손해를 형량하여 결정된다는 것이다.[5] 그러나 법익에 대한 이익과 손해를 형량한다는 것은 법익주체인 환자에게 타인에 의해 결정된 평가척도를 강요하는 것이다.[6] 재산적 법익의 경우라면 몰라도, 개인의 생명 신체에 관하여는 그러한 형량은 받아들일 수 없는 것이다. 더구나 그 형량의 기준들도 분명하지 아니하다. 그러한 형량을 의사나 법관이 결정하는가? 단지 환자 자신만이 그러한 결정을 할 권한이 있다. 이때 심지어 아주 완전히 합리적이지만은 아닌 이유들도 존중되어야 한다. 법원은 의사를 환자의 보호자로 만들어서는 아니 된다. '어떠한 건강희생을 통하여, 어떠한 위험과 어떠한 부담을 가지고' 환자가 건강회복의 가능성을 얻어야 하는가? 이는 의사가 아니라 환자가 결정하는 것이다. 그러한 치료행위의 위험이 비록 의료과실 없이 실현되었다고 하더라도, 환자가 그 위험을 다른 위험과 비교하여 인식하면서 선택하였는지 아니면 의사가 다른 위험을 침묵하여 그 위험이 강요된 것인지 여부는 환자에게는 본질적 차이가 있는 것이다.

3. 가정적 승낙

　　의사에 의한 환자의 치료행위는 상해죄의 구성요건에 해당하는 경우에 있어서도, 환자의 유효한 승낙이 존재하면 위법성이 조각될 수 있다고 통설과 판례는 보고 있다. 의료적 침습행위의 정당화의 전형적 국면이다. 그러나 이에 그치지 아니하고, 위법성은 그 환자가 진실한 설명을 받았더라도 실제로 행하여진 수술을 승낙하였을 경우에도 조각된다고 말할 수 있는가? 가정적 승낙이라는 용어로 표현되는 이러한 명제는 '뭔가 좀 잘 안 맞는다'는 느낌을 준다.[7] 적어도 학설상 반드시 일반적으로 인정되는 것은 아니다. 그 이론적 근거가 명확하지는 않다. 이러한 느낌이 드는 것은 '설명하지

---

4) Puppe, GA 2003, 765; ZIS 2016, 367f.; Tag, Richterliche Rechtsfortbildung im Allgemeinen Teil am Beispiel der hypothetischen Einwilligung, ZStW 127 (2015), 525; Swoboda, Die hypothetische Einwilligung, ZIS 2013, 30.

5) Welzel, Das Deutsche Strafrecht, 11.Aufl., 1969, S.269.

6) NK‑Puppe, 4.Aufl., 2013, Vor §13 Rn.80; S/S‑Eser, 29.Aufl., 2014, §223 Rn.31; Fischer, 63.Aufl., 2016, §223 Rn.9bf.

7) Gropp, Hypothetische Einwilligung im Strafrecht?, FS‑Schroeder, 2006, S.197.

도 않았는데도 어쨌든 승낙했을 것'이라고 하여 당해 사항의 설명을 불필요하다고 하는 것은 아무래도 환자의 자기결정권을 없는 것으로 만들어 버리기 때문일 것이다. 본 논문은 가정적 승낙이라는 사고가 의미하는 바를 새롭게 바라보려고 시도해 보았다 (VI 이하). 일견 받아들이기 어렵다고 느껴지는 가정적 승낙론의 원점 내지 정체를 살펴보려는 것이다. 가정적 승낙의 논의전제는 (1) 의료과실이 없다는 것 (2) 설명의무위반, 즉 환자의 자기결정권 침해만 있다는 것 (3) 설명의무위반, 즉 환자의 자기결정권 침해만 있는 경우를 의료과실 정도로 가볍게 볼 수 없고 형사처벌하는데, 자유에 관한 죄가 아니라 신체에 관한 상해죄로 처벌한다는 것이다. 이러한 세 가지 논의전제 하에서 가정적 승낙은 상해죄로 처벌하기 위한 성립요건을 논하는 것이다.

Ⅲ. 객관적 구성요건의 배제 – 상당인과관계 부정설

1. 인과관계에 의한 해결

대상판례에서 묻고 있는 요건은 의사의 설명의무위반과 결과와의 인과관계 내지 의무위반 관련이다. 여기에서 결과가 구체적으로 무엇을 말하는가 논의가 있을 수 있지만, 치료침습 그 자체에 수반하는 예컨대 수술에 있어서 절개·적출·출혈 등 생리적 기능장애인 '침해결과' 및 치료침습에 기인하여 예컨대 수술 후의 합병증 등 그 이전에는 없었던 생리적 기능장애 내지 전체적 건강상태의 악화인 '악화결과'라고 할 수 있다. 본 대상판례에서도 의사가 설명의무를 위반한 채 의료행위를 하였다가 환자에게 상해 또는 사망의 결과가 발생한 경우 설명의무위반이 의사에게 업무상 과실로 인한 형사책임을 지우기 위한 요건임을 분명히 하고 있다.

종래 일반적으로 설명의무의 위반은 승낙을 무효로 하므로 위법성이 조각되지 않는다고 말하여 왔다. 그런데 이러한 위법성조각사유의 시각이 아니라 판례는 이제 하자 있는 설명과 구성요건적 결과 사이의 인과관계가 추가적으로 요구된다고 한다. 환자가 만약 충분히 설명했을 때 치료침습에 대하여 승낙했을 것이라면, 그 설명의무위반은 의료침습에 인과적이지 않다는 것이다(설명의무에 위반한 승낙 – 치료침습).

우선 승낙은 치료행위를 야기하는 것인가? 정당화하는 것인가? 법에서 승낙은 치료행위를 야기한다는 것이 아니라, 정당화한다는 의미를 갖는다. 승낙과 치료행위의 관련은 인과관계가 아니다(이는 승낙을 구성요건배제의 요건으로 보는 경우에도 마찬가지이다). 어쨌든 인과관계의 문제라고 하면서[8] 하자 있는 승낙의 인과관계를 검토함에

---

8) 김성돈, 전게논문, 43면, 53면은 대상판결이 인과관계의 문제로 포장 혹은 치환하고 있다고 표현

있어서 이제는 설명의 하자가 현실적으로 승낙을 야기했는가 하고 묻는다. 그리하여 의사가 환자에게 충분히 설명했더라도 환자가 승낙했을 경우에는 설명의무위반과 결과 사이에 상당인과관계가 부정된다고 한다. 그러나 설명의무위반이라는 것이 구성요건적 결과를 야기할 수는 없는 것이다. 구성요건적 결과에 인과관계를 가지는 것은 치료침습행위 자체이다.[9] 무효인 승낙에 의한 침습행위의 위법의 본질은 의사에 반한 침습행위 자체이며, 설명의무위반은 아니다. 설명의무의 이행은 단지 승낙에 의한 정당화 그리하여 불법의 배제라는 법적 효과를 인정하게 할 뿐이다(요건 - 효과 관계). 즉 정당화사유의 내부에서 인과관계에 의한 논증은 인정되지 아니한다. 정당화사유는 인과관계의 외부에 존재한다고 말해지기 때문이다.[10] 즉 설명의 하자(정당화사유의 요건)와 피해자 신체에의 침습결과 사이에 인과관계는 존재하지 아니한다 내지 양자의 관계는 인과관계라고는 할 수 없다. 위법성조각사유의 요건과 결과와의 관계는 인과적인 관련성이 없다. 위법성조각사유의 요건은 결과를 야기하는 것이 아니라 결과의 불법을 배제하는 효과를 가지는 것이다.[11] 규범적인 관련성이다. 그런데 가정적 승낙의 접근방식은 위법성조각에 필요한 형식적인 요구(설명의무 - 승낙이라는 요건 - 효과 관계)를 실질적인 요건(설명의무 - 승낙이라는 원인 - 결과 관계)인 것처럼 위장하고 은폐하고 변경시키고 있다.[12]

　　가설적 대체원인을 고려할 것인가 하는 문제는 인과관계의 문제가 아니다.[13] 판례는 설명의무에 위반한 승낙에 의하여 현실적으로 치료침습이 행하여졌다는 인과관계를 인정하는 전제에서 우선 출발한다. 그리고 다시 가정적 승낙의 법리에 의하여 그 인과관계를 부정하고 있다. 인과관계를 두 번 고려하고 있다. 인과관계가 일면 있기도 하고, 일면 없기도 하다. 이렇게 볼 때 가능한 가정적인 승낙은 결과 즉 치료침습에 대하여 인과적인 관련성은 없는 것이다. 그러한 소위 법적 의미의 인과관계는 현실적 인과관계가 아니며, 사실적인 사태의 경과와는 무관하다.[14] 그것은 객관적 귀속의 방식이다. 즉 판례는 인과관계라고 말하면서, 현실적인 인과관계가 아니라 가설적인 인과관계를 검토하고 있다. 그러나 주의의무에 합치되는 행위를 했더라도 결과

한다.

9) Jansen, Die hypothetische Einwilligung im Strafrecht, ZJS 2011, 485; Albrecht, Die hypo—thetische Einwilligung im Strafrecht, 2010, S.182.

10) Gropp, FS - Schroeder, S.200.

11) Puppe, GA 2003, 770.

12) Böse, Unrechtsausschluss durch hypothetische Dispositionen über das geschützte Rechtsgüter?, ZIS 2016, 495.

13) Otto/Albrecht, Die Bedeutung der hypothetischen Einwilligung für den ärztlichen Heileingriff, Jura 2010, 268; Puppe, GA 2003, 770; ZIS 2016, 371; Sternberg - Lieben, Strafrechtliche Behandlung ärztlicher Aufklärungsfehler, FS - Beulke, 2015, S.302.

14) Otto/Albrecht, Jura 2010, 268.

는 역시 발생했을 것인가 하는 문제를 검토한다는 것 자체가 이미 그러한 인과프로세스가 현실에서는 이루어지지 않았다는 것을 확인해 준다. 따라서 이는 가설적 인과관계가 아니라 의제적 인과관계라고 할 수 있을 것이다.

2. 설명의무위반과 과실범에서 주의의무위반의 차이

1) 설명의무와 주의의무의 관계

이와 같이 가정적 승낙의 문제는 — 그것을 구성요건해당성의 문제라고 본다면 — 환자의 유효한 승낙의 전제조건인 의사의 설명의무를 위반한 행위와 (그것이 없었더라도 환자의 승낙은 얻을 수 있었을 것이고 동일한 상해결과는 발생했을 것이므로) 구성요건적 결과 사이의 관계이기 때문에, 그것은 과실범에 있어서 주의의무위반행위와 결과와의 관계에 속하는 문제가 아닌가 생각해 볼 수 있다. 이 경우 유효한 승낙을 얻지 아니하고 수술하는 행위가 과실행위이다. 주의의무위반의 실체는 사전적으로 위험을 창출한다고 판단되는 행위를 의미한다. 과실범의 실행행위를 설명의무 위반행위에서 구하는 것이 불가능하지는 않을 것이다. 그리하여 판례는 설명의무를 — 아무런 설명없이 — 주의의무라고 한다. 설명의무 위반은 주의의무위반, 즉 (의료)과실인가? 설명의무위반은 주의의무위반, 즉 구성요건적 과실이 아니다.[15] 두 가지 측면에서 그렇지 아니하다.

2) 치료행위와 관련된 더 엄중한 귀책표지

설명의 하자에 대한 책임 내지 설명의무위반은 가정적 승낙론에 의해 주의의무위반 내지 의료과실(진료 치료상의 과실)과 동일하게 취급됨으로써 하강조정된 것이다. 즉 가정적 승낙론은 설명의무를 주의의무 내지 의료과실의 수준으로 낮추려는 것이다. 환자의 의사결정에 중요한 사실에 관하여 설명의 부족 내지 하자가 존재하면, 그로부터 부여된 승낙의 내용적 하자가 인정되는 것이다. 그리고 이러한 승낙의 내용적 하자는 전체 치료행위의 위법성조각을 저지하여 상해죄가 인정되는 것이다. 단 환자가 필요한 설명을 다른 방법으로 취득했다고 보여지는 경우에만, 그러한 결론에 의심이 발생할 수 있다.[16] 결국 설명의 하자가 있는 경우에 의사는 형사책임을 질 위험이 의료과실의 경우보다 훨씬 큰 것이다.[17] 설명의무가 주의의무보다 더욱 중하게 다루

---

15) Krüger, Zur hypothetischen Einwilligung, FS - Beulke, 2015, S.141; Schlehofer, Pflichtwidrigkeit und Pflichtwidrigkeitszusammemhang als Rechtswidrigkeits voraussetzungen?, FS - Puppe, 2011, S.954; Sternberg - Lieben, FS - Beulke, S.301.
16) Puppe, GA 2003, 776.

어진다. '주의 깊게 치료'하는 것보다, '주의 깊고 완전하게 설명'하는 것이 더욱 중하고 엄하게 요구된다.[18] 그러므로 가정적 승낙론에 의하여 설명의무를 주의의무 수준으로 하강조정하는 것이 올바른 방향인가 의문이다.

3) 의사의 설명의무를 근거지우는 규범의 보호목적 – 유효한 승낙 / 결과발생의 회피

다른 측면에서 피해자의 승낙의 전제로서의 의사의 설명의무는 결과발생을 회피할 목적을 가진 것인가? 실행행위로서의 과실행위는 — 그것이 없었더라면 결과가 발생하지 않았다고 할 수 있으면 — 결과발생의 원인이 되는 것이라고 말할 수 있다. 주의의무는 결과발생을 회피하려는 목적을 가지는 것이다.[19] 그러나 설명의무 규범의 목적은 피해자의 승낙에 있다. 즉 치료의 의의, 목적, 효과, 부작용, 대체치료의 유무 등에 관하여 환자가 충분하게 이해하여 승낙한 것이 아니라면 유효한 승낙이 아니게 하여, 승낙의 효과에 관하여 제약을 설정하려는 데 설명의무 규범의 목적이 있다.[20] 수술의 결과로서의 상해결과를 회피한다는 것은 직접적인 목적이 아니다. 오히려 유효한 승낙이 없는「위법한」상해결과의 발생을 회피하는 것이 목적이다. 설명의무를 부과하는 규범은 유효한 승낙을 얻는다는 목적을 가지는 것이지, 수술의 결과 자체를 회피한다는 목적을 직접적으로 가지는 것은 아니다. 설명의무는 주의의무가 아니다.[21] 그것은 설명이 없었더라면 승낙이 없었고, 승낙이 없었더라면 수술은 행해지지 않았고 따라서 상해결과도 발생하지 않았다는 연관성이 있다고 말하는 것에 그친다. 결국 설명의무는 환자의 승낙의 유효성의 전제조건이기 때문에, 설명의무위반이 있으면 비록 승낙이 있어도 그 승낙은 무효가 되는 것이다. 결국 의사의 설명의무는 치료침습의 내용 그 자체 이외에 당해 종류의 침해에 수반하여 전형적으로 상정되는 일정한 리스크, 합병증, 부작용 등에 관하여 환자에게 정보를 제공하여, 승낙 판단을 할 때 경고를 발하려는 취지의 의무이다.

결국 주위의무, 즉 과실은 범죄성립 자체를 결정하는 것이고, 설명의무는 승낙의 유효성의 전제조건이다.[22] 즉 설명의무위반은 과실과 본질을 달리한다.[23] 그런데 판례가 취하는 가정적 승낙론에 의하면 설명의무를 과실범에 있어서의 주의의무와 동

---

17) Puppe, GA 2003, 776.
18) Puppe, GA 2003, 776.
19) Haas, Zur Bedeutung hypothetischer Geschehensverläufe für den Ausschluss des Tatunrechts, GA 2015, 157.
20) Jansen, ZJS 2011, 485.
21) Haas, GA 2015, 157.
22) 신양균, 의사의 치료행위와 가정적 승낙, 비교형사법연구 제12권 제1호, 2010, 98면.
23) 김성돈, 전게논문, 36면.

일시하고[24)25)] 따라서 설명의무위반만으로는 승낙의 무효를 인정하기에 충분하지 않다. 승낙이 무효가 되려면 추가적으로 설명의 하자와 실제로 행하여진 승낙과의 인과관계가 필요하게 된다.

3. 설명의무위반과 결과와의 관계

그리하여 가정적 승낙은 충분한 설명이 있었다면 그래도 환자는 승낙하였을 것인 경우에는, 승낙은 유효하고 수술 자체는 동일하게 이루어져 결국 동일한 결과가 발생한 것이라고 말할 수 있다는 것이다. 무효한 승낙에 의한 수술이든 유효한 승낙에 의한 수술이든, 수술은 수술이기 때문에 구성요건단계에서는 동일한 결과가 발생하는 것이라는 의미이다. 물론 이 말 자체는 강변할 수 없는 것은 아니다. 그러나 무효한 승낙을 전제로 하는가 아니면 유효한 승낙을 전제로 하는가에는 큰 차이가 있으며 동일한 결과가 발생했다고는 말할 수 없는 것이 아닌가 생각된다. 무효한 동의를 전제로 한 '위법한 결과'인가 아니면 유효한 동의를 전제로 한 '적법한 결과'인가 하는 차이가 있다. 이러한 차이는 과실범에 있어서 합법적 대체행위론은 불법을 근거지우는 측면에서 구성요건적 결과의 귀속문제이고, 가정적 승낙에서는 불법을 조각하는 측면에서 그 구성요건적 결과의 귀속을 문제삼으려고 한다는 구조상의 차이 때문이라고 볼 수 있다. 즉 구성요건단계에서 '결과'의 귀속은 되지만(사실적으로), 위법성조각단계에서 그 '결과의 반가치'(불법성)는 부정되어(평가적으로), 그 결과는 위법한 것은 아니게 된다.[26)]

---

24) 김성돈, 전게논문, 39면.

25) 송민경, "대법원 형사판결과 법관의 법률구속성 원칙"에 대한 지정토론문, 3면은 설명의무의 하자를 환자의 자기결정권을 침해하는 '절차상의 과실'로 이해할 수 있다고 한다(2017. 6. 19. 대법원 형사법연구회·한국형사판례연구회 공동학술대회 자료집). 그러나 승낙절차상의 과실이라면 그 법적 효과는 승낙의 유효·무효와 관련되는 것뿐이다.

26) Haas, GA 2015, 153.

Ⅳ. 위법성조각단계에서의 해결

1. 합법적 대체행위론의 위법성단계에의 원용
   – 부분적 위법성조각 / 결과불법의 조각

기수범의 위법성의 심사는 — 통상의 이해와는 달리 — 구성요건에 해당하는 행위가 정당화되지 않는다는 것이 확정되어도 종결되는 것이 아니라, 나아가 결과가 발생한 것이 정당화사유가 없었기 때문이라는 것이 심사되지 않으면 안 된다고 한다. 그리하여 구성요건 단계에서에서 의무위반과 결과의 관계와 마찬가지로, 정당화사유 차원에서도 결과는 설명의무위반에 근거하지 않으면 안 된다는 원리가 타당하다는 입장이다. 즉 가정적 승낙은 「행위의 위법성을 긍정하면서 단지 구성요건적 결과의 귀속을 부정한다」는 것이다. 그리하여 결과반가치인 상해·사망 결과는 설명의무위반이라는 행위반가치에 근거할 것이 필요하다고 한다. 그렇지 않은 경우에는 미수불법에 그친다는 것이다.[27] 즉 가정적 승낙을 위법성조각사유로 파악하는 입장과 달리, 이 견해에 의하면 가정적 승낙이 인정되는 경우에도 행위불법의 존재는 부정되지 않는다. 오히려 정당화사유가 충족되지 않고 행위의 위법성이 확정된 때에 비로소 그 정당화의 하자와 결과 간에 귀속연관성을 문제로 할 수 있다.[28] 또 가정적 승낙에 의하여 결과귀속이 부정되어도 행위불법을 이유로 한 미수범처벌의 여지는 남기 때문에, 설명의무에 위반한 의사를 반드시 불가벌로 하는 것은 아니라고 한다.[29]

그런데 도대체 왜 이러는 것인가? 구성요건단계에서 결과귀속이 이미 끝났는데, 무슨 결과귀속이 위법성조각단계에서 또 남아 있는가? 본 학설의 견해는 그렇다는 것이다. 혹시 남아 있을 수 있기 때문에 위법성조각단계에서도 결과의 객관적 귀속을 원용하여 검토해야 할 경우가 있다는 것이다. 행위자가 "자기가 구성요건 실현을 이룬 것은 아니다"라고 말하는 데 대한 응답이 객관적 귀속론의 배후에 있는 기본적 사고이다.[30] 즉 우연한 결과책임을 배제하려는 것이다. 우연한 결과책임을 배제하려는 노력은 구성요건단계에서 거의 대부분 이루어지지만, 아직 충분히 걸러지지 않은 우연한 결과책임이 위법성조각사유단계에서도 남아 있을 수 있기 때문에, 그러할 경우에는 위법성조각사유 단계에서 객관적 귀속이 검토되어야 한다는 것이다.[31] 의사의

---

27) Kuhlen, Objektive Zurechnung bei Rechtfertigungsgründen, FS - Roxin, 2001, S.338f.
28) Kuhlen, FS - Roxin, S.338f.
29) Kuhlen, FS - Roxin, S.340.
30) 조기영, 구성요건과 위법성의 구별, 형사법연구 제22권 제3호, 2010, 123면.
31) Schlehofer, FS - Puppe, S.958.

치료행위에 있어서 의료과실로 인한 상해·사망 결과에 관한 결과귀속은 검토되었지만, 의사의 설명의무위반으로 결과가 발생했는지 아니면 다른 요인에 의한 결과발생이라고 평가되어야 하는지 여부는 아직 검토되지 않았다.[32] 이와 같은 우연한 결과책임을 배제하기 위하여 결과의 객관적 귀속이 위법성단계에서 논의되는 것이라는 입장이다. 그렇다고 이것이 사례검토를 다시 구성요건해당성 단계로 거꾸로 끌고 가는 것은 아니다. 원래 의사의 설명의무 위반은 환자의 승낙과 관련하여 위법성조각단계에서 처음으로 검토하는 것이기 때문이다.

또한 위법성조각사유의 전제사실에 관한 착오의 경우에도 이러한 우연한 결과책임 배제의 문제가 생길 수 있다.[33] 일단 구성요건에 해당하고 위법성조각사유 단계에서 구성요건 고의가 조각되고 과실범의 성부만이 문제된다고 하자. 이때 과실의 유무를 따지고 또한 우연한 결과책임을 배제하기 위하여 과실범의 결과귀속 문제가 검토될 것이다. 이 부분은 구성요건단계에서 원래 한번도 검토되지 않았던 부분이다. 따라서 이것이 사례검토를 다시 구성요건해당성 단계로 거꾸로 끌고 가는 것은 아니다.[34] 물론 아주 널리 보면 위법성조각단계에서 우연한 결과책임의 배제를 위한 객관적 결과귀속의 적용이라고 부를 수도 있을 것이다.

우리의 테마인 설명의무는 유효한 승낙의 전제이므로 설명의무를 다하지 않은 승낙은 무효이다. 무효인 승낙에 의한 의료침습도 또한 유효한 승낙에 의한 치료침습도 — 수술은 수술이므로 — 동일한 결과가 발생한 것이라는 판단은 구성요건단계에서는 강변할 수 없는 논리는 아니라고도 할 수 있다. 그러나 위법성조각사유의 단계, 즉 위법성평가의 차원에서는 유효한 승낙에 의한 '정당한 수술결과'와 무효인 승낙에 의한 '위법한 수술결과'는 동일한 결과라고는 할 수 없다. 위법성단계에서는 객관적으로 귀속된 행위에 대하여 위법한가 정당한가를 판단하는 것이 중요하며, 일정한 실행행위가 결과를 야기했는가 아닌가는 중요하지 않다. '과실'행위가 '사망'결과를 야기했다는 점이 아니라, '위법한' 행위가 '위법한' 결과를 야기했는가 하는 점이 중요하다. 즉 정당화사유에 있어서는 단순한 '결과'가 아니라, '불법결과'가 문제이다. 설명의무를 다한 승낙과 수술은 적법하고, 적법한 결과가 발생한다. 그렇지 아니한 경우의 불법한 결과와는 다른 결과이다.

설명의무를 다하지 않아 무효인 승낙밖에 얻지 않은 '위법한' 행위가 '위법한' 결과를 발생시킨다는 것은 의문은 없다. 이때 가정적 승낙에 의하게 되면 '적법하게' 설명의무를 다했더라면 '유효한 승낙'이 있었을 것이며 따라서 '적법' 결과가 발생하

---

32) 김성돈, 전게논문, 37면 참조.

33) Schlehofer, FS - Puppe, S.959.

34) 박홍식, 의사의 치료행위에 대한 형법적 이해, 법학논집(이화여대) 제17권 제3호, 2013, 161면.

게 된다. 그러므로 양자의 경우에 동일한 '위법한' 결과가 발생한 것은 아니다. 이와 같이 의사의 설명의무위반과 결과와의 관계는 과실범에 있어서 주의의무위반과 결과와의 관계와는 성질을 달리한다. 결국 가정적 승낙은 형법에 있어서 가상문제이다.

합법적 대체행위 사례와 가정적 승낙사례는 서로 다른 사실관계에 관한 것이다. 따라서 동일한 기준에 의하여 판단할 수 없다. 전자는 행위자가 '행위 당시에' 법익에 대한 위험을 허용된 위험 이상으로 증대시킨 것이 아니다. 이에 반하여 후자는 설명의무를 위반한 의사가 '행위 당시에' 허용되지 않은 위험을 창출하고 이 위험이 결과에 실현된 것이다. 그러므로 의사의 치료행위는 승낙에 의하여 정당화되지 않는 것이다.[35] 행위 당시에 현실적으로 승낙을 받았지만 유효한 승낙이 아닌 의료적 침습은 위법한 법익침해이며, 이를 행위후 가정적 승낙에 의하여 변경시킬 수는 없다.[36]

구성요건단계의 객관적 귀속에 있어서는 과실이 없었더라도 결과가 발생했는가 아닌가를 묻는다. 이에 비하여 정당화사유에 있어서의 귀속은 '설명이 있었다면 승낙했겠는가'만이 문제로 되고 있다. 설명의무에 합치되는 설명의 경우에 → 승낙의 존재가 가정되고 있다. 승낙의 가정에 의하여 → 결과의 발생이 추론되고 있다. 문제의 중심에는 승낙이 있었는가 어떤가 여부가 자리하고 있다. 여기에서 가정적 승낙이 있겠는가 어떤가 하는 판단의 대상은 환자의 의사결단이다. 이에 반하여 통상 구성요건단계의 사후판단의 대상은 사람의 의사 결단이 아니라 결과발생의 객관적인 확률이다.

2. 독자적 위법성조각사유

독일판례는 합법적 대체행위와 가정적 승낙의 차이를 분명하게 인식하였다. 그리하여 양자를 동일시하지 아니하고 가정적 승낙을 현실적 승낙이나 추정적 승낙과는 다른 독자적인 위법성조각사유로 인정한다.[37] 진실한 설명을 받았더라도 현재 행하여진 수술을 승낙하였다고 인정되면 위법성이 조각된다.

이러한 견해의 근거는 불명확하다. 위법성조각사유의 요건들을 실제로 갖추지 못한 가정적 승낙에 대하여 왜 완전한 정당화의 효과를 부여하는 것인가를 설명하지 못하고 있다. 가정적 승낙의 경우를 보다 우월적 법익이 유지되는 경우라고 말할 수는 없다. 환자는 행위시점에 자기법익의 보호를 유효하게 포기하지 않고 있다. 경우에 따라서 존재할 수도 있는 가정적 의사를 중시한다는 것은 — 환자의 현실적인 의사를 존중하는 것에 비하여 — 보다 높은 이익이라고는 말할 수 없다.[38] 환자의 자기

---

35) 조기영, 전게논문, 128면.
36) Albrecht, Hypothetische Einwilligung, S.259ff.
37) Wessels/Beulke, AT, 46.Aufl., 2016, Rn.584.

결정권의 침해도 상해죄의 불법내용에 포함시킨다면, 의무위반연관성의 결여를 인정하는 것은 곤란하다.[39]

　가정적 승낙은 가정적으로 존재할 수 있었던 승낙의 단순한 의제이다.[40] '현실적인' 자기결정과 '가설적인' 자기결정의 차이를 무시하고 있는 것이다. 가정적 승낙으로 의료적 침습행위의 위법성을 변경시킬 수는 없는 것이다.[41] 현실적인 승낙이 자기결정권을 위하여 더 우월한 수단이라고 할 수 있다. 가정적 승낙을 인정하게 되면 의사는 불충분한 설명을 함으로써 모든 위험을 환자에게 떠넘길 수 있게 된다. 이와 같이 가정적 승낙은 전통적인 형법이론의 기본원칙과 조화되지 아니한다. 가정적 승낙의 논리대로라면 피해자의 승낙이라는 위법성조각사유 이외에 다른 모든 위법성조각사유들도 이와 같이 가정적으로 인정될 수 있는 것이 아닌가 의문이다.[42] 결국 위법성조각의 요건을 갖추지 못했음에도 불구하고 가정적 승낙에 의하여 위법성조각을 인정하려는 것은 환자자율의 원칙을 침해하는 것이 된다고 할 수 있다.

V. 판례에 있어서의 가정적 승낙의 논리에 대한 비판적 고찰

1. 판례의 가정적 승낙론에 관한 해석

　형법에서의 가정적 승낙은 객관적 귀속론 내지 의무위반관련성론을 무리하게 위법성조각사유에 응용하려는 것이 아닌가 보여진다. 이러한 무리가 있는 논법이 등장한 것은 의료형법의 영역에서 보여지는 처벌범위의 과도한 확장경향에 대처하여, 처벌을 적정한 범위로 제한하려는 정책적 배려가 그 배경으로 되고 있다고 한다.[43] 즉 의사의 설명의무의 범위가 날로 확대되는 경향에 있고, 의사의 설명의무에 부분적인 하자가 있는 경우에 그에 기초한 환자의 승낙이 전부 무효로 되어 상해죄의 죄책을 지게 된다는 것이다. 가정적 승낙은 가령 의사가 충분한 설명을 하였더라도 결국 환자의 승낙이 있고 동일한 침습이 실시된다고 생각되는 경우에, 침습결과를 의사의 현실적인 설명의무위반에는 귀속시키지 않는다는 논법이다. 즉 의사의 현실적인 설명의

---

38) Saliger, Alternativen zur hypothetischen Einwilligung im Strafrecht, FS‐Beulke, 2015, S.266; Sternberg‐Lieben, FS‐Beulke, S.302.

39) Böse, ZIS 2016, 497.

40) Otto/Albrecht, Jura 2010, 269.

41) Albrecht, Hypothetische Einwilligung, S.309ff.

42) 김성돈, 전게논문, 52면.

43) Duttge, Die hypothetische Einwilligung als Strafausschlie‐ßungsgrund, FS‐Schroeder, 2006, S.187; Gropp, FS‐Schroeder, S.207.

무위반이 없었을 경우를 상정하여 결국 현실사례와 동일한 침습이 실시되었을 것이라는 점을 근거로, 침습결과를 설명의무에 귀속시키지 않는다는 것이다. 이는 합법적 대체행위론이 유추적으로 응용된 것으로 일견 명확한 구조상의 평행관계가 보인다. 그러나 이러한 논리적 평행관계에는 근본적인 문제가 있다.

2. 논리구조의 비판

가정적 승낙에 있어서 가정사례는 '환자의 승낙이 있게 되어 결국 동일한 치료침습이 행하여진다'는 것이다. 따라서 이 가정사례의 경우 침습결과는 정당화된다. 그렇다면 가정사례에서 의료침습이 '정당하게' 실시되므로, 「현실적으로 설명의무위반이 있고 환자의 유효한 승낙 없이 실시된 '위법한' 현실사례의 치료침습도 의사에게 결과귀속되지 않는다」고 말하는 것이다. 이것은 이상하다. 합법적 대체행위론에서는 가령 주의의무위반이 없었더라도 어쨌든 동일한 '위법한' 법익침해결과가 발생하였기 때문에, 당해 '위법한' 법익침해결과는 주의의무위반행위에는 귀속되지 않는다. 이 경우 결과귀속이 부정되는 이유는 주의의무를 다하였다고 하더라도 어느 쪽이든 '동일한 위법한' 법익침해결과가 발생한 이상, 주의의무위반 유무가 당해 결과를 좌우한다고 평가할 수 없다는 것이다. 그러나 가정적 승낙의 경우 현실사례와 가정사례에서 '동일한 위법한' 결과는 발생하지 않는다. 현실사례에 있어서 침습결과는 승낙이 없었으므로 '위법한' 결과인데, 가정사례에 있어서 침습결과는 승낙이 유효하므로 '적법한' 결과가 되고, 양자에서 결과는 동일하지 않다. 결과 자체가 서로 다른 별개의 종류이므로 불가벌성의 유추는 기능하지 않는다. 가정사례에서 설명의무 이행과 동의의 유효성과의 관계는 개념적 법률평가적인 관계(요건 - 효과 관계)이지, 사실적인 인과관계는 아니므로, 양자 간에 가정적 인과경과를 문제로 할 수 있는 여지는 없다. 말하자면 그냥 '위법한'을 그냥 '적법한'으로 바꾸는 것뿐이다.[44] 설명의무는 법적 효과를 가져오지, 결과를 야기하는 것이 아니다.[45]

가정적 승낙에 있어서 판례의 판단방법은 합법적 대체행위론과는 근본적으로 다르다. 합법적 대체행위의 경우에는 「가벌성을 근거지우는」 '범죄결과'가 현실사례와 가정사례에서 동일하다는 이유가 귀속조각의 근거인데, 가정적 승낙에서는 「가벌성을 조각시키는 요소」인 피해자의 승낙 '표시라는 사실'이 현실사례와 가정사례에서 동일하다는 이유가 귀속조각의 근거가 되고 있다.[46] 그런데 승낙이 표시되면 이는 유

---

44) Sternberg - Lieben, FS - Beulke, S.302.
45) Haas, GA 2015, 153.
46) Sickor, Logische Unstimmigkeiten in der höchstrichterlichen Prüfungsformel zur hypothetischen

효한 승낙이 되는 것이다. 그러므로 결국 가정적 승낙의 경우에는 현실사례와 가정사례에서 결과가 다르게 되는 것이다.

Ⅵ. 가정적 승낙의 다른 해결방안

1. 의사에 의한 환자의 자기결정권만의 침해와 신체에 대한 상해죄의 성립 여부

가정적 승낙이 나오게 된 배경에는 확대되는 '설명의무의 위반(자기결정권침해)만'을 근거로 의사에 대하여 광범위한 '상해죄'(까지)의 성립을 인정해야 할 것은 아니라는 사고가 존재한다.[47] 환자의 자기결정권을 근거로 하는 설명의무위반이 의료과실 내지 주의의무보다 엄중한 귀책요소라고 하더라도 또 그렇기 때문에 형사책임을 물어야 한다고 하더라도, 그렇다고 모든 사안들에 대해 전부 ─ 자유에 관한 죄로서 처벌하는 것이 아니라 ─ 신체적 법익에 대한 죄로서 상해죄의 죄책을 물어야 할 것인가 하는 문제에서 가정적 승낙론이 등장하게 된 것이다. 따라서 가정적 승낙론의 실질내용 자체에는 타당한 점이 있다. 가정적 승낙의 중심문제는 의사의 '형사책임의 제한'에 있지 아니하다. 환자의 자기결정권을 침해하는 자유에 관한 죄로 처벌하는 것이 아니라, 신체에 관한 죄로서의 '상해죄'로 모든 경우들을 형사처벌하는 것이 당벌성의 관점에서 과도한 처벌 내지 지나친 것이라는 관점에 있다.

그런데 어떠한 방법으로 이를 실현할 것인가? 설명의무위반과 사망·상해와의 상당인과관계를 요구하는 방법으로 이를 실현하려는 가정적 승낙론은 위에서 검토한 바와 같이 그 법리구조와 논리구조에 있어서 도저히 받아들일 수 없다. 그리하여 가정적 승낙의 법리에 의한 해결을 지지할 수 없다면, 다른 방법에 의하여 의사의 상해죄의 형사책임을 인정해야 할 합리적인 범위를 모색할 필요가 있게 된다. 어떠한 경우에만 상해죄의 성립을 인정해야 할 것인가? 상해죄의 성립을 어떠한 방법으로 제한할 것인가? 이를 위해 승낙의 유효성을 검토하는 방향, 추정적 승낙의 적용범위를 확대하는 방향, 치료행위에 대한 고의를 부정하는 방향, 의사의 설명의무를 보다 제한적으로 이해하는 방향이 등이 고려된다. 이하에서는 마지막 방안에 관하여 간략히 살펴본다. 문제가 원래 기원한 그곳에서 그 문제를 해결하는 것이 법적으로 올바른 길이라고 일단 보여지기 때문이다.

그렇다면 이는 자연스럽게 설명의무위반과 승낙의 유효성이라는 두 표지의 해석

Einwilligung, JR 2008, 180.
47) 김성돈, 전게논문, 55면 참조.

문제로 돌아간다. 의사의 설명의무 인정범위를 제한해석하고, 환자의 승낙의 유효성 인정가능범위를 확대해석하는 것이다. 바로 이것이 가정적 승낙의 실체이다. 이것이 가정적 승낙의 출발점이자 도달점이다. 가정적 승낙론은 의사의 치료행위에 있어서 설명의무 위반만으로도, 즉 환자의 자기결정권 침해만으로도 자유에 관한 죄가 아닌 신체상해죄로 처벌가능하도록 요건을 마련하려는 것이다. 그런데 판례는 그것을 설명 의무위반과 결과와의 상당인과관계에서 찾고 말았다. (이런!) (어째 이런 일이!) 이것이 바로 가정적 승낙론이 수난을 겪게 되는 지점이다.

　의사가 어떠한 설명의무를 다하여야 하는가 또 설명의무위반이 있더라도 어떤 경우에 그 승낙이 유효로 되는가는 사례에 따라 유형적으로 밝혀져야 할 것이다. 설 명의무위반이 승낙의 유효성에 영향을 미치지 아니하는 경미한 것인 경우도 있을 수 있다는 점을 부인할 수 없다. 그러나 그것은 승낙의 유효성 요건에 관한 문제이며, 결과귀속의 문제는 아니다.

2. 설명의무의 제한 해석

　유효한 승낙을 얻기 위하여 필요한 설명의무의 범위는 신체적 법익에 관계되는 것에 한정되어야 한다.[48] 그러므로 우선 치료침습의 구체적 내용(즉 환자의 신체에 무 엇을 행하는가)에 관한 사항이 신체적 법익에 관한 사항에 포함된다는 것은 다툼이 없 을 것이다. 안전성·성공률·부작용과 같은 부수리스크에 관한 사항도 설명의무에 포 함될 것이다(물론 후유증·부작용 등 부수리스크에 관한 설명은 치료침습과 직접적으로 결부 된 것은 아니라는 이유로 신체관련성을 부정하는 견해도[49] 있다). 치료의 성공률·위험성과 무관계한 사정은 신체적 법익과는 무관하여 설명의무의 범위에서 제외된다. 설명의무 의 목적은 승낙을 부여할 때 환자의 자기결정권을 보호하는 데 있다. 그러나 모든 설 명의무들이 모두 다 이러한 목적에 기여하는 것들은 아닐 것이다. 치료비용이나 보험 처리 가능 여부와 같이 신체적 이익에 직접적인 관련이 없는 정보는 설명의무의 보호 목적에서 제외된다.[50]

---

48) Puppe, ZIS 2016, 372.
49) Strenberg - Lieben, FS - Beulke, S.309f.
50) Puppe, ZIS 2016, 372.

3. 현실적 승낙의 유효성 인정가능범위의 확대 해석 – 의사결정의 자율성 실현 여부

이와 같이 설명의무를 제한하고 이 제한된 범위내의 사항을 의사가 설명하지 않은 경우에도, 승낙의 유효성이 부정되는 것이 원칙이지만 그렇다고 무조건 승낙의 유효성이 부정되는 것은 아니다.[51] 환자의 신체적 이익에 해당하는 사항이라고 하더라도 나아가 '환자의 의사결정에 중요하지 않은 경우에는' 설명의무의 보호목적에 포함되지 아니하다.[52] 이를 위해서는 우선 승낙의 존재와 유효성의 문제를 구별하는 것이 유익하지 않을까 보여진다.

1) 승낙의 존재

치료침습에 대한 승낙의 존재가 긍정되기 위해서는 위에서 언급한 당해 침습의 구체적 내용(자신의 신체에 대해 무엇을 하는가)을 인식·이해하고 그것을 인용하는 심리상태가 필요하다.[53] 치료침습의 구체적 내용은 승낙의 대상이 되는 사항이므로, 이러한 인식이 결여된 경우에는 승낙의 유효성 평가 이전에 승낙의 존재 자체가 인정되지 아니한다. 이러한 승낙부존재 사례의 경우에, 만약 설명들었다면 승낙했을 것이라는 가정적 승낙을 이유로 행위자의 가벌성을 제한하는 것은 타당하지 않다고 생각된다. 현실적으로 발생한 것은 승낙에 의하지 않은 위법한 침해결과이며, 행위자는 현실적인 승낙을 취득하여 그 위법한 결과의 발생을 회피해야 한다. 현실적인 승낙이 부존재한 이상, '환자의 자율성이 실현되었다'고 평가할 여지는 없다. 고도로 인격적인 결단으로서의 환자의 자율은 사후적으로 회복될 수 없는 것으로, 현실적 승낙과 가정적 승낙은 질적으로 구별된다.[54]

2) 승낙의 유효성 – 정보의 입수

이에 비하여 안전성·성공률·부작용 등 부수리스크는 존재하는 승낙이 유효하게 평가되기 위하여 필요한 정보인가 아닌가 하는 관점에서 문제가 된다. 일단 존재가 긍정되는 환자의 승낙에 대하여, 그 유효성을 인정하기 위해서는 치료침습을 인용하는 심리상태의 형성과정이 자율적이라고 평가되어야 한다. 구체적으로는 판단에 필요한 정보의 입수를 방해받지 않고 의사형성이 이루어지는 것이 필요하다. 승낙의 존

---

51) Vgl. Otto, Jura 2006, 270.
52) Puppe, ZIS 2016, 372.
53) Haas, GA 2015, 147; Otto, Jura 2010, 270.
54) Saliger, FS - Beulke, S.265f.

부와는 달리, 승낙의 유효성 문제는 특히 평가적인 측면을 갖고 있다. 의사형성 과정이 어느 정도까지 충실한 경우에 자율적인 결정이라고 평가할 수 있을까는 자기결정을 형법이 어느 정도까지 철저히 보호할 것인가에 관한 가치결정에 따라 크게 변동될 수 있는 것이다.

완벽하게 이상적인 자기결정의 실현을 지향할 수는 없다.[55] 현실에서 인간의 자기결정은 모든 정보를 완전하게 장악하는 것도 아니고 항상 불완전한 정보에 기초하는 것도 아니다. 따라서 모든 정보의 결여를 이유로 형법적 개입을 인정하는 것은 타당하지 않다. 형법이 개입해야 하는 것은 환자의 의사결정에 필요한 「중요한 정보」의 입수가 부당하게 저해되었다고 평가될 수 있는 경우에 한정되어야 한다. 문제는 「중요한 정보」의 범위를 어떻게 획정할 것인가이다. 이에는 정보의 주관적 중요성과 객관적 중요성을 구별하여 논의하는 것이 유익해 보인다.

3) 주관적 중요성

우선 환자 본인에게 중요하지 않은 정보의 결여는 — 비록 그것이 합리적인 환자에게는 필요한 것이라고 하더라도 — 의사형성의 자율성에 아무런 영향을 미치지 않는다고 보아야 할 것이다. 즉 해당 정보가 환자의 의사결정에 중요하지 않은 경우에는 설명의무의 보호목적과 관련성이 없다.[56] 위에서 다루었던 '소위 가정적 승낙'이 인정되는 경우란 '설명사항이 환자 본인에게 중요성이 결여된 경우'라고 이해될 수 있다. '적절한 설명을 하였다고 하더라도 승낙했다'는 것은 의사가 행한 현실적으로 부적절 내지 불충분한 설명이 환자의 결의에 결정적인 영향을 가진 것은 아니었다고 할 수 있기 때문이다(물론 주관적 중요성을 결여하는 사항에 관하여는 설명의무의 대상 밖이라고 볼 수도 있을 것이다. 그러나 설명의무를 구체적인 피해자의 의사에 좌우시키는 것은 부자연스럽다).

이러한 경우 중에는 환자가 설명사항에 대하여 전혀 무관심하거나, 관심은 있지만 설명을 들어도 결단결과에는 영향이 없는 양자가 포함될 수 있다. 전자는 주관적 중요성이 부정되어 승낙의 유효성에 영향을 미치지 아니한다고 생각된다. 그런데 후자의 경우에 주관적 중요성을 부정하면 의사에게 유리하게 승낙의 유효성이 긍정될 것이다. 따라서 이 경우 결단결과에의 영향을 묻지 아니하고, 본인에게 관심이 있는 정보는 전부 주관적 중요성을 긍정하는 이론구성도 가능하다. 결단의 결과와 관계없이 관심 있는 정보에 기초한 승낙과 그렇지 아니한 승낙은 자율성의 실현이라는 관점

---

55) Rönnau, Willensmängel bei der Einwilligung im Strafrecht, 2001, S.220.
56) Puppe, ZIS 2016, 372.

에서 질적인 차이가 있으므로, 후자는 무효로 해야 한다는 것이다. 그러나 이 경우 관심있는 정보에 기초하여 의사결정을 할 기회 자체가 상해죄규정을 수단으로 보호되는 결과가 될 수 있다는 점이 있다. 추상적인 자기결정권 자체의 보호는 손해배상 등 다른 수단에 위임하면 충분할 것이다.

4) 객관적 중요성

주관적 중요성이 인정되는 정보가 결여되었다고 하여 전부 승낙이 무효라고 할 수는 없다고 생각된다. 다시 이에 형법이 개입할 것인가 아닌가 하는 관점에서 승낙의 유효성에 영향을 미친 정보로 객관적인 제한을 하지 않으면 안 된다. 즉 정보의 주관적 중요성이 긍정되는 경우에는 다시 당해 정보의 객관적 중요성의 유무가 심사되어야 한다.

객관적 중요성이 인정되는 정보의 범위를 어떻게 획정할 것인가는 어려운 문제이다. 통상 치료행위의 안전성, 성공률, 침습에 수반되는 위험성 등이 중요한 정보일 것이다. 본인의 신체적 이익에 관한 정보만이 중요한 정보라고 할 것인가? 예컨대 생명에 위험이 있는 자식을 구하기 위하여 헌혈이 필요하다고 모친을 기망하여 모친이 채혈에 동의한 경우, 모친 본인의 신체적 이익과는 관계없는 사정도 승낙에 영향을 미친다. 자식이 위험상태에 있는가 아닌가 하는 정보는 모친에게 물론 주관적으로 중요하지만, 그것이 객관적으로도 이해가능하며 자율적인 의사결정에 대한 필요한 정보라고 생각되고 있다. 이 경우에도 자기의 신체를 어떻게 처분할 것인가 하는 즉 신체와 관련된 자기결정권이 침해되고 있다. 이러한 신체와 관련된 자기결정권을 보호하는 것이 신체와 무관계한 추상적인 자기결정권을 상해죄의 보호법익에 포함시키는 것은 아니라고 생각된다.

5) 정보입수의 부당한 저해 – 예컨대 기망

정보입수의 부당한 저해는 적극적인 기망에 의한 경우뿐만 아니라 당해 정보를 고지할 의무를 태만히 함으로써도 행해질 수 있다. 의사형성과정에서 중요한 것은 '중요한 정보에의 도달가능성'이 어느 정도 확보되고 있는가이며, 적극적인 기망이 있는 경우에는 도달가능성의 정도가 극히 낮기 때문이다. 그러나 적극적 기망이 있으면 정보의 내용이나 중요성을 일체 묻지 않고 항상 승낙의 유효성에 영향을 미친다고 해석할 수는 없다.[57] 당해 정보에 주관적 중요성이 인정되지 않기 때문에, 그 기망이 수술

---

57) 그러나 Saliger, FS - Beulke, S.270f.는 의사에 의한 기망이 행해진 경우 – 협박이나 강제가 행해진 경우와 마찬가지로 – 환자의 자기책임적인 결단이 있었다고 인정할 수 없기 때문에 항상 승낙은 무효가 된다고 한다. Otto, Jura 2010, 270면도 기망에 의한 승낙은 모두 환자 자율성의 표

에 대하여 현실적으로 승낙의 유효성에 영향을 주지 않는 경우가 있을 수 있을 것이다.

최종적인 승낙의 유효성 판단은 — 정보의 중요성의 정도와 당해정보의 입수의 저해의 정도를 종합적으로 고려하여 — 자율적인 의사결정과정의 중대한 침해가 되었다고 평가되는가 아닌가 하는 관점에서 신중하게 행할 필요가 있다. 다시 말하면 문제되는 정보의 중요성과 정보입수에 대한 간섭의 강도에는 상호보충적인 관계가 인정된다는 것이다. 따라서 정보의 중요성 정도가 높지 않은 경우에도 그것을 보충하는 강한 간섭(예컨대 정교한 위장을 수반하는 기망)이 인정된다면, 의사형성의 자율성이 저해되었다고 평가될 여지가 있다. 이러한 방법은 동의의 유효성을 유연하게 판단할 수 있게 하는 이점이 있는 반면에, 그 명확한 한계가 애매하다는 면도 있다. 앞으로의 과제이다.

Ⅶ. 대상판결의 해석 방법

그런데 이와 같이 설명의무위반과 승낙의 유효성이라는 두 표지의 해석문제로 돌아가서, 의사의 설명의무 인정범위를 제한해석하고 환자의 승낙의 유효성 인정가능 범위를 확대해석하는 해결방법을 바로 대법원판례가 정확히 취하고 있다. 즉 대법원은 사안이 의사의 설명의무위반과 사망·상해 결과와의 인과관계 문제라고 잘못 관념하여 표현은 그렇게 말하고 있지만, 이어지는 실제 판단에 있어서는 전혀 인과관계의 문제로 해결하지 않는 것이다. 말로는 '인과관계'의 문제라고 목청을 세우지만, 실제로는 바로 위에서 살펴본 '해석을 통하여' 해결하고 있다. 즉 판례는 인과관계의 문제라고 말하면서 인과관계의 문제로 해결하지 않는다. 문제설정은 완전히 잘못하고 있지만(이런!)(탄식/황당), 문제해결은 완전히 올바른 결론에 도달하고 있다(우와!)(경이/놀람).

[대상판결 1] 주관적 중요성의 결여

화상수술 사건에서는 우선 승낙의 존부가 검토되어야 한다. 본건에서 환자의 수술에 대한 승낙이 존재한다. 그런데 본건 수술의 위험성에 관하여 의사가 설명하였는지가 분명하지 않다. 수술의 위험성은 중요한 정보이다. 소위 가정적 승낙이 인정되는 경우란 '설명사항이 환자 본인에게 중요성이 결여된 경우'라고 이해될 수 있다. '적

현이 아니므로 위법성조각이 부정된다고 한다.

절한 설명을 하였다고 하더라도 승낙했다'는 것은 의사가 행한 현실적으로 부적절 내지 불충분한 설명이 환자의 결의에 결정적인 영향을 가진 것은 아니었다고 할 수 있기 때문이다. 가정적 승낙이 인정되는 경우, 즉 수술의 위험성에 관하여 '적절한 설명이 행해졌을 경우에도 승낙은 마찬가지로 부여되었을' 경우에는, 당해 정보에 주관적 중요성이 인정되지 않기 때문에 수술에 대한 현실적인 승낙의 유효성에 영향을 미치지 않은 것이 된다. 물론 수술의 위험성은 객관적 중요성이 인정되는 사항이다. 그러므로 수술의 위험성, 수술 자체의 필요성, 안전성, 위험성에 관계되는 설명은 승낙의 유효성에 영향을 미친다고 볼 수 있다. 설명의 하자가 승낙의 내용적 하자를 가져오면 위법한 결과에로 연결되는 것이다.

그러나 이 경우 환자가 그 결여된 해당 정보를 다른 방법으로 얻었다면, 이때에는 설명의무위반에도 불구하고 그에 기한 승낙은 그 해당정보를 포함한 내용을 갖게 되는 것이다.[58] 물론 환자가 그 수술의 위험성을 알지 못했다면, 그 위험성은 허용되지 않는 위험이 되고 그 위험이 결과에 실현된 것이다. 그렇기 때문에 [대상판결 1]은 "피해자의 남편은 피해자인 환자가 화상을 입기 전 다른 의사로부터 다른 의사로부터 간경변을 앓고 있기 때문에 어떠한 수술이라도 받으면 사망할 수 있다는 말을 들었고, 이러한 이유로 환자와 남편은 의사의 거듭된 수술 권유에도 불구하고 계속 수술받기를 거부하였던 사실을 알수 있다. 이로 보건대 간경변을 앓고 있는 피해자 환자와 남편은 — 의사가 수술의 위험성에 관하여 설명하였는지 여부에 관계없이 — 이 사건 수술이 위험할 수 있다는 점을 이미 충분히 인식하고 있었던 것으로 보인다. 그렇다면 의사가 환자나 남편에게 수술의 위험성에 관하여 설명하였다고 하더라도 환자나 남편이 수술을 거부하였을 것이라고 단정하기 어렵다. 따라서 의사의 설명의무 위반과 환자의 사망 사이에 상당인과관계가 있다는 사실이 합리적 의심의 여지가 없이 증명되었다고 보기 어렵다. 이와 달리 설명의무를 위반한 의사의 과실로 인하여 환자가 사망에 이르렀다고 보는 원심판결에는 의사의 설명의무위반으로 인한 업무상 과실치사죄의 인과관계에 관한 법리를 오해한 잘못이 있다"고 판시하고 있다.

본건 수술의 객관적 위험성은 높아서 그 객관적 중요성이 인정되는 정보이므로, 의사는 이를 환자에게 설명할 의무가 있다. 그런데 검사는 당해 수술의 위험성에 관하여 설명을 하지 않았다. 즉 설명부존재의 사례라고 주장한다. 만약 설명부존재의 사안이라면 의사의 수술행위는 정당화될 수 없다고 생각된다. 그런데 법원은 "수술의 위험성에 관한 설명을 하였는지 여부에 관계없이"라고 말함으로써, 설명존재 여부에 관한 증명이 없어 설명이 존재하는 것으로 보고 있는 듯한 여지를 주고 있다. 그런데

---

58) Puppe, GA 2003, 772.

설사 의사가 환자에게 본건 수술의 위험성을 설명하지 않았다고 하더라도 — 수술의 위험성에 관하여 이미 주관적으로 알고 있었기 때문에 — 환자는 수술을 승낙했을 것이고 따라서 어차피 사망했을 것이라고 판단하여 설명의무위반과 사망 사이에 상당인과관계를 부정하고 있다. 그러나 이는 상당인과관계를 부정할 것이 아니다. 환자가 수술의 위험성에 관하여 이미 다른 방법으로 알고 있었기 때문에 그에 기초한 수술에 대한 현실적인 승낙은 유효하다고 말하는 것이 타당하다. 판례도 사실은 바로 그렇게 말하고 있는 것이다.

[대상판결 2] 객관적 중요성의 결여

봉침시술 사건은 우선 승낙존재의 사례이다. 그런데 의사의 불충분한 설명이 문제되었던 것이다. 우선 봉침시술의 부작용은 당해 정보의 주관적 중요성이 긍정되는 경우이다. 그러면 다시 당해 정보의 객관적 중요성의 유무가 심사되지 않으면 안 된다. 시술의 부작용은 객관적으로 중요한 정보이다(물론 시술의 부작용은 수술 자체의 필요성이나 안전성과 무관계하다고 본다면, 이 점에 관한 불충분한 설명은 승낙의 유효성에 영향을 미치지 않는다고 볼 여지도 있을 것이다). 따라서 봉침시술의 부작용에 관한 설명은 원칙적으로 필요하다. 그런데 환자는 봉침시술의 부작용에 관하여 설명을 받지 못하였다.

판례는 의사의 설명의무위반과 발생한 쇼크와 면역치료 필요상태라는 상해결과 사이에 상당인과관계를 묻고 있다. 즉 설명의무위반과 시술의 부작용 사이에 상당인과관계가 존재하는가 하는 문제를 판단해야 한다. "본건 아나필락시 쇼크는 봉침시술에 따라 나타날 수 있는 과민반응 중 전신 즉시형 과민반응으로서 10만 명당 2 - 3명의 빈도로 발생한다", "환자가 이전에도 여러 차례 봉침시술을 받아왔었고 봉침시술로 인하여 아나필락시 쇼크 및 면역치료가 필요한 상태에 이르는 발생빈도가 낮은 점 등에 비추어", 판례는 환자가 진실한 사정을 알고 있었더라도 봉침시술에 결과적으로는 승낙했을 것이라고 하여 상당인과관계를 부정하고 있다.

그런데 설명의무에 위반하여 승낙을 받아 치료행위가 이루어지고 부작용이 발생한 본 사안에서, 그 부작용이 당해 종류의 치료행위에 전형적으로 부수되는 것이며 의사가 설명을 충분히 하지 않은 경우에는 그 부작용의 발생은 의사의 설명의무위반이 실현된 것이라고 평가될 수 있다. 그러나 발생된 부작용이 극히 희소하게밖에 볼 수 없는 것으로서 일반적으로 의사가 설명할 필요가 없는 종류의 것인 경우에는, 그 부작용의 결과를 의사의 설명의무위반에 귀속시킬 수 없다. 이러한 사고는 인과관계를 문제 삼는 것이 아니라, 의사의 설명의무위반과 일정한 관련성이 있는 결과에 관해서만 그 귀속을 인정하여 의사에의 결과귀속 범위를 한정하려는 귀속적 사고가 표현된 것이다.

그러나 이러한 부작용은 추상적으로는 존재하지만 본건 구체적인 사례에 있어서 이러한 추상적 위험의 실현이 예견될 수 있는 징후는 주어지지 않았다. 그러므로 환자는 당해 침습의 구체적인 위험에 관하여 설명받은 것이고 환자의 승낙은 유효하다고 해석하여야 한다. 환자는 본건 치료침습의 구체적 위험에 관하여 알고 있었던 것이기 때문이다. 판례도 사실은 바로 그렇게 말하고 있는 것이다.

Ⅷ. 판례가 염두에 두고 있는 가정적 승낙의 진정한 실체는 무엇인가?

우리나라에서 형사판례법리로 인정되고 있는 가정적 승낙론에 관하여 왜 법원이 그러한 사고를 전개하지 않으면 아니 되었는가? 치료행위의 유용성을 고려에 넣은 것인가? 가정적 승낙의 법리는 왜 판례에 의하여 지지되고 있는가? 가정적 승낙론은 도대체 어떠한 문제에 대하여 어떠한 해결을 도모하는 것인가? 정말 그 정체는 무엇인가? 이러한 문제는 위에서 살펴본 바와 같이 「현실적인 승낙이 실제 행하여진 침습을 커버하고 있는가」하는 것이 쟁점이다. 일반적으로 의료적 침습에 대한 승낙은 당해 침습에 관한 의학적 사정이 전부 '설명되었을 때 유효'한 승낙이 될 수 있다. 그러나 이는 「설명되면 그것으로 족하다」는 것이 아니다. 환자의 「이해」가 얻어지지 않았다고 평가되면, 침습은 정당화되지 않는다. 또한 설명하지 않았더라도 환자의 「이해」가 얻어졌다고 평가되면, 침습은 정당화될 수 있다. 가정적 승낙론이 나타나는 것은 — 물론 예외적인 상황이지만 — 바로 이러한 국면이다. 가정적 승낙론이 정말 묻고 있는 것은 필요한 설명이 결여되었더라도 — 환자가 당해 침습의 필요성을 「이해」하고 — 승낙하였는가 여부이다.

이러한 관찰은 우리나라 형사판례에 있어서 가정적 승낙론의 뿌리는 '가정적 사고'를 본질로 하는 것은 아니라는 점을 보여주는 것이라고 생각된다. 판례에서 기점이 되고 있는 것은 침습내용의 설명이 분명히 결여되고 있지만, 환자는 "이미 알고 있는 것은 아닌가" 혹은 "마음에 걸려한 것은 아니지 않은가" 하는 문제상황이다. 만족스러운 수술의 결과를 얻지 못했을 경우에 특히 환자는 '설명했더라면 승낙하지 않았다'는 주장을 하는데, 반드시 전부 신용할 수 있는 것은 아니다.

문제는 아주 심플하다. 수술 전의 설명이 불완전하더라도, 환자의 승낙의 범위내의 침습이라면 위법한 상해행위에 해당되지 않는다. 그러나 '승낙의 범위'가 어떻게 되나 여하를 결정하기 위해서는, 수술시점에 환자가 가지고 있던 '인식이 어떠했는가' 여하를 고려하지 않을 수 없다. 이때 '가정적으로 불완전한 설명을 완전한 설명으로 대체하여 어떻게 의사결정 하였을까' 하는 점을 고려하는 것은 중요한 단서나 실마리를 제공한다. 만약 아무것도 변하지 않는다면, 실제의 침습이 승낙의 범위 내에 있었다고 인정하기 쉬울 것이다. 「가정적」 승낙이라고 말은 하지만 증명의 대상은 실제의 침습이 「승낙」의 범위 내에 있는가이다. 즉 실제의 침습이 포함되는 「현실적 승낙」의 존재를 인정할 수 있는가? 여부가 문제되는 것인데, 이를 「가정적 승낙」이 인정되는가? 하는 말로 표현하고 있는 것이다. 즉 가정적 승낙의 문제는 「존재하지 않는 승낙이 가정적으로 인정된다」는 의미가 아니다. 「존재하는 현실적 승낙이 실제의 침습을 포함하고 있는가 아닌가」 하는 문제다. 가정적 승낙이라는 용어가 우리가 바라보는 시각에 오해를 가져오고 있다. 「잠재적 승낙」이라고 부르는 것이 조금 나을 것이다. 바로 이것이 소위 가정적 승낙의 정체이다.

IX. 나가며

가정적 승낙의 인정으로 판례는 위법성조각사유에서 가정적인 사건경과를 고려하여 불법을 배제할 수 있는 디딤돌 내지 돌파구를 갖게 되었고 불법배제에의 길을 열었다. 그러나 가정적 승낙은 형법에 있어서 가상문제이다. 승낙이 없는 치료행위에 대한 결과귀속의 문제도 아니고 위법성조각이 인정된다는 문제도 아니다. 가정적 승낙이라는 테마에서 취급되는 사례군은 「현실적 승낙」의 존재와 유효성의 문제로 환원된다. 구체적으로는 환자의 자율성이 실현되었다고 할 수 있는 조건의 분석적인 검토를 통하여 적절한 해결을 도모하는 것이다. '적절한 설명을 했다고 하더라도 승낙했다'는 경우는 당해 설명사항이 환자 본인에게 중요성을 결여하기 때문에 승낙의 유효성에 대한 영향이 인정되지 않는 것이다. 그렇지만 승낙 부존재 사례의 경우에도 만약 설명했더라면 얻을 수 있었다는 '가공의 승낙'을 근거로 널리 행위의 가벌성을 제한하려는 것은 허용되지 아니한다. 물론 승낙 부존재의 경우에도 추정적 승낙에 의한 정당화의 여지는 별도로 남는다. 그 정당화의 범위는 보충성을 요구하는가 아닌가 그리고 어느 정도 요구하는가 하는 점에 의존하게 된다. 이는 보충성이 요구되는 이론적 근거에 의하여 검토되어야 할 문제이다. 어쨌든 가정적 승낙이라는 테마에서 취급되는 문제는 '논점의 진정한 소재'를 정확히 인식하는 것을 통하여 해결되어야 할 것이다. 가정적 승낙론은 법문제의 체계적 위치지움을 등한시하고 체계적으로 아주 다른 관련하에 발전해 온 사고를 일대일로 원용했을 때, 법적용이 얼마나 잘못될 수 있는지를 보여주는 드라마 같은 실례이다.[59]

X. 나왔는데

1. 합법적 대체행위론에 있어서 객관적 귀속론의 파단?
– 논리구조 자체가 갖고 있는 문제점

구성요건단계에서는 구성요건적 행위와 결과와의 사이에 인과관계 내지 귀속관계(원인 - 결과 관계)이고, 위법성조각단계에서는 위법성조각을 인정하기 위한 법적 요건과 그에 따르는 법적 효과의 관계(요건 - 효과 관계)이기 때문에 구성요건단계의 합법적 대체행위의 객관적 결과귀속론을 위법성조각단계에 원용할 수 없다고 결론지었다. 전혀 차원을 달리하는 관련성 문제라는 것이다. 그런데 이러한 점을 뛰어넘어 설사 원용을 인정한다고 하더라도, 본 논문에서는 합법적 대체행위라는 객관적 귀속론의 논리구조가 구성요건단계와 위법성조각단계 (가정적 승낙)에서 전혀 다르다고 결론지었다. 명백히 다르다. 즉 구성요건단계에서는 사실적으로 '결과'의 귀속은 되지만, 위법성조각단계에서는 평가적으로 그 '결과의 반가치'(불법성)가 조각되면 '적법한 결과'가 되고, 조각되지 않으면 당연히 '위법한 결과'가 된다는 것이다. 즉 위법성조각에서는 현실사례와 가정사례가 결과가 — 적법인가 위법인가로 — 항상 다른 결과가 발생한다는 것이다.

그런데 가정적 승낙론에서는 왜 이러한 명백한 차이를 무시하는가? 단지 의사의 처벌범위가 과도하게 확장되는 것을 방지하려는 정책적 배려 때문인가? 가정적 승낙론은 이러한 정책적 배려가 단적으로 나타난 현상에 불과한 것인가? 가정적 승낙론에 따라 위법성조각단계에 합법적 대체행위론을 원용하면, 만약 설명의무를 다하였다면 유효하게 승낙하였을 것이고 따라서 침습 '결과'가 적법하게 되어 결국 동일한 결과가 발생하지 않는다는 결론을 내려야 하는데,[60] 동일한 결과가 발생한다고 결론을 도출하고 있다. 즉 합법적 대체행위론을 적용하더라도 위법성조각단계에서는 「행위반가치가 없다고 가정하면, 당연히 결과반가치도 없게 되는」 것이다. 당연히 '적법한' 결과가 된다. 그런데 합법적 대체행위를 위법성조각단계에 원용하면서도 그냥 그대로 '구성요건단계에서 행위반가치가 없다고 가정하여 그래도 동일한 구성요건적 결과가 발생했다'는 동일한 논리를 강요한다. 왜 이렇게까지 하는 것일까? 단순히 의사의 형사처벌을 제한하려고 그러는 것인가?

통설의 논리는 즉 행위반가치가 없을 경우에 구성요건단계에서는 현실사례와 가

---

59) Puppe, ZIS 2016, 372.
60) Gropp, FS - Schroeder, S.204.

정사례가 동일한 결과, 즉 불법한 결과이지만, 위법성조각단계에서는 행위반가치가 없다고 가정하면 현실사례에서는 위법한 결과 그리고 가정사례에서는 적법한 결과가 발생되어 양자는 동일한 결과가 발생하는 것이 아니게 된다는 것이다. 이러한 사고의 기초가 되고 있는 근거는 '불법을 근거지울 경우와 조각하는 경우는 논리구조가 다르다'는 것이다. 그런데 정말 그러한 것일까? 이러한 의문을 가정적 승낙은 제기하고 있는 것이다. 행위반가치가 없다고 가정하면 도대체 거기에서 발생하는 결과반가치가 구성요건단계 다르고 위법성조각단계 다르고 그럴 수 있는 것인가? 행위반가치 없이 그래서 행위반가치와 결부되지 않고 별개 독립하여 결과반가치만이 존재한다는 그런 관념은 인정될 수 없는 것 아닌가? 행위반가치와 결부되지 않는 결과반가치만 이라는 것은 형법상 무의미하다. 행위반가치가 없는 이상, '결과'는 형법상 의미를 갖지 아니한다는 것이다. 그렇다면 이는 구성요건단계에서도 마찬가지로서 합법적 대체행위에 의하여 적법한 행위를 하였더라면 적법한 결과가 발생되므로 결국 동일한 결과가 아니라 다른 결과가 발생한 것으로 보아야 한다. 결국 구성요건해당성 단계에서 객관적 귀속이론은 그 이론적 발상에 있어서 논리구조 자체가 문제를 안고 있는 것은 아닌가?

결국 현실사례와 가정사례에서 달라지는 것은 「결과에 대한 법적 평가」뿐이며, 결과발생이라는 외적 사실 그 자체는 동일하다. 즉 '외적 사실로서는' 동일한 결과가 발생하고 있는 것이다. 결국 행위반가치가 없는 경우 구성요건단계나 정당화단계나 양자 모두 결과에 대한 '법적 평가가 달라져서' 다른 결과가 발생했다고 하거나 아니면 '외적 사실로서는' 동일한 결과가 발생한다고 해야 하는 것이 아닐까? 가정적 승낙론은 후자를 일관하려는 논리구조이다. 통설은 구성요건단계에서는 후자, 위법성조각단계에서는 전자를 취하는 논리구조이다.

2. 일반적인 경우와 치료행위에 있어서 피해자의 승낙의 구별?

가정적 승낙론이 도출하는 귀결은 의사의 치료행위와 관련해서만 본다면 타당한 점이 있는 것 같이 생각된다. 그렇다면 치료행위의 1요건으로서 환자의 승낙과 그 자체 위법성조각사유로서의 일반적인 피해자의 승낙을 동일하게 취급할 것인가 하는 의문이 든다. 독일에서는 이러한 두가지 승낙의 요건은 동일하다고 해석되고 있다.[61] 이는 신체의 건강을 회복시킨다는 플러스가치를 가지는 치료행위에 그다지 중요성 내지 특수성을 부여하고 있지 않다는 것이다. 환자의 자기결정권이 중심에 있다고 생

---

61) Mitsch, Die hypothetische Einwilligung im Arztstrafrecht, JZ 2005, 280; S/S - Sternberg - Lieben, §223 Rn.37.

각된다. 그런데 오히려 이러한 플러스가치 때문에 치료행위는 구성요건에 해당하지 않는다는 견해도 있다.[62] 상해죄에서 피해자의 승낙은 그 위법성조각의 효과를 — 사회상규에 의하여 — 제한받는다. 결국 치료행위에 있어서 피해자의 승낙은 승낙론의 내부 혹은 외부에서 뭔가 조정을 할 필요가 있는 것은 아닌가 생각된다. 그렇지만 일반적인 피해자의 승낙과는 다른 정당화를 치료행위에서 발견할 수 있다는 근거에서 가정적 승낙의 법리가 활용되는 것은 아니다. 가정적 승낙론의 실질내용 자체 내지 정체는 일반적인 피해자의 승낙과는 선을 긋는 치료행위의 특수성을 고려한 이론이라기보다는, 환자의 자기결정권을 중심에 놓으면서도 자유에 관한 죄를 넘어가는 의사의 상해죄 성립을 긍정하면서도 이를 제한하려는 우수한 이론이라고 생각된다. 물론 치료행위의 특수성 유용성 플러스가치를 고려해야 한다. 그 점은 승낙의 유효성 요건의 해석에 의하여 고려하고 있는 것이다.

---

62) 대표적으로 이재상/장영민/강동범, 형법각론, 제10판 보정판, 2017, 50면.

5. 과실범의 중지미수
- '중지행위가 행해지지 않은 단순한 과실치상죄'와
'중지행위가 행해진 과실치상죄'의 구별 -
- 과실범에 있어서 기수결과와 종국결과 -

5. 과실범의 중지미수*

- '중지행위가 행해지지 않은 단순한 과실치상죄'와
'중지행위가 행해진 과실치상죄'의 구별 -
- 과실범에 있어서 기수결과와 종국결과 -

목차

Ⅰ. 서론

과실범의 중지미수? 아니 도대체 그런 사례가 있을 수 있는 것인가? 그러한 법형
상이 존재할 수 있는가? 우선 미수는 — 그것이 중지미수이든 무슨 미수이든 간에 —
고의범을 전제로 한 개념이 아닌가? 그리고 설사 과실범의 미수를 관념할 수 있다고
하더라도, 과실범의 미수는 우리 형법상 처벌규정이 존재하지 않기 때문에 불가벌이
아닌가? 또한 과실범은 결과발생을 전제로 하여 그 성립이 인정되는 것인데, 일단 기
수결과가 발생하였다면 중지미수 성립의 여지는 인정될 수 없는 것이 아닌가? 어쨌든
중지미수는 전적으로 고의범을 전제로 한 논의라는 것이 학계와 실무계의 일치된 지
배적 견해이다. 그렇기 때문에 과실범의 경우에 중지미수의 가능성을 언급하는 문헌
은 당연하게도 전혀 존재하지 않는다. 이점은 독일의 경우에도 마찬가지이다.

이와 같이 중지미수는 기수결과가 발생하지 않은 미수단계에 있을 것을 필수적
인 전제로 한다는 지배적인 견해의 이러한 형식적 획일적 처리에 대하여, 본 논문은
약간의 의문을 제기하려고 한다. 본 논문은 특정한 범죄(예컨대 과실치상죄)를 전제로

---

* 교정연구 제29권 제1호, 한국교정학회

할 경우 과실에 의하여 기수결과(치상)가 발생하였다고 하더라도, 종국결과(치사)를 고려할 때 그 기수결과(치상)는 종국결과(치사)에로 향하는 과정결과에 지나지 않는다고 평가되는 경우에는 중지미수 성립의 여지를 인정해야 한다는 하나의 아주 짧은 시론이다. 여기에서 핵심적인 것은 '범죄결과의 확대'라는 사고관점이다. 즉 '자의로 중지행위가 행해지지 않은 단순한 과실치상죄'와 '자의로 중지행위가 행하여진 과실치상죄'를 동일하게 처리할 것인가? 하는 문제제기이다.

이러한 언급에서 이미 독자들은 필자가 이를 바라보는 어떤 사고방식을 간취해 내었으리라 생각된다. 즉 어떠한 사태를 바라볼 때 어느 한 시점에 고정 고착되어 바라보는 것이 아니라, 그 사태의 — 유동성 변동성을 전제로 한 — 가변성을 고려하여 법적 평가를 내린다는 사고방법이다. 이러한 사고는 어쩌면 당연한 것이고 그리 특별한 것은 아니다. 그런데 우리 형법도 과실범을 바라볼 때 이러한 사고에 근거하고 있는 것으로 보인다. 가장 대표적인 과실범 규정인 형법 제268조(업무상 과실, 중과실에 의한 치사상죄)는 "… 과실에 의하여 사람을 사상에 이르게 한 자는 5년 이상의 금고 또는 2천만원 이하의 벌금에 처한다"라고 하여, 과실치상과 과실치사가 하나의 조문으로 규정되고 있다. 이는 우리 입법자가 과실범을 파악함에 있어서, 과실 실행행위에서 기수결과(치상)를 거쳐 종국결과(치사)에 이르는 유동적 변화과정 속에서 해당 실행행위와 그 결과에 대한 평가가 확정되어야 한다는 사고에 기반하고 있다고 보여진다.

물론 이러한 유동적 사고방법에 대하여는 반감 거부감 혹은 저항감이 무척 강하다. 그렇지만 고의범의 경우에도 예컨대 신체상해의 결과를 야기한 행위자가 자의로 중지행위를 하여 종국결과인 사망의 결과발생을 방지한 경우에, 만약 (1) 행위자가 상해의 고의를 가지고 있었다면, 이미 기수결과가 발생하였기 때문에 중지미수의 성립은 부정된다. 그런데 (2) 살인의 고의를 가지고 있었다면, 아직 미수결과밖에 발생하지 않았기 때문에 중지미수의 성립을 긍정한다. 이러한 불균형은 불합리하며 타당하지 않다고 생각된다. 그런데 지배적 견해의 이러한 불합리는 과실범의 경우에 더욱 현저하다는 것이다. 아니 명백하다는 것이다. 그리하여 중지미수는 기수결과가 발생하지 않은 미수단계에 있을 것을 필수적 전제로 한다는 이러한 지배적 견해에 대하여, 본 논문은 과실범의 경우에는 그 타당성에 의문을 제기하는 시론이다. 이러한 시론은 하나의 새로운 것이다. 당연하다고 여겨 왔던 것이 과연 당연한 것이었는가? 당연한 것이 정말 당연한가? 종래의 것을 그대로 기계적 무의식적 습관적으로 답습하는 데에서 벗어나, 무언가 조금이나마 새로운 것이 없는가를 추구하여 본 것이다. 구체적으로는 당해 과실범죄에 관하여 기수결과가 발생하여도, 중지미수 성립의 여지를 인정하는 것이 타당한 경우가 있지 않은가 하는 점이다. 그런데 도대체 과실범의 중지미수라고 할 때 어떠한 실례가 있는 것인지 하는 의문이 들 것이다.

II. 과실범의 중지미수 사례 – 범죄결과의 확대

[**사례 1— 과실치사의 중지미수**] 갑은 과실로 A에게 상해의 결과를 야기하였는데, 이 상해의 결과가 직접적인 원인이 되어 피해자가 종국결과인 사망에 이르게 되는 즉 과실치사 사태에로 이행되는 상황에 있을 때, 갑은 자의로 중지행위에 의하여 종국결과인 사망의 결과를 방지하였다.

[**사례 2— 과실치상의 중지미수**] 갑은 과실로 A에게 상해의 결과를 야기하였는데, 이 상해의 결과가 악화되어 치명적인 즉 중상해에 이르지 않을 수 없는 상황에 있을 때, 갑은 자의로 중지행위에 의하여 부상의 악화 심각화 즉 중상해의 결과를 방지하였다.

범죄결과가 확대되는 형태는 2가지 유형으로 나누어 볼 수 있을 것이다. 하나는 [사례 2]와 같이 동일범죄 내에서 범죄결과가 확대되는 유형으로, 굳이 우리가 이름을 붙인다면 구체적 확대범죄 혹은 동일범죄 내에서의 확대범죄라고 부를 수 있을 것이다. 다른 하나는 [사례 1]과 같이 서로 다른 범죄 간에 범죄결과가 확대되는 유형으로, 굳이 이름을 붙인다면 추상적 확대범죄 혹은 서로 다른 범죄 간의 확대범죄라고 부를 수 있을 것이다. 물론 용어나 용어사용이 중요한 것은 결코 아니다.

학계이든 실무계이든 모든 사람이 예외 없이 일치하는 지배적인 견해에 의하면 과실범에 있어서는 중지미수 성립의 여지는 없다. 그 근거는 무엇인가? 지배적 견해는 그 근거를 전혀 언급하고 있지 않지만(너무 당연한 것이기 때문에), 과실치상죄에 미수범 처벌규정이 없고(이하 III.1) 또 과실치상죄가 이미 기수로 되었기 때문에(이하 III.2), 이를 근거로 [사례 1]과 [사례 2] 모두 중지미수 규정의 적용은 없다는 결론에 이른 것으로 보인다. 이 경우 지배적 견해는 갑에게 과실치상죄의 성립을 인정하고, 중지행위의 점은 양형사정으로서 고려됨에 그칠 것이다. 그런데 이러한 지배적 견해의 처리는 불합리하지 않은가?

Ⅲ. 과실범의 중지미수에 관한 두 가지 핵심쟁점

1. 과실범에는 미수 처벌규정이 없다는 논거

과실범에서도 실행행위와 범죄결과는 구별할 수 있다고 파악하는 것도 가능하다고 생각된다.[1] 그리하여 미수를 관념하는 것도 가능하다고 생각된다.[2] 즉 과실범에 미수처벌 규정이 없다는 것은 ─ 범죄형태로서 일반적으로 과실범의 미수를 관념할 수 없기 때문이 아니라 ─ 과실범의 미수에는 당벌성이 없기 때문이라고 생각된다.[3] 따라서 과실범의 미수처벌 규정이 없다는 이유로 중지미수 성립의 여지를 배제하는 것은 '지나치게' 형식론적이라고 하지 않을 수 없다. 그것은 중지미수 규정이 가지고 있는 법익보호 사상 그리고 피해자보호의 취지를 경시하는 것이다. 결국 과실범에 미수처벌 규정이 없다는 논거는 ─ 과실범의 중지미수를 배제하는 논거로는 ─ 타당하지 아니하다고 생각된다.

2. 과실치상죄가 이미 기수로 되었기 때문이라는 논거 ─ 내용과 귀결의 불일치

[사례 2] 과실치상 사례에서 피해자 A의 상처가 상해에 그쳤다면 과실치상죄가 되지만, A가 사망하면 직접 다이렉트로 과실치사죄가 된다는 것 즉 [사례 1] 트랙으로 되어버린다는 것은 과연 무엇을 의미하는 것일까? 그 실제 내용은 과연 무엇일까? 원래 일반적인 중지미수 즉 고의범을 전제로 하여 중지미수를 바라보는 지배적 견해는, 살인죄 상해죄 등과 같이 특정한 범죄의 구성요건을 전제로 하고 있다. 이러한 입장에 의하면 과실범의 경우에도 과실치상죄라는 특정한 범죄의 구성요건, 과실치사죄라는 특정한 범죄의 구성요건을 전제로 하여 고찰하게 될 것이다. 즉 중지미수에서 말하는 '결과'라는 것은 특정한 범죄구성요건이라는 '유형' 내지 '유형틀' 또는 '트랙'에 입각한 사고에 따른 '결과'의 개념을 의미한다. 그런데 갑자기 과실범의 경우에는 상처가 상해에 그쳤다면 과실치상죄가 되는데, 사망하면 직접 과실치사죄가 된다는 것이다. 이는 무엇일까? 이는 말하자면 과실치상죄, 과실치사죄라는 특정한 범죄구성요건의 유형 내지 틀이라는 사고방식에 따른 '결과'의 개념을 ─ 실제로는 ─ 포기한 것이 되어 버린다. 그리하여 상해결과로부터 사망이라는 종국결과에 이르는 연속선적 프로세스적 사고를 실제로는 채용한 것이라고 보지 않을 수 없다. 적어도 과실범에 있어서는 ─ 고

---

1) 김성돈, 형법총론, 제5판, 2017, 502면.
2) 김성돈, 형법총론, 502면.
3) 임웅, 형법총론, 제10정판, 2018, 562면.

의범에서도 그러해야 하는지는 별론으로 하더라도 ─ 그 정형성이 완화되어 있다고 고찰한 것으로 보인다. 즉 지배적인 견해는 과실범의 정형성은 고의범에 비하여 완화되어 있다고 보는 것 같이 되어 버린다(물론 더 나아가 과실범뿐만 아니라 상해죄 살인죄 같은 고의범의 경우도 이와 같은 프로세스적 사고가 모두 타당한 것이 아닌가 하는 사고방식도 가능할 것이다). 결국 지배적 견해가 범죄결과의 파악에 있어서 ─ 적어도 과실범에서는 ─ 특정한 범죄를 전제하는 유형틀에 구애되지 아니하고, 일종의 연속적 사고 내지 선형적 사고를 무의식적으로 하고 있는 것은 아닌가 보여진다는 말이다.[4]

　　지배적 견해의 실제 내용은 이러함에도 불구하고, 그 결론은 어떻게 내리고 있는가? 여전히 지배적 견해는 과실범의 경우 중지미수는 인정될 여지가 없다는 결론을 형식적논리적으로 주장하고 있다. 그런데 이와 관련하여 [사례 1], [사례 2]에서 만약 부상당한 피해자 A와의 관계에서 갑에게 법적인 작위의무가 있는 경우에 갑이 살해의 (미필적) 고의를 가지고 있었다면, 갑에게는 부작위에 의한 살인죄가 성립할 여지가 있다. 그런데 이때 갑이 후회하여 자의로 작위에 의한 중지행위를 한다면, 갑에게는 부작위에 의한 살인죄의 중지미수가 성립할 여지가 있게 될 것이다. 그리하여 [갑의 과실 상해행위─A의 부상─법적 작위의무에 반하는 "고의"부작위─자의에 의한 중지행위─사망결과의 불발생]의 경우에는 지배적 견해에 의하면 갑에게 중지미수의 성립을 인정하면서, [갑의 과실 상해행위─A의 부상─자의에 중지행위─A부상의 악화 심각화 방지─A 사망결과의 방지]의 경우에는 지배적 견해에 의하면 갑에게 중지미수의 성립을 부정하고 있다. 그런데 양자의 경우에 갑은 피해자의 생명이라는 법익보호를 위해서 전적으로 동일한 기여를 하였다. 그럼에도 불구하고 전자의 경우는 살인미수에 관한 것이고, 후자의 경우는 과실치사상에 관한 것이라는 차이가 있기 때문에, 양자의 불균형이 합리적이라는 지배적 견해는 오히려 불합리해 보인다.

---

4) 이는 결국 종국결과의 방지에 의한 피해자보호라는 점에 수렴된다. Vgl. NK─Zaczyk, 5.Aufl., 2017, §24 Rn.4; Kampermann, Grundkonstellationen beim Rücktritt vom Versuch, 1992, S.201ff.; Weinhold, Rettungsverhalten und Rettungsvorsatz beim Rücktritt vom Versuch, 1990, S.30ff.

Ⅳ. 중지미수에 관한 지배적 견해의 검토

1. 기수결과의 불발생 - 미수단계

주지하는 바와 같이 현재의 지배적 견해는 중지미수가 인정되기 위해서는 기수결과가 발생하지 않은 미수단계에 있을 것을 요구한다. 이 점은 — 중지미수의 법적 성격에 관하여 어떠한 입장을 취하는가 하는 견해의 차이와 관계없이 — 거의 예외 없이 일치되고 있다.5) 물론 논리적으로 보면 예컨대 책임감소설의 입장을 철저히 하는 입장이라면, 미수단계에서는 물론 기수단계에 이르렀다고 하더라도 — 중지행위에 의한 책임비난의 감소소멸이 인정되는 한 — 중지미수 규정의 적용을 인정해야 할 것이다. 즉 기수결과가 발생하더라도 중지미수가 성립할 여지는 부정할 수 없다. 그러나 설사 책임감소설을 지지하는 입장이라고 하더라도 현행법의 해석으로서는 기수결과 불발생의 경우에만 중지미수의 성립을 인정하는 것이 가능하다고 해석하는 것이다. 즉 중지미수도 미수의 일종이라는 것이다. 그리하여 중지미수의 법적 성격에 관하여 어떠한 견해를 취하든 그와 무관하게, 중지미수는 현행법의 해석상 중지미수 규정의 취지에 비추어 기수결과 불발생의 경우에만 인정될 수 있다는 것이다.

2. 지배적 견해의 논거에 관한 분석

1) 형식적인 논거

(1) 문리적인 논거 - 법문언의 절대성과 상대성

현행법은 중지미수를 미수를 미수범의 일종으로서 규정하고 있기 때문에, 중지미수를 기수결과가 발생한 경우에까지 유추적용하는 것은 불가능하다는 문리적 해석이 지배적 견해의 논거가 되고 있다. 현행규정 조문의 배열이라든가 법문언 등 문리적인 형식적 논거를 들어 중지미수를 미수범의 일종이라고 해석하는 것은 입법자의 의사에도 부합하고, 형법의 엄격해석이라는 요청에도 부합하는 해석이다. 그러나 조문배열 내지 법문언 등의 형식적인 논거를 가지고 일체의 실질적인 고려를 완전히 배제하는 것은 해석을 지나치게 경직하게 만드는 것이 되버려서, 사안에 따라 타당한 결론을 얻을 수 없다는 점도 있다. 그렇기 때문에 그러한 해석에 '지나치게' 구애되는 것은 적절한 해석방법은 아니라고 보여진다. 조문배열이나 법문언 등에서 문리적으로

---

5) 고의범의 경우 이점에 의문을 제기하는 견해로는 김성룡, 착수미수의 실패한 중지범, 형사법연구 제19호, 2003, 200면 이하.

'직접' 도출되는 해석은 아닐지라도, 실질적인 고려에 의하면 그 해석에 합리성이 인정되고 피고인에게 불이익한 것이 아니라면 이러한 해석이 오히려 타당하다고 해야 할 경우가 있는 것이 아닌가 생각해 본다.

이러한 실질적 해석은 학설에 있어서는 특별히 기이하다고 여겨지는 해석방법은 아니다. 이는 예컨대 예비의 중지 문제에 있어서 채택되고 있는 해석방법이다. 거기에서는 형의 불균형을 이유로 중지미수 규정을 준용하는 견해가 통설적 입장이 되어 있다. 물론 중지미수는 형법 제26조 조문의 문언상 범죄의 "실행에 착수"하였다는 것이 필수적인 전제가 되고 있기 때문에, 예비의 중지에 중지미수 규정을 준용하는 것은 인정되지 아니한다는 판례의 해석은 법문언에 충실하고 입법자의 의사에 적합한 해석이라고 할 수 있을 것이다. 그러나 학설에서 그러한 경직된 해석을 지지하는 견해는 통설은 아니다. 통설은 예비의 중지에 대하여 중지미수 규정의 준용을 인정하지 않으면, 범죄의 실행의 착수 이후에 자의로 중지한 경우와의 사이에 형의 불균형이 발생한다는 점에 주목하여 해석하고 있다.

(2) 총칙상의 중지미수 일반규정과 각칙상의 해방감경 등의 특별규정

약취 유인죄에 있어서 피약취유인자의 해방에 의한 형의 필요적 감경 면제규정(형법 제295조의2)은 일반적으로 범죄의 성질상 범인이 피약취유인자를 살해할 위험이 있기 때문에, 범인에게 범죄로부터 후퇴할 길을 만들어 주어 피약취유인자의 생명의 안전을 도모하기 위하여 설정된 것이다. 위증죄에 있어서 자백에 의한 형의 필요적 감경 면제 규정(형법 제153조)은 잘못된 재판이나 징계처분에 의한 침해를 미연에 방지하기 위하여 설정된 정책적인 규정이라고 볼 수 있다. 무고죄에 있어서 자백에 의한 형의 필요적 감경 면제 규정(형법 제157조) 그리고 인질강요죄와 인질상해 치상죄에 있어서 해방에 의한 형의 임의적 감경 규정(형법 제324조의6)도 설정되어 있다.

물론 이들 각칙규정들은 당해범죄의 실행행위 그 자체를 저지하려고 의도하는 것이 아니라, 그 종국결과를 방지하려고 기획된 규정이다.[6] 그렇지만 '총칙의 중지미수 규정의 취지와 같은 취지의 각칙규정' 혹은 '중지미수 규정과 연동되고 있는 각칙규정'이라고 해석할 수도 있는 것은 아닌가? 생각해 본다. 물론 이러한 각칙규정이 존재한다는 것 그 자체가 이미 이들 규정의 취지 목적 적용범위가 총칙상의 중지미수 규정의 그것과 다르다는 증거이며, 이들 각칙규정과 중지미수의 적용범위를 일치시키려는 해석은 받아들이기 어렵다고 반론할 수도 있을 것이다. 그러나 중지미수 규정은 실행행위에 연속되는 중지행위에 대하여 자의성을 요건으로 적용범위를 한정하여 형

---

6) 신동운, 형법총론, 제9판, 2015, 513면.

의 필요적 감면을 인정하는 '총칙상의 일반규정'이다. 이에 비하여 해방감경 등 각칙 규정은 실행행위와 그에 연동되는 중지행위 이후에 나타난 해방 자백 등의 행위에 대하여 자의성을 요건으로 하지 아니하고 적용범위를 확대하여 형의 필요적 감경 면제 혹은 임의적 감경 면제를 규정하는 데 그치는 즉 법효과를 한정하고 있는 '각칙상의 특별규정'이라고 볼 수 있다. 즉 양자는 '종국결과의 방지'라는 동일한 목적과 취지를 가진다는 점에서 연동되는 부분이 있다. 그렇다면 중지미수 규정도 — 자의성의 요건 이 부가되고는 있지만 — 이러한 취지를 포함하는 규정 내지 그러한 취지의 연장선상 에 있는 규정이라고 해석하는 것도 가능한 것은 아닌가 생각해 본다(물론 그렇지만 그 요건이나 적용범위 그리고 법적 효과는 다른 것이다).

2) 실질적인 논거 – 기수 / 미수의 평가는 실행행위시의 그것에 의하여 고정적으로 확정된다

(1) 위법평가의 고정성과 책임평가의 고정성 / 유동성

중지미수의 경우 실행의 착수에 의하여 기수결과의 객관적 구체적 위험이 이미 발생한 것이고, 이미 발생한 이러한 결과반가치가 중지행위에 의하여 사후적으로 감소 소멸한다는 것은 있을 수 없다. 이는 실행행위의 불법(위법성)이 사후적인 중지행 위에 의하여 감소된다고 생각할 수는 없다는 것이다. 고의범의 경우 실행행위에 대한 위법성평가는 실행의 착수 시점에 고정적으로 정하여지는 것으로 인식되고 있음이 일반적이다. 중지 이전에 행하여진 행위는 이미 위법행위이고, 법익침해의 위험성은 이미 실행의 착수와 함께 존재하는 것이다. 그러므로 중지미수의 법적 성격에 관한 위법성 감소 소멸설은 타당하지 않다. 그렇기 때문에 위법성 감소 소멸설은 독일에서 는 이미 극복이 되었고 현재는 전혀 주장되지 않고 있다. 사후에 자의로 고의를 포기 하고 결과발생을 방지하여도, 그것은 실행행위 이후의 것이며, 고의 실행행위에 의한 결과발생의 구체적 위험성이라는 결과반가치와 고의 실행행위가 가지는 규범위반성 내지 반사회적 상당성이라는 행위반가치는 이미 발생하고 있는 것이다. 그것이 사후 적으로 감소한다는 것은 있을 수 없다.[7]

이와 같이 학설에서는 실행행위에 대한 법적 평가 중에서 위법평가는 고정적이 라는 인식이 지배적이다. 그런데 책임평가에 관하여는 견해가 반드시 일치하고 있는 것으로 보이지는 않는다. 통설적으로는 실행행위에 대한 위법평가와 책임평가는 모두 실행행위 시점에 고정되어 있다는 인식이 존재하고 있다. 그렇기 때문에 중지미수의

---

7) 김성돈, 형법총론, 444면.

법적 성격에 관하여 실행행위 이후의 사후적인 법적 평가를 인정하는 형사정책설이나 은사설 내지 보상설이 주장되는 것이다. 그렇지만 실행행위에 대한 위법평가는 고정적이지만, 책임평가는 반드시 고정적이 아니라고 해석하는 견해도 존재한다.[8] 중지행위에서 보여주는 고의(결의)의 자발적 사후적인 포기는 행위자의 규범의식 혹은 인격태도의 구체화로서 비난가능성이 감소한다는 의미이다.[9] 또는 중지미수는 자의로 범죄를 완성하지 않고 미수의 위법성에 그치게 하였기 때문에 책임이 장애미수 보다 감소한다고 볼 수도 있다면, 이는 책임평가가 유동적이라는 인정하는 것이 된다. 즉 이에 따르면 책임평가는 실행행위에 대하여 보여주는 내심의 변화과정도 판단의 대상으로 하기 때문에, 실행행위의 종료후에 확정되는 것이 되어 버린다.

그러나 실행행위에 대한 위법평가는 고정적이라고 하면서, 책임평가는 유동적이라고 하는 것에는 의문이 있다. 위법평가와 책임평가는 양자 모두 실행행위와 그 결과라고 하는 '하나의 사실에 대한 법적 평가'라고 이해된다. 그렇다면 위법평가가 고정적이라면 책임평가도 고정적이라고 해야 하는 것이 아닌가 보여진다. 예컨대 실행행위와 책임능력 동시존재의 원칙이 유지되는 것은 이러한 취지를 인정하기 때문이라고 할 수 있을 것이다. 그리하여 만약 책임평가가 유동적이라면 이는 위법평가에도 타당해야 한다. 즉 위법평가도 유동적이며 실행행위 이후의 중지행위는 위법평가의 대상이 되어야 한다. 그럼에도 불구하고 실행행위와 결과에 대한 위법평가는 고정적이며, 책임평가는 유동적이기 때문에 실행행위 이후의 중지행위도 책임평가의 대상으로 된다고 주장한다면, 그것은 위법평가와 책임평가의 일체성을 무시하는 것이 된다.

V. 과실범에 있어서 기수 / 미수의 평가

1. 고정적인 시점사고와 정형적인 구성요건 사고

그렇지만 그러한 사고방식은 그 자체로는 무리가 없는 사고라고 보여진다. 그런데 과실범의 경우에도 그것이 논리필연적인가 하는 점에는 의문이 없지 아니하다. 기수/미수의 평가에 관한 이러한 지배적 견해는 (1) 고정적인 시점사고와 (2) 정형적인 구성요건 사고에 기초하고 있다고 보여진다.

우선 미수/기수범의 위법 책임평가는 실행행위시 그리고 실행행위종료에 기초하여 고정적으로 확정된다고 보는 것은, 적어도 과실범에는 적절하지 않은 것으로 보여

---

8) 김성돈, 형법총론, 444면.
9) 김성돈, 형법총론, 444면 참조. Vgl. Roxin, AT II, 2003, §30 Rn.30.

진다. 즉 과실범의 경우 기수/미수범의 위법 책임평가는 실행행위가 야기하는 법익의 침해 위태화가 최고점에 이르는 최고시점에 의하여 확정되는 것이며, 이러한 의미에서 과실범의 위법 책임평가는 유동적이라고 하는 것이 필연적이 아닌가 생각된다.

예컨대 [사례 2]에 있어서 갑에게 인정되는 과실치상죄의 위법성 책임성은 실행행위인 부주의한 상해행위 시점에 확정되는 것이 아니라, 그 상해가 최대로 악화된 시점에 확정된다(구체적 확대범죄). 그리고 [사례 1]에서 피해자 A가 사망했을 때에는 과실치사죄의 위법성 책임성은 종국결과인 사망을 대상으로 하여 확정되는 것이다(추상적 확대범죄). 이 점은 폭행치상이나 상해치사의 성부가 검토되는 경우에도 타당하다. 즉 과실범에 있어서 기수/미수의 위법성과 책임성은 실행행위가 야기하는 법익의 침해나 위태화의 최고점을 기다려 포착하는 선형적 사고에 의하여, 시간적으로 유동성과 변동성을 전제로 한 가변성의 맥락 내지 관점에서 확정되는 것이다. 예컨대 [사례 2]에서 1개월의 치료를 요하는 같은 상해라고 하더라도, 그것이 악화·심각화될 '가능성이 높은' 자상과 그러한 '가능성이 인정되지 않는' 자상과는 법익침해 위험성의 양과 질에 있어서 차이가 있으며 따라서 그 불법 책임에도 차이가 있다. 이를 단순한 수치를 가지고 설명한다면, 당해 자상이 가지는 마이너스 평가치가 −6이고, 종국결과인 사망이 가지는 평가치가 −10이라고 하자. 여기에서 당해 자상이 가지는 마이너스 평가치는 −6이지만, 그것이 −10으로 전화될 위험성을 내포하고 있는 <마이너스지향적인 −6>과 −10으로 전화될 위험성이 인정되지 않고 <안정된 상태에 있는 −6> 혹은 그 위험성이 0를 향하여 감소되기 시작한 <플러스지향적인 −6>은 질적 양적으로 차이가 있다. 그렇다면 갑이 피해자 A에게 발생시킨 상처가 −10으로 전화될 위험성을 내포한 −6의 자상이었던 경우에, 갑이 그것을 자의로 중지행위에 의하여 그 위험성을 0에 향하는 자상으로 전환시켜서 −5, −4 혹은 −3으로 하였을 때 혹은 적어도 −10으로 전화될 위험성을 소멸시켜 <안정된 상태의 −6>에로 만들었을 때에는 갑의 행위의 불법 책임은 감소되는 것이라고 해석하는 것이 타당하다.

다음으로 '중지미수도 미수범의 일종이므로 결과가 발생한 경우에는 중지행위가 있더라도 중지미수의 성립은 인정되지 아니한다'는 명제에서 말하는 결과는, 명백히 특정범죄의 구성요건을 전제로 한 결과이다. 그러나 사람의 상처는 — 상해죄 내지 과실치상죄의 구성요건을 전제로 한다면 — '기수결과'이지만, 그 상처가 악화·심각화되어 — 종국결과인 사망을 염두에 둘 경우에는 — 종국결과에로 향하는 '과정결과'에 불과하다. 실행행위와 중지행위를 이러한 선형적 사고를 가지고 고찰한다면, 특정한 범죄구성요건의 유형이나 틀에 구애된 결과의 개념은 '현실의 사실상태의 추이에서부터

눈을 돌려 버리고' 결과개념의 상대성을 무시하는 것이다. 구성요건해당성이라는 형식적인 평가개념에 '지나치게' 편중되는 것이다. 과실에 의하여 상해 기수결과가 발생한 경우에도 — 상해의 악화나 심각화 그리고 사망결과에 이르는 사태를 고려할 때 — 일종의 미수를 관념하는 것도 가능하다.10) 고의범의 미수에 상응하는 구조가 과실범에도 존재할 수 있다는 것이다.11)12) 그럼에도 불구하고 미수범 처벌규정이 없다는 것을 이유로 중지미수의 성립을 배제하는 것은 '현실의 사실사태의 변화나 추이를 무시하는' 지나치게 형식론적이라고 보여진다. 이는 중지미수 인정을 통하여 피해자의 법익을 보호한다는 즉 피해자보호사상이라는 중지미수의 취지에도 반하는 것이다.

2. 죄책의 불균형에 관하여

[사례 1], [사례 2]에서 갑이 과실로 피해자 A에게 발생시킨 상처가 악화되어 A의 사망의 결과를 야기할 치명적인 상해로까지 악화 내지 심각화되지 않을 수 없는 상황에서, 갑이 자의로 중지행위를 행하여 사망결과의 발생을 방지한 경우에 지배적 견해에 의하면 이미 상해결과가 발생하여 기수로 되었기 때문에 중지미수 성립의 여지가 배제되고, A가 사망한 경우 즉각적으로 과실치사죄가 성립하는 것으로 된다. 즉 지배적 견해는 '자의로 중지행위가 행해지지 않은 단순한 과실치상죄'와 '자의로 중지행위가 행하여진 과실치상죄'를 동일하게 처리한다. 그리하여 이때 상해결과와 사망결과를 단지 — 특정한 범죄를 구분획정하기 위한 — 형식적 개념으로서 이를 지배적 견해는 사용하고 있는 것이다. 즉 이러한 형식적인 처리에 의하여 발생하는 형의 불균형은, 지배적 견해가 과실범의 경우 '특정한 범죄를 전제로 한 기수'결과의 발생이라는 형식적 처리에 의하여 발생하고 있다.

예비의 중지에 있어서 형의 불균형을 이유로 중지미수 규정의 준용을 인정하는 것이 통설임에도 불구하고, 판례가 중지미수성립의 여지를 완전하게 부정하고 있다. 예비의 중지의 경우에는 기수결과로부터 내지 종국결과로부터도 거리가 먼 추상적인 위험성이 존재함에 지나지 않으므로 중지미수의 준용을 부정하고 있다. 종국결과의 발생이 임박하고 있는 경우에는 중지미수의 성립을 인정하고 있는 것이다. 그런데 그러한 논리대로라면 (과정) 기수결과가 발생하고 있는 경우에, 이는 종국결과의 발생이 가까이 임박하여 종국결과발생의 구체적 현실적인 위험성이 존재하는 단계에 이른

---

10) MK−Duttge, 3.Aufl., 2017, §15 Rn.215.

11) Stratenwerth/Kuhlen, AT, 6.Aufl., 2011, §15 Rn.58.

12) Degener, Die Lehre vom Schutzzweck der Norm und die strafgesetzlichen Erfolgsdelikte, 2001, S.207ff.

것이기 때문에 이때에는 중지미수의 성립을 인정해야 하는 것이 논리적이 아닐까 생각된다. [사례 1], [사례 2]는 범죄결과의 방지라는 요청이 '일층 강화되고 있는 단계'라는 점을 고려한다면, 중지미수의 성립여지를 배제하는 지배적 견해의 불합리는 너무 심하다고 보여진다. 자의로 중지행위에 의한 '종국'결과의 방지를 함으로써 갑은 결과회피의무를 다한 것이기 때문에 결국 주의의무위반 즉 과실이 없다고 해야 하지 않을까 생각된다.

Ⅵ. 과실범 중지미수의 성립요건

1. 전제인식 – 유동적 사고

앞에서 이미 여러 번 서술한 바와 같이 과실범에 있어서 과실에 의하여 상해결과가 야기된 경우에 그러한 과실행위 이후에 당해 상해 기수결과가 악화 내지 심각화되어 상해로부터 종국적인 사망결과에 이르는 사태의 발생이 있을 수 있다. 즉 앞에서 말한 구체적 추상적 확대범죄의 사례(범죄결과 확대의 사고)에서 보는 바와 같이, 과실에 의한 상해행위(실행행위)에 의하여 상해기수결과가 야기된 경우, 당해 상해행위 이후에 상해기수결과가 악화 내지 심각화되어 상해기수결과로부터 다시 사망이라는 종국결과에 이르는 사태의 발생이 있을 수 있는 이상, 당해 실행행위와 그 결과 즉 기수/미수의 평가는 시간적인 폭을 고려하고 유동성 변동성을 전제하는 가변성이라는 관점 내지 맥락에서 확정되지 않을 수 없다는 것이다.13) 이는 특히 과실범에서 기수/미수의 평가는 실행행위가 야기하는 법익의 침해 내지 위태화의 최고점 상황을 기다려 확정되는 것이기 때문이다. 이는 아마 지배적 견해도 실제로는 부정할 수 없을 것이다. 그렇다면 과실범에서 기수/미수의 위법 책임평가가 지배적 견해가 주장하듯이 자의의 중지행위에 의해서 갑자기 단절된다고 파악하는 것은 아무래도 부자연스럽다. 과실범에 있어서 '실행의 착수 이후 — 법익침해의 발생 이전'의 부동상태에서,14) 법익침해로 향하는 실행행위와 법익침해 회피로 향하는 중지행위를 종합적으로 평가하여 '전체로서 미수범'의 불법 책임이 감소된다고 생각할 수 있을 것이다. 이와 같이 실행행위와 그 결과에 대한 기수/미수의 위법 책임평가는 선형적 사고에 의한 시간적 폭 가운데에서 유동성과 변동성을 전제로 하는 가변성이라는 맥락 내지 관점에서 확정되어야 할 것이다. 그런데 이러한 평가에 왜 어떻게 '실행행위'뿐만 아

---

13) Vgl. MK–Freund, Vor §13 Rn.452.
14) Vgl. MK–Freund, Vor §13 Rn.452.

니라 '중지행위'도 포함되는가? 실행행위와 중지행위가 일련의 것 내지 일체의 것으로서 연속성 가운데에서 종합적으로 평가하는 것이 도대체 왜 그리고 어떻게 가능한가? 그것은 '실행행위로부터 기수결과발생에로 그리고 다시 종국결과발생에로 이르는 유동성이라는 맥락에서' 과실범에서의 기수/미수의 위법 책임평가는 확정될 수밖에 없기 때문이다. 만약에 그렇지 않으면 과실에 의한 실행행위가 야기하는 결과를 법익의 침해와 위태화에 있어서의 가장 최고점에서 포착하는 것이 불가능하기 때문이라는 의미이다.

이러한 유동적 사고에 입각하여 우리 입법자는 형법 제268조에서(업무상 내지 중)과실치사상죄를 하나의 조문에 하나의 법정형으로 통합하여 규정하고 있는 것이다. 종래 우리는 과실범에서 이러한 사고를 당연한 것으로 받아들여 수용해 왔다고 생각된다. 그런데 중지미수에 와서는 이러한 당연한 사고를 갑자기 망각하고 즉 유동적 사고를 갑자기 잊어버리고, 이미 상해기수결과가 발생하였으니 아무리 자의로 중지행위에 의하여 사망의 결과를 방지했더라도 중지미수를 인정할 수 없다는 주장을 지배적 견해는 한다. 왜냐하면 실행행위 이후에 사후의 중지행위까지를 종합적으로 판단하는 것을 인정하게 되면, 예컨대 더 나아가 기수 이후의 행위(예컨대 기수 이후 도품의 반환이나 손해의 전보)에 관하여도 이를 인정해야 하는 것이 아닌가 하는 반감 혹은 저항감 때문이라고 보여진다.[15] 그런데 <과실범의 경우에는> 이러한 유동적 사고를 당연한 것으로 전제하여 인정하고 있으면서, 갑자기 <중지미수에서만은> 유동적 사고에의 저항감을 드러내며 '현행형법은 중지미수를 미수범의 일종으로서 규정하고 있다'는 형식적론적 논거만을 내세우고 있는 것이다.

2. 과실범에서는 실행행위와 중지행위와의 종합적인 평가

과실범에 있어서는 기수결과뿐만 아니라 종국결과를 시야에 넣어 실행행위와 중지행위를 일련의 것으로서 일체적으로 평가해야 한다는 필자의 주장에 대하여는, 무엇을 근거로 실행행위와 중지행위와의 일체성이 과실범의 경우에 인정될 수 있는가 하는 점이 근본적인 문제로 제기될 것이다. 앞에서 여러 번 언급한 바와 같이 범죄의 실행행위와 그 결과 즉 미수/기수범의 위법 책임평가는 <과실범에 있어서는> 실행행위가 야기하는 법익의 침해 내지 위태화의 최고점의 상황을 기다려 확정된다. 즉 이것은 연속선적 사고 내지 선형적 사고에 의한 시간적인 폭 가운데에서 유동성 가변성

---

15) 그러나 이러한 사정들은 범죄의 위법성 책임성의 법적 평가와는 관련이 없는 것이며, 양형사정으로서 고려되고 있다. 즉 이들 사정은 범죄의 성립요건 특히 법익의 침해 내지 위태화에 직접 영향을 미치는 사정이 아니며, 실행행위와 중지행위의 종합적 평가와 관련되는 것도 아니다.

을 전제로 하는 가변성이라는 맥락 내지 관점에서 확정된다는 의미이다. 그러한 가변적 요소는 바로 실행행위시에 존재하는 사정과 실행행위 후에 개입된 사정이다. 이러한 후자 사정의 하나로서 바로 행위자의 중지행위가 있었던 것에 지나지 아니한다.[16] 이러한 의미에서 과실범에서 실행행위와 중지행위의 일련의 종합적인 평가는 — 자의에 의한 중지행위가 존재하기 때문이 아니라 — 과실범에서의 원칙적인 사고 내지 해석으로서 존재하는 것이다. 이러한 해석은 과실범의 경우에는 이미 형법상의 미수범 규정에 포함되어져 있는 것이다. 과실범의 경우 미수/기수범에 있어서 종합적인 평가는 사고의 원칙으로서 존재한다는 의미이다. 결국 과실범에 있어서 중지미수에 관한 규정은 — 그러한 종합적인 평가에 의하여 — 중지미수의 요건을 충족하는(즉 실행행위와 실행저지행위 그리고 범죄결과(미수결과, 기수결과, 종국결과) 방지행위가 존재하는) 경우에 특별한 법적 효과인 필요적 감면을 인정하고 있는 규정인 것이다.

3. 과실범 중지미수의 두가지 성립요건

물론 그렇지만 실행행위 이후의 가변적 요소를 실행행위에 결부시킨다는 것 즉 실행행위와 중지행위를 일련의 것으로서 종합적으로 평가하기 위해서는 양자를 접합하는 '접착사정' 내지 이어주는 연결고리가 존재하지 않으면 안 된다는 생각이 든다. 이점에 관하여 현재 가지고 있는 필자의 생각은 아직은 그다지 명확하지 못하다. 실행행위와 중지행위를 접합하는 것은 (1) 객관적 사정으로서는 <실행행위와 시간적 장소적으로 접착된 기회에> '실행행위를 반전시키는 중지행위'가 행하여질 필요가 있다. 이는 '실행행위와 중지행위의 접착성'이라고 부를 수 있을 것이다. 그리고 (2) 주관적 사정으로서는 <실행의사와 시간적·장소적으로 연속되는 범위 내에서> '실행의사를 반전시키는 중지행위'가 행하여질 필요가 있다. 이는 '실행의사와 중지의사의 접착성'이라고 부를 수 있을 것이다.

과실범에 있어서 이러한 종합적인 평가는 법익보호라는 형법의 목적 내지는 기능에 기초하고 있다. 실행행위와 중지행위는 — 전자는 마이너스지향, 후자는 플러스지향이라는 성질의 상위는 있어도 — 양자 모두 법익의 침해 내지 위태화에 직접 관련되고 결국은 형법의 법익보호 목적 내지 기능에 직접 관련되는 행위이다. 이러한 의미에서 총칙상의 중지미수 규정도 앞에서 열거한 각칙상의 해방감경 등의 규정도 피해자보호 사상에 연동되고 있는 것이다.

---

16) 그러므로 공소제기는 — 형사소송절차의 목적 취지를 고려하여 — 금후에도 변화될 여지가 있는 위법 책임평가를 단절하는 행위라고 할 수 있다. 혹은 범죄결과를 잠정적으로 확정하는 행위라고도 말할 수 있다.

Ⅶ. 과실범의 중지미수 사례의 해결

지배적 견해는 [사례 1], [사례 2]의 경우에 과실치상죄의 기수결과가 이미 발생했기 때문에 중지미수 성립의 여지는 없다. 따라서 갑에게 과실치상죄의 성립을 인정하고, 중지행위의 점은 양형사정으로서 고려됨에 그칠 것이다. 그러나 과실범의 중지미수를 인정하는 필자의 견해에 의하면 중지미수가 성립하며 중지미수의 규정이 적용된다. [사례 1]의 경우 중지미수 규정을 적용하여 필요적으로 형을 감면할 때 기준이 되는 형은 과실치사죄에 대한 법정형이며, 필요적 감경의 경우에는 감경된 형이 과실치상죄의 형을 상회하는 것은 허용되지 않는다고 할 것이다. [사례 2]의 경우 중지미수 규정을 적용하여 형을 필요적 감면할 때 기준이 되는 형은 과실치상죄의 법정형이다. 이 경우 자의의 중지행위에 의한 결과의 위험성 감소 소멸은 전적으로 '양적인 정도개념'으로서의 성질이 강하다. 그렇기 때문에 중지미수가 인정되는 경우와 그렇지 아니한 경우를 구별하는 명확한 '양적 기준'을 설정하는 것은 곤란하다. 또한 심각한 과정결과와 종국결과는 '가설적 잠재적인 존재'에 그치는 것이다. 따라서 위험성의 감소 소멸에 관한 판단에 더욱 어려움이 발생할 가능성이 있다. 그러므로 법관으로서는 형의 필요적 감면 효과를 발생시키는 중지미수를 긍정하는 데에 주저하지 않을까 하는 느낌도 든다. 그렇다면 법해석론으로서 적어도 필요적 감경의 효과는 인정할 수 있다는 판단구조와 판단기준을 우리가 법관에게 명확히 제시하는 일이 요청된다고 할 것이다. 물론 위험성의 유의미한 감소 소멸이 인정되지 아니할 때에는 중지미수의 성립은 인정되지 아니하고, 자의의 중지행위의 존재는 단지 양형사정에 불과하게 된다.

6. 중지미수의 자의성

- 학설과 판례의 자의성 이해구조 -
- 중지의 동기가 복수 존재하는 경우의 판단구조 -
- 중지미수의 본질은 정말 자의성인가? -

6. 중지미수의 자의성*

- 학설과 판례의 자의성 이해구조 -
- 중지의 동기가 복수 존재하는 경우의 판단구조 -
- 중지미수의 본질은 정말 자의성인가? -

Ⅰ. 문제의 제기

형법 제26조 중지미수는 중지행위가 「자의로」 행하여질 것을 규정하고 있다. 자의성은 중지행위에 관한 자의성 즉 중지행위의 성질이다. 의외의 장애로 인하여 기수결과가 발생하지 않은 장애미수와 중지미수는 일견 중지행위의 자의성 유무에 의하여 구분되는 것으로 생각되고 있다. 그래서 중지미수의 성부에 관한 종래의 논의가 주로 자의성을 중심으로 전개되었던 것도 이유가 없는 것은 아니다. 그런데 자의성이라는 용어의 어의에는 뭔가 불명확성이 있다. 외부적 환경에 의하여 행위의 선택이 좌우되고 한계 지워지는 인간에게 외부적 사정에 전혀 영향받지 아니하고 자발적으로 의사 결정할 것을 요구하는 것은 곤란하다. 그렇기 때문에 중지행위의 자의성 유무를 판단할 때에도 종래 외부적 상황이 장애로 되었는지가 중시되었다. 중지행위가 자의라는 것은 외부적 장애에 방해받지 아니하고 자유로운 의사에 의한다는 것을 의미하므로, 자의성개념의 이해에 있어서 외부적 장애가 관건이 되고 있는 것도 분명하다. 그러나 외부적 장애가 결과발생을 '직접' 저지한 경우에는 — 자의성판단에 들어갈 것까지도 없이 — 중지행위 자체가 부정된다.[1) 따라서 중지행위의 자의성을 논할

---

* 교정연구 제26권 제3호, 한국교정학회
1) 판례는 "중지미수와 장애미수를 구분하는 데 있어서는 범죄의 미수가 자의에 의한 중지인가 또는 어떤 장애에 의한 미수인가를 가려야 하고 특히 자의에 의한 중지 중에서도 일반사회통념상

때에 중심이 되는 것은 외부적 장애의 존재 그 자체가 아니라, '외부적 장애가 행위자의 인식을 통하여 중지행위에 어떠한 영향을 미쳤는가?'이다. 즉 장애가 되는 사정이 존재한다고 하더라도 '그것과 무관하게' 행위자가 중지한 경우에 자의성을 논할 의의가 존재한다. 외부적 강제가 있다고 해서 자의성이 자동적으로 배제되는가? 하는 문제이다. 외부적 사실의 인식이 중지행위의 계기가 되었더라도, 범인이 반드시 그 인식에 의하여 중지행위에 나아갔다고 할 수 없는 경우에는 자의성이 긍정되어야 할 것이다. 즉 외부적 장애가 되는 사정이 있다는 것만으로, 자의성을 부정하는 것은 적절하지 않다. 「장애가 존재한다는 것을 전제로」 장애가 있더라도 자의성이 인정되는 경우가 있다는 것이 중지미수에 있어서 자의성 논의의 출발전제이다. 그런데 실제에 있어서 우리 판례는 자의성판단이 문제될 때 일반적으로 자의성을 부정하고, 장애가 될 수 있는 사정이 존재하지 않는 경우에 한해서만 자의성을 인정하는 것으로 보인다. 따라서 자의성이 극히 한정적으로밖에 인정되지 않는다는 문제가 있다.

자의성의 판단기준에 있어서 중지의 동기가 중요한 역할을 한다는 점에는 의문이 없다. 그러나 종래의 논의는 외부적 사실이 존재한다는 것과 그것이 중지의 동기에 어떠한 영향을 미쳤는가를 구분하지 아니하고 또한 중지의 동기가 복수로 존재할 때 범죄수행을 저지하는 사정과 중지의 직접 동인이 되었던 사정과의 관계도 명확하게 분석되었다고는 할 수 없다. 오히려 어떠한 사정이 인정되는 경우에 자의라고 말할 수 있는가 하는 관점에서 형식적 유형적 판단에 역점을 두었다고 할 수 있다. 이러한 형식적 유형적 판단은 중지의 원인이 복수로 있는 경우에 기능하는가? 중지의 계기가 되

장애에 의한 미수라고 보이는 경우를 제외한 것을 중지미수라고 풀이함이 일반이다"라고 한다 (대법원 1985. 11. 12. 선고 85도2002 판결). 이에 대하여 최준혁, 판례에 나타난 중지미수의 법리, 경찰법연구 제3호, 2005, 212면은 판례에 의하면 우선 자의에 의한 중지인지 아니면 장애에 의한 중지인지를 심사한 다음에 자의에 의한 중지라고 일단 인정된다고 하더라도 일반사회통념상 장애에 의한 미수는 중지미수로 볼 수 없다고 하여, 자의성 심사는 한 번으로 끝나지 않고 두 번에 나누어서 이루어지고 있다고 지적하고 있다. 그리하여 앞부분의 자의성을 넓은 의미의 자의성(중지의사＋자의성) 그리고 뒷부분의 자의성을 좁은 의미의 자의성(자의성)이라고 볼 수 있다고 한다. 같은 취지로 조국, 은교로서의 형법 제26조와 중지미수의 자의성 판단 기준, 형사법연구 제28권 제2호, 2016, 71－72면; 박찬걸/김현우, 중지미수의 자의성에 대한 비판적 검토, 법학논문집(중앙대) 제35집 제1호, 2011, 156면에 의하면 이는 중지미수의 장애미수와 중지미수의 중지미수를 인정하는 셈이라고 지적한다. 그렇게 분석할 수도 있다. 그러나 외부적 사정이 ＜직접 혹은 물리적으로＞ 행위수행을 방해한 경우는 그냥 ― 중지미수 여부와는 상관이 없다 ― 장애미수로 인정이 되는 것이고, 그렇지 않은 경우 즉 일정한 외부적 사실이 ＜행위자의 인식에 작용하여＞ 행위수행을 그치게 된 경우에는 (이를 "자의에 의한 중지 중에서도"라고 표현한 것으로 이해된다. 즉 단순히 "자기의 의사로" 혹은 "자기의 의사를 통하여"라는 의미이다) 장애미수인지 중지미수인지를 구별해야 한다는 점을 말하고 있는 것으로 생각된다. 여기에서 중요한 핵심은 ― 자의성개념이 두 개가 있는지 아닌지 혹은 자의성을 2단계로 판단하는지에 있는 것이 아니라 ― 장애미수가 미수범의 원칙유형이고 중지미수는 장애미수에 해당하지 않을 때 비로소 인정되는 미수범의 예외유형이라고 판례가 보고 있다는 점이 확인된다는 사실이다. 바로 이러한 시각이 원칙적으로 자의성을 부정하는 판례의 태도로 정확히 연결되고 있다.

는 사정은 복합적인 경우가 많다. 예컨대 갑이 피해자를 찔렀는데 피가 분출하는 것을 보고 놀라서 후회하고 겁이 나서 몸이 굳고 발각이 두려워 반성하고 양심의 가책 때문에 더 이상 할 수 없어서 중지하였다면, 갑에게 자의성이 인정되는가? 장애로 될 수 있는 사정이 사정과 자의성을 인정할 수 있는 사실이 경합하는 경우에 어떻게 판단할 것인가? 판례가 채택하고 있는 자의성의 판단기준은 외부적 사실이 행위자의 인식을 통하여 행위수행을 방해하였는가를 문제삼지만, 실제의 판단에 있어서는 중지의 계기가 되는 사정이 복수 존재하는 경우에도 행위계속을 방해하는 성질을 가지는 외부적 상황이 존재한다면 그 존재를 이유로 자의성을 부정할 것으로 보인다.

그런데 이러한 자의성 표지가 실무상 정말로 의미가 있는 것일까? 갑이 을을 살해하려고 권총을 발사하여 중상을 입혔는데 을이 불쌍하여 강한 연민의 정을 느끼고 후회하여 범행을 중단하고 을을 병원에 데리고 가서 치료를 하여 구조하였다. 갑에게는 중지행위의 자의성이 긍정되고 중지미수의 성립이 인정된다. 그러면 실제 갑에게 필요적으로 형을 면제할 것인가? 형을 면제해 줄 수는 없을 것이다.[2] 감경을 해 줄 것이다. 실제로 중지미수의 사례에서 형을 면제한 경우는 (거의) 없다.[3] 그런데 형의 임의적 감경인 장애미수의 경우 실무에서는 거의 대부분 감경을 하여 준다. 그렇기 때문에 실무에서는 자의성이 부정되어도 실제로는 별 문제가 없다. 필요적인가 임의적인가는 점은 있겠지만 어쨌든 감경으로 귀결되기 때문에 자의성이 부정되더라도 긍정되더라도 이는 — 별다른 혹은 아무런 — 의미가 (사실상) 없다는 것이다. 우리 판례가 자의성 인정에 극히 제한적이라고 하더라도 별다른 비판을 받고 있지 않다는 사실이 이를 보여주고 있다. 그렇다면 자의성은 도대체 뭔가를 담고 있기나 한 것인가? 밖으로는/형식적으로는 많은 것을 담고 있는 것(미수범의 구성요건요소)이지만, 안으로는/실질적으로는 텅 빈 껍데기(양형요소)일 뿐이지 않은가? 그렇기 때문에 객관설, 주관설, 절충설이라는 학설의 분류와 그에 대한 비판은 과거와 변한 것이 없다. 사회통념설의 입장인 판례도 사용가능한 자의성 개념을 실무에서 확립하여 적용하고 있다고 말할 수 없다. 이하에서는 중지행위의 자의성의 의의 및 인정기준을 둘러싼 이러한 논의상황을 조금이나마 이해하려고 노력해 보았다.

'자의로'라는 말은 보통 '강제되지 않은' 즉 외부적 상황에 의하여 행위가 제한되는 영향을 받지 않는다는 것을 의미한다고 말할 수 있다. 그러나 중지행위의 자의성은 중지미수론에 특유한 개념이라는 것을 우선 확인해 둘 필요가 있다.

---

2) 박찬걸/김현우, 전게논문, 158면.
3) 유일한 예외는 대법원 1986. 3. 11. 선고 85도2831 판결.

Ⅱ. 자의성 기준에 관한 학설

1. 논의상황

학설은 자의성개념의 구체화에 관하여는 발전을 보이지 못하고 있다. 자의성논의에서 수많은 문헌이 나왔지만 특필하여야 할 것은 없다고 생각된다. 이는 독일도 마찬가지이다.[4] 우리나라에서는 대체로 객관설, 주관설, 절충설이 병렬적으로 논해지고, 거기에 규범설이 더하여지고 있는 상황에 있다. 그러나 각 학설의 내용에 관하여는 확립된 공통인식이 존재한다고 말할 수 없다. 우선 학설의 명칭과 정리의 단계에서부터 착종하고 있다. 이러한 착종하에서 논의를 계속하는 것은 곤란하지 않은가 생각될 정도이다. 학설의 이름과 내용이 맞지 않는다. 이 문제는 어떤 견해를 분류하여 명칭을 붙일 때 어디에 주목할 것인가를 달리함으로써 생긴다. 중지에 이르게 된 원인이 어디에 존재하는가에 따라 학설의 이름이 붙여진 것으로 보인다. 그러나 동시에 객관설은 내부적 동기설, 주관설은 윤리적 동기설, 절충설은 자율적 동기설이라고 말한다. 그렇다면 전부 주관설이라고 분류해야 하는 것이 아닌가 생각된다.[5] 보다 큰 문제는 학설의 내용에 대한 이해가 서로 달라서 정리가 혼란되어 발생하는 분류의 차이이다. 객관설과 절충설은 모두 행위자의 중지동기와 중지의 계기가 된 외부적 사정을 판단자료 내지 판단대상으로 한다는 점에서 공통된다. 그리하여 전자는 외부적 사정이 중지의 '동기를 지어줬는가'를 묻고, 후자는 외부적 사정이 중지를 '동기지우는 성질을 가지고 있는가'를 묻는 점에서 차이가 있는 것이다. 즉 자의성을 판단하는 판단기준을 행위자를 기준으로 판단할 것인가 일반인을 기준으로 판단할 것인가 하는 관점에서 보면 객관설은 실제로는 주관설이라고 불러야 하고, 절충설은 실제로는 객관설이라고 명명해야 한다. 이러한 판단기준의 차이는 확실히 혼란을 초래한다. 또한 내부적 동기설, 윤리적 동기설, 자율적 동기설을 모두 주관설 내지 심리적 자의성개념이라고 하더라도 어떠한 상황이 장애로 되었는가를 결정할 때에는 규범적 가치판단을 하는 것이다. 그러므로 심리적 관점과 규범적 관점의 차이는 반드시 결정적인 것은 아니라고 생각된다. 이러한 학설내용의 차이를 분명히 인식하고 있다는 전제하에서라면, 명칭은 어느쪽으로 통일하면 해결될 수 있으므로 문제는 그다지 크지 않다. 그러나 학설내용의 차이에 대하여 이해가 서로 다르다면 이는 단순한 명칭의 문제에 그치는 것이 아니라, 학설을 분류하는 좌표축이 혼재하고 공유되지 않는 것에 다름 아니다. 바로 이러한 관

---

4) Amelung, Zur Theorie der Freiwilligkeit eines strafbefreienden Rücktritts vom Versuch, ZStW 120 (2008), 205.
5) 천진호, 형법총론, 2016, 890면.

점에서 본고는 자의성의 이해을 위하여 설명을 조금 해 본 것에 지나지 아니한다. 중지행위의 자의성이 어떠한 경우에 인정되는가에 관하여 논의는 그치지 않고 있다. 학설은 외부적 상황과 중지동기와의 관계를 기축으로 한다. 외부적 사실의 인식이 중지에 부여하는 영향에 관하여 어떠한 이론이 구축되고 있는가를 살펴본다. 어떠한 학설에 입각하더라도 자의성의 존부가 논리필연적으로 결정되는 것은 아니다. 어떠한 학설의 입장을 선택한다 하더라도 개별사례에 대하여 일의적인 해결에 이르는 것은 아니다.[6] 모두 정도의 문제라는 것을 부정할 수 없다. 그런데 학설들이 어떠한 내용을 가지고 있는 것인지 도대체 명확하지 아니하다. 아무리 읽어도 모르겠다. 또한 우리나라 중지미수 규정은 독일의 그것과 다르기 때문에 독일의 학설을 받아들일 수 없다고 하는데, 자의성의 판단기준에 관한 통설을 포함한 모든 우리나라의 학설과 판례의 견해는 전부 독일의 학설과 판례가 그대로 수입된 것이다.

2. 심리적 기준설

외부적 장애가 행위자의 인식을 통하여 내부적 동기에 강제적 영향을 미쳤는지 여부를 행위자 자신을 표준으로 하는 판단하는 견해로서 행위자 기준설이라고 할 수 있다.[7] 이러한 면에서 주관설이라고 말하는 것이 더 타당할 것으로도 보이는데, 기존의 학설명칭은 객관설 내지 내부적 동기설이라고 불린다. 중지의 계기가 된 외부적 사정과 행위자의 중지동기를 판단자료로 하여, 외부적 사정이 행위자에게 중지의 동기를 지어줬는가를 묻는다. 즉 외부적 상황이 행위자에게 심리적 강제를 부여하여 중지하지 않을 수 없었는가 여부를 판단하는 것이다.

외부적 사정은 동기를 통하여 행위에 영향을 미치는 것이며 또한 완전히 자발적으로 생기는 동기는 없기 때문에, 외부적 사정인가 내부적 동기인가라는 이분법은 타당하지 않다. 뭔가의 외부적 사정의 영향이 있으면 자의가 아니라고 이해해서는 안된다(예컨대 친구의 중지하라는 충고에 응한 경우). 따라서 본 학설은 외부적 장애와 내부적 동기를 형식적으로 나누는 것이 아니라, 외부적 사정 중에도 외부적 장애가 되는 것과 그렇지 않은 것이 있다는 의미로 이해되어야 한다. 결국 자의인가 아닌가를 실질적으로 설정하는 견해라고 보아야 한다. 문제는 외부적 사정의 영향을 받은 경우에 자의성을 인정하는 기준을 제시하는 것이다. 그런데 이 학설은 실제의 적용상 불가피하게 어려움이 발생한다. 현실에서 자의성이 문제되는 사례는 외부적인 장애가

---

6) 박찬걸/김현우, 전게논문, 159면.
7) 본 학설이 구체적 행위자의 입장이 아닌 일반인의 객관적 기준에 따라 외적 사정과 내적 동기를 구별한다는 잘못된 이해로는 정영일, 형법강의(총론), 제2판, 2015, 233면.

상대적인 경우 즉 범죄를 하려면 할 수는 있는데 어느 정도 곤란도 수반되는 경우가 거의 대부분이다. 아무런 외부적 사정의 영향도 받지 않는 내부적 동기란 실제로는 존재하지 않는다. 이러한 문제에 대하여 본 학설은 대답을 할 수가 없다. 이는 외부적 장애와 내부적 장애를 명확하게 구별하는 것은 곤란하다는 경험적 사실에서 발생하는 문제이다. 내부적 동기는 대체로 외부적 사정에 기인하여 발생하는 것인데, 어떠한 외부적 사정이라도 그것을 인식하여 중지한 경우에 결국 외부적 사정을 어느 정도 감안할 것인가에 따라 자의성이 인정되는 범위가 지나치게 넓어질 수 있고 동시에 지나치게 좁아질 수도 있다. 그런데 본 학설에 외부적 사정을 어느 정도 감안할 것인가 라는 기준은 내재하지 않는다. 즉 본 학설은 강제가 있는지 여부만을 고려하는 것에 불과하고, 그 강제의 정도를 다루는 것은 아니다. 결국 넓거나 좁거나 하는 결론을 도출하게 된다.[8] 전적으로 행위자를 표준으로 자의성을 판단하는 내부적 동기설에 대하여는 객관적인 확인이 곤란하다는 비판이 따르게 된다. 즉 구체적 사례를 해결할 때 문제가 있다는 것이다.[9]

　심리적인 자의성의 지표로서 예전에는 프랑크의 공식이 사용되었다.[10] 프랑크의 공식에 의하면 "할 수 없다"고 생각하여 중지한 경우 자의성이 부정된다고 하는데, 이는 자의성의 문제가 아니다. 절도에 착수한 자가 행위계획을 만족시킬만한 재물발견이 불가능하다고 생각하여 그만 둔 경우(예컨대 금고가 열려 있지 않았거나 열려진 금고에 기대한 재물이 존재하지 않은 경우)에, 이는 중지'행위'라는 전제요건을 충족하는 것이 이미 불가능한 것이기 때문에 자의성의 검토에 들어갈 것까지도 없이 그 시점에서 중지미수의 성립가능성이 배제되는 것이다. 그러므로 프랑크의 공식은 중지행위가 가능하다는 것을 전제로 하여 검토되는 자의성의 기준이 될 수 없는 것이다.[11] 오히려 중지'행위'의 판단에 유익한 공식이 될 수는 있다.[12] 즉 프랑크의 공식은 중지행위 존재의 전제를 탐구한다는 의미를 갖는다. 그것은 어디까지나 "중지한"의 해석에 관한 것이며, "자의로"라는 자의성해석으로서는 성립되지 않는 것이다. 프랑크의 공식과는 별개로 자의성의 기준을 구하지 않으면, 자의성은 모두 "중지한"에 해소되어 형법 제

8) 김성천/김형준, 형법총론, 제7판, 2015, 335–336면; 정성근/박광민, 형법총론, 전정2판, 2015, 404면.
9) 오영근, 형법총론, 제3판, 2014, 323면.
10) 우리나라에서 현재에도 프랑크의 공식에 호의를 보이는 견해로는 임웅, 형법총론, 제8정판, 2016, 386면, 389면; 이상돈, 형법강론, 초판, 2015, 484면. 특히 자세한 분석은 이경렬, 범행중지의 자의성 판단과 프랑크 공식, 성균관법학, 제26권 제1호, 2014, 111면 이하.
11) 천진호, 형법총론, 687면; 박상기, 형법학, 제2판, 2015, 230면; 이재상/장영민/강동범, 형법총론, 제8판, 2015, 381면; 한정환, 형법 제26조의 적용요건과 결과, 형사법연구 제26호 특집호, 2006, 633면.
12) Jäger, Das Freiwilligkeitsmerkmal beim Rücktritt vom Versuch, ZStW 112 (2000), 784: Kampermann, Grundkonstellationen beim Rücktritt vom Versuch, 1992, S.14.

26조의 해석에 있어서 "자의로"는 사문화된다. 프랑크의 공식은 자의성이 아니라, 자의성의 전단계의 조건 즉 중지행위의 전제를 판단하고 있다.

3. 규범적 기준설 – 중지미수의 처벌감면 근거고려 평가설

순수하게 행위자를 기준으로 주관적으로 판단하는 것은 곤란하므로 판단기준에 일정한 규범적 요소를 고려하는 입장이다. 행위자가 어찌하여 중지하게 되었는가 하는 동기형성과정을 평가하여 그 동기가 승인되는지 여부를 규범적으로 판단한다. 그 규범적 평가는 중지미수의 혜택근거에서 도출되는 것이기 때문에, 그 규범적 내실은 논자에 따라 달라진다. 주관설 내지 윤리적 동기설은 그 내용에 있어서 이러한 규범적 핵심을 내재하고 있는 학설이다. 또한 우리나라 통설과 판례의 견해도 자유의사 내지 비강제성을 기준으로 하면서도 실질적으로는 다른 평가적 요소를 고려하여 판단하고 있다는 점에서 규범적 고찰방법에 의하는 것으로 보아야 할 것이다.

1) 윤리적 동기설

행위자의 중지동기에 후회 등 윤리적인 요소를 요구하여, 윤리적 동기를 자의성을 인정하는 적극적 요건으로 해석한다. 행위자의 주관을 판단대상으로 하면서도 자의성의 요건을 한정적으로 해석하여 후회·동정·연민 등에 의하여 중지한 경우에만 자의라고 한다. 주관설 내지 윤리적 동기설은 중지동기의 질을 묻는 견해이다. 객관설 내지 내부적 동기설은 적어도 그 정의상으로는 동기의 질을 묻는 것이 아니다. 이러한 측면에서는 중지행위를 행한 동기에 규범적 제한을 가할 것인가 아닌가 하는 대립이 보인다. 양자는 차원을 달리하는 문제이며 서로 상용되지 않는 것도 아니다. 본 학설은 행위자의 주관을 그 판단대상으로 한다는 점에서는 객관설 내지 내부적 동기설과 마찬가지이지만, 그것을 판단기준에 있어서 중지미수의 혜택에 부합하는 정도로 한정한다는 점에서 규범적 자의성개념에 입각하고 있다. 즉 주관설 내지 윤리적 동기설은 중지행위의 자의성을 규범적으로 파악하는 하나의 시각이라고 할 수 있다. 중지미수에서의 필요적 감면효과는 중지에 이른 행위자의 심정이나 동기에 대한 규범적 평가에 근거하는 것으로 해석한다. 자의라고 평가되려면 그 행위자의 내심은 규범의식의 작용에 의한 것이어야 한다는 견해라고 할 수 있다. 행위자의 동기가 일정한 규범적 관점에서 평가할 만한 것인가에 의하여 자의성을 판단한다. 그리하여 자기의 범죄에 대한 부정적 평가를 수반하는 동기를 자의성인정의 요건으로 보게 된다.

이와 같이 자의성논의의 혼란원인의 하나는 자유의사 내지 비강제성이라는 의미에서 자의성을 판단할 때 행위자를 기준으로 할 것인가 일반인을 기준으로 할 것인가 하는 판단기준의 문제와 중지의 동기나 목적을 판단자료로 포함시키는 규범적 요소를 필요로 하는가 하는 서로 다른 차원의 문제를 동일 평면에서 취급하기 때문인 것으로 추측된다.

자의에 의한다는 것과 후회를 동기로 중지한다는 것은 반드시 일치하는 것은 아니다. 따라서 본 학설은 형법 제26조 조문에 없는 새로운 요건을 추가한다는 비판이 있게 된다. 현행법의 규정을 초월하여 행위자에게 과도한 요구를 하는 것은 문제가 된다. 그리고 후회 등 윤리적 요소를 형법에 도입함으로써 형법의 윤리화 문제가 발생한다. 형법은 개개인의 윤리를 통제하는 것이 아니므로, 특정한 윤리적 특성을 가지는 자에게만 혜택을 부여한다는 형법해석은 허용될 수 없다. 자의성판단에 있어서 윤리적 동기를 요구하는 이러한 견해는 — 적어도 공식적으로는 — 아무도 주장하지 않고 있다. 그러나 베일 뒤에 은폐하여 중지동기의 일정한 질을 때때로 묻고 있다고 보인다.

2) 자율적 동기설(통설) – 은폐된 규범설

우리나라의 통설은 '중지에 이르는 동기형성과정이 자율적인가 타율적인가' 라는 기준에 의하여 자의성의 유무를 구별한다. 이는 독일에서 Schröder에 의해 주장된 견해인데[13] 우리나라에 수입된 것이다. 그런데 우리나라에서는 이를 절충설이라는 명칭으로 부르고 있다. 객관과 주관을 결합했다는 의미에서 별 생각 없이 그냥 절충설이라고 하는 것 같다.[14] 그런데 객관설의 내부적 동기와 주관설의 윤리적 동기를 절충한다고 해서, 자율적 동기 또는 타율적 동기라는 절충설의 판단기준이 되는 것은 전혀 아니다. 무엇과 무엇을 절충했다는 것인지 알 수 없다.[15] 독일에서는 심리적 기준과 규범적 기준을 절충했다는 의미로 사용되는 학설이다.

본 학설은 동의어로서 자의성＝자율성/비자의성＝타율성으로 단어만 바꾸어 놓은 것에 지나지 않는다.[16] 내용이 없는 빈개념들이다.[17] 그러므로 동일한 사례에서

---

13) Schröder, Grundprobleme des Rücktritts vom Versuch, JuS 1962, 83. 그리고 Krey/Esser, AT, 5.Aufl., 2012, Rn.1301f.; Wessels/Beulke/Satzger, AT, 45.Aufl., 2015, Rn.651 참조.
14) 손지선, 중지미수에서의 자의성 규명과정 정립을 위한 고찰, 형사법연구 제28권 제1호, 2016, 49면, 50면; 이상문, 형법 제26조의 자의성 요건의 의미, 비교형사법연구 제12권 제2호, 2010, 17면.
15) 천진호, 형법총론, 690면.
16) 임웅, 형법총론, 385면.
17) Schünemann, Die deutschsprachige Strafrechtswissenschaft nach der Strafrechtsreform im

다른 결론이 도출되는 되기도 한다.[18] 동일한 개념에 여러 가지 상이한 의미가 부여되어 자율/타율의 기준으로 모든 것이 증명될 수 있고 따라서 아무것도 증명될 수 없다.[19] 중지미수의 구성요건표지가 단지 동의어로 대체되었을 뿐이고 그 구체화에 기여하지 못한다. 본 학설의 구체화시도는 실패하였다.[20]

　이러한 용어문제를 떠나서 본 학설은 도대체 무엇과 무엇을 절충했다는 의미의 학설이 아니다. 자율적 결정은 외부적 장애가 행위자의 중지동기에 어떠한 영향을 미칠 수 있는가를 출발점으로 하여, 자의성은 자신이 의사결정을 지배한 경우라고 하거나[21] 자신의 독자적 판단에 기초한 의사결정이라고 한다.[22] 이는 동어반복에 불과하다고 보인다. 그런데 자율적 동기의 내용에 관해서는 거의 설명이 없지만, 자율적 동기의 내용이라고 언급되는 것을 굳이 들여다보면 이는 행위계속의 가능성을 기준으로 한다.[23] 행위계속에 수반되는 위험이나 손해를 감수하기를 원하지 않은 경우가 타율적 결정이다. 본 학설에서는 행위자에게 영향을 미치는 심리적 압박의 정도가 결정적이다.[24]

　이러한 심리적 강제의 확정은 구체적 사안에서 정확히 심사되어야 한다. 그러나 강제의 존재 여부나 특히 그 정도는 확정하기 곤란한 것이다. 그리하여 체포나 처벌의 두려움 때문에 중지한 경우 이는 내심의 강제에 굴복한 것이 아니라 단지 위험(리스크)과 기회(찬스)의 「형량」을 한 것이라고도 할 수 있다.[25] 그리고 노련하고 냉혈한 범죄자일수록 심리적 강제는 없고 단지 냉철한 「형량」을 근거로 중지한다. 따라서 자의성이 긍정되고 중지미수가 인정될 것이다. 놀라고 경악하여 더 이상 범죄행위를 할 수 없게 몸이 굳어 중지한 사람은 자의성이 부정된다고 한다.[26] 그러나 이 사람은 합법성에의 회귀를 육체로 보여준 것이라고 평가할 수도 있다.[27] 이와 같이 자율적 동

　　Spiegel des Leipziger Kommentars und des Wiener Kommentars, GA 1986, 323; Jäger, ZStW 112 (2000), 785; Amelung, ZStW 120 (2008), 205; Roxin, AT II, 2003, §30 Rn.433f.
18) 임웅, 형법총론, 385면. 독일에서는 Roxin, AT II, §30 Rn.433f.; Hermann, Der Rücktritt im Strafrecht, 2013, S.105.
19) Roxin, AT II, §30 Rn.434.
20) Hermann, Der Rücktritt, S.105.
21) 하태훈, 중지미수의 성립요건, 형사판례연구 [7], 1999, 74면; 조국, 전게논문, 68면; 김성돈, 형법총론, 제4판, 2015, 464면. 독일에서는 Jescheck/Weigend, AT, 5.Aufl., 1996, S.544; Kühl, AT, §24 Rn.45f.
22) 천진호, 형법총론, 691면; 신동운, 형법총론, 제9판, 498면.
23) 박상기, 형법학, 231면.
24) 김성돈, 형법총론, 464면. 그리고 Ulsenheimer, Grundfragen des Rücktritts vom Versuch in Theorie und Praxis, 1976, S.275.
25) Roxin, AT II, §30 Rn.369f.; Maiwald, Psychologie und Norm beim Rücktritt vom Versuch, GS−Zipf, 1999, S.267.
26) 임웅, 형법총론, 387면.
27) Roxin, AT II, §30 Rn.371.

기설은 구체적 사례해결에서 문제가 있다.

결국 중지에의 강제는 그 자체가 일의적으로 확정될 수 있는 것이 아니고 그 영향력도 명확히 확정할 수 없기 때문에, 유용한 구별기준이 될 수 없다.[28] 결국 통설에 대한 결정적 비판에서 분명해진 것은 심리적 압박의 정도에 관한 심사는 「규범적으로」(!) 행해지는 것이라는 점이다. 그러므로 통설은 자의성의 실제 판단에 있어서는 평가적인 요소를 — 은폐된 형태로 — 포함시킬 수밖에 없는 것이다.[29] 즉 통설은 이론적 출발점에서 보면 심리적 기준설의 입장에 있으나, 그 실제 핵심은 규범적인 것이라고 볼 수 있다.[30] 자의성의 확인은 행위자의 의사결정의 자율성에 의한다고 할 때, 이는 중지동기의 평가와 결부되어 있다.[31] 자신의 의사를 지배할 수 있는 상태인지 아닌지를 어떻게 판단할 수 있는가? 판단할 수 있다면 그것은 규범적 판단이다.

3) 일반인 기준설(판례) – 사회통념설

우리나라 판례는 "사회통념상 범죄를 완수함에 장애가 되는 사정 때문이라면 자의에 의한 중지미수라고 할 수 없다"고 판시하고 있다.[32] 독일 판례의 입장이기도 하다. 원래는 Mezger에서 나온 견해이다.[33] 사회통념이라는 판단기준으로 본다면 명칭상으로는 오히려 객관설이라고 불러야 할 것 같다.[34] 이러한 판례의 입장은 외부적 사정과 내부적 동기를 구별하는 기준으로서 혹은 자율적 동기와 타율적 동기를 구별하는 기준으로서 사회통념을 제시하고 있다고 보아서 대체적으로 통설인 절충설의 입장이라고 보고 있다. 사회통념설이 통설인 절충설 즉 자율적 동기설과 '도긴개긴'이라는 이러한 해석은 받아들일 수가 없다.[35] 아무런 내용이 없는 자율성을 내세우는 통설인 절충설이 판례의 입장이라고 주장하는 것은 판례에 대한 모독이다. 판례가 절

---

28) 천진호, 형법총론, 691면에서는 자율적 동기가 우월적으로 작용하고 있는가, 결정적인 계기로 작용하고 있는가, 유일한 계기로 작용하고 있는가라는 자율적 동기가 작용한 폭에 따라 퍼센트로 판단한다고 하는데, 이는 — 인과관계에 관한 과거 원인설에 대하여 우월적 원인, 결정적 원인, 유일한 원인을 구별할 수 없다고 누구나 인정하고 있어서 오늘날 아무도 지지하지 않듯이 — 계산할 수 있는 것이 아니다. 계산할 수 있다면 그것은 규범적 판단이다.

29) Jakobs, AT, 2.Aufl., 1991, 22/34.

30) Roxin, Über den Rücktritt vom unbeendeten Versuch, FS–Heinitz, 1972, S.256; Gutmann, Die Freiwilligkeit beim Rücktritt vom Versuch und bei der tätigen Reue, 1963, S.207; Scheurl, Rücktritt vom Versuch und Tatbeteiligung mehrerer, 1972, S.61; Ulsenheimer, Grundfragen, S.275f.

31) Fischer, 59.Aufl., 2012, §24 Rn.19ff.; Lackner/Kühl, 28.Aufl., 2014, §24 Rn.18.

32) 대법원 1999. 4. 13. 선고 99도640 판결.

33) Mezger, Strafrecht, 2.Aufl., 1933, S.404.

34) 객관설이라고 부르는 경우는 신동운, 형법총론, 496면.

35) 김성돈, 형법총론, 463면 참조.

충설의 입장이라고 규정하는 순간 자율적 동기로 판단한다는 생각이 즉시 들어오게 되고 따라서 사회통념설의 내용이 무엇일까 하는 점에 대한 시각이 차단되어 버린다. 그래서 사회통념설의 내용이 무엇일까에 관해서는 탐구하지 않게 되어 버렸다.

사회통념설이라고 부르는 이러한 견해의 내용은 무엇일까? 외부적인 사실이 일반인의 경험적 표준에 비추어 행위자로 하여금 통상 기수를 방해하는 성질을 가지는 것인가 즉 일반적인 의미에서의 장애라고 말할 수 있는가를 기준으로 자의성을 판단한다는 것이다. 즉 중지의 계기가 된 외부적 사정과 행위자의 동기를 판단자료로 하여, 외부적 사정이 일반인에게 통상 장애로 되는 성질을 가지는가를 묻는 것이다. 한마디로 정리하면 사회통념은 '자율적 동기설'이 아니라 '일반인 기준설'이다. 외부적 사정과 내부적 동기를 구별하여 자의성을 판단하는 '내부적 동기설 내지 객관설'도 아니다.

우리나라 판례는 외부적 장애나 행위자의 심리적 사실을 가지고 단순히 자의성을 판단하는 것이 아니라, 규범적 평가(그 규범적 기준이 '일반인이라면 그렇게 행동하였다'는 것이다)를 핵심으로 내포하고 있는 것이며, 또한 중지미수의 필요적 감면 근거 내지 법적 성격도 고려되고 있는 것이다. 사회통념을 기준으로 채용하는 판례의 견해는 일반인의 규범론을 전제로 하고 있으며, 이러한 의미에서 규범적 자의성개념인 것이다. '자의로'라는 말의 일상 언어적 기준은 일반인의 규범적 관점을 의미한다고 할 수 있다. 일정한 시점에서 구체적인 행위자의 의사를 확인하는 데 어려움이 있기 때문에 사회통념 내지 일반인을 척도로 사안을 파악하려고 하는 것이다.

그러나 바로 이 점이 문제가 많은 것이다. 우선 자의성은 형식적으로는 주관적 개별적 구성요건요소라고 볼 수도 있을 것이다. 이러한 자의성표지의 특성을 일반인이라는 범주화는 무시하는 것이다.[36] 구체적 상황에서 일반인이 강제로 중지했을 것이라고 하여, 당해 행위자가 반드시 강제로 중지했다는 결론이 도출되는 것은 아니다(상당인과관계는[37] 객관적 구성요건요소이다). 개인의 주관적 측면은 그렇게 정형적인 것이 아니다. 사회통념 내지 일반인의 생활경험에 따라 판단하면 이러한 주관적 요건의 특징이 무시되는 것이다.[38]

사회통념설에서는 그 판단의 대상이 명확하지는 아니하다는 비판이 가능하다. 행위자에게 인식된 사정을 판단대상으로 하는지 아니면 행위자에게 인식된 사정이 어떻게 행위자의 동기형성에 영향을 미쳤는가 하는 행위자의 내심을 판단대상으로

---

36) 이러한 취지로 해석되는 입장으로는 임웅, 형법총론, 384면.
37) 마치 상당인과관계와 같은 구조를 갖는다고 하여 아무런 문제가 없는 것처럼 서술하고 있는 경우로는 신동운, 형법총론, 496면.
38) Maiwald, GS-Zipf, S.269.

하는지 알 수 없다. 모친이 자녀를 살해하는데 자녀가 무릎을 꿇고 애원하므로 연민의 정을 느껴 중지한 경우, 애처로움을 느껴 중지하는 것이 모친으로서 통상적이다. 그렇다면 모친의 중지는 통상의 생활관에 상응한 태도이기 때문에 자의성이 부정되어야 할 것이다. 그러나 애처로움에 의한 중지에 자의성을 부정하는 것이 타당한 것인가 의문이다. 이러한 연민에 의한 사례에 관하여 자의성을 인정한다면, 이 견해는 그 기준과 그 구체적 적용에 따른 결론이 서로 모순되는 태도를 취하게 되어 버린다. 결국 행위자 인식한 외부적 사정과 이를 행위자가 어떻게 느껴서 중지행위로 나아갔는가 하는 동기형성과정을 포함한다고 생각된다. 행위자가 인식한 외부적 사정만으로 자의성을 판단하는 것은 불가능하다고 보인다. 또한 사회통념이라는 객관적 기준의 자의성(恣意性)이 문제된다. 범죄를 중지하는 것이 통례인지 아닌지에 대하여 확인이나 검증이 곤란하기 때문에, 행위자가 장애미수라는 입증이 충분한가라는 의문을 불식시킬 수 없다. 강간죄의 경우 '통상인이라면 간음행위를 계속하는가, 중지하는가'라는 기준은 자의적(恣意的)이며 문제가 있다고 생각된다.

4) 규범설

규범적 고찰방법은 자의성을·규범적 가치적인 문제라고 본다. 여기에서 규범적 평가는 중지미수의 혜택근거에서 도출되는 것이므로 범행중지의 동기가 형의 필요적 감면을 받을 만한 가치가 있다고 평가되면 자의성이 인정된다. 그 내용은 논자에 따라 상이하다. 예컨대 감면근거론으로서 형벌목적설을 지지하는 입장에서 구체적인 범행계획의 위험과 기회를 냉정하게 형량하는 범죄자의 이성에 따라 행동하였는가에 따라 자의와 비(非)자의를 구별하는 견해가 있다.[39] 이러한 범죄자의 이성을 기준으로 이성적으로 범죄행위를 한 것이라면 자의가 부정되고, 비이성적으로 범죄행위를 한 경우에는 자의를 긍정한다. 이러한 경우에 합법성에로의 회귀로 평가될 수 있다는 의미일 것이다. 우리나라에서 심리적 방법과 규범적 방법을 절충하자는 규범적 절충설의 입장도[40] 여기에 속한다고 평가되고 있다.[41] 이러한 절충이 심리적 고찰과 규범적 고찰 간의 모순된 결론을 제거하려는 것인지 두 가지 요소를 병렬적으로 적용하려는 것인지 알 수 없다.

규범설에 대하여는 형법 제26조가 단지 '자의로'라고만 규정하고 있는 것과 상용되지 않고, 일상언어의 관점에서 문언을 초월한다는 죄형법정주의 위반이 문제될 수

---

39) Roxin, AT II, §30 Rn.383ff.
40) 김일수/서보학, 새로쓴 형법총론, 2014, 400면; 정성근/박광민, 형법총론, 407면.
41) 배종대, 형법총론, 제12판, 2016, 500면.

있다고 비판된다. 그리고 규범설은 심리적 자의성개념을 전제로 하여 규범적 해석을 하는 입장인데 그 구체적 내용을 명확히 하지 못하고 있다고 지적될 수 있다. 그리하여 오히려 자의적(恣意的) 판단을 가능케 한다는 지적도 있다.[42] 그러나 규범설의 기준은 분명하며 다른 학설보다 오히려 자의성의 인정범위가 넓다는 반론도 있다.[43]

Ⅲ. 판례에 있어서의 자의성 판단

1. 자의성 인정방법

판례는 중지행위의 자의성을 인정하는 데 억제적이다. 행위수행에 장애가 되는 사정으로서 통례인 사정이 존재하면 자의성이 부정된다는 기준이 대법원에 의하여 제시되고 있다. 범행을 계속하는 것이 통례인가 아닌가 하는 판단은 사안에 따라 다르다. 판례는 외부적 장애가 없다면 행위자는 행위를 계속한다는 이해에 기초하고 있는 것으로 보인다. 즉 특정한 행위패턴을 전제로 어떠한 사정이 존재할 때 행위를 중지하는 것이 통상적인가 아닌가를 기준으로 하여 자의성을 판단한다. 통상적으로는 행위를 계속하는데, 행위자는 행위를 중단한 경우에만 한정하여 자의성을 인정하는 것이 판례의 입장이다(원칙적 부정 – 예외적 인정). 그러나 행위를 중단시키는 외부적 사정을 유형적으로 추출하여 자의성을 부정하는 결정적 요소로 한다면, 결론이 ― 행위자가 다양한 동기에서 범행을 개시하고 중단하는 현실에 비추어 ― 일면적으로 될 우려가 있다. 판례의 이러한 해석은 자의성개념의 의미를 행위자에게 불리하게 너무 제한하는 것은 아닌가 생각된다.[44] 결국 대법원이 사회통념설을 취하고 있기는 하지만 그 실제판단에 있어서 외부적 장애를 인정하는 기준이 사회통념보다 현저히 낮다는 것을 알 수 있다. 이는 사회통념설의 결론이 자의적(恣意的)일 수 있다는 비판이 타당함을 보여주는 것이기도 하다. 지금까지 대법원이 자의성을 긍정한 사례는 2개뿐이다.

외부적 혹은 내부적 강제가 없음이 분명한 사례에서는 다른 평가적 고려를 근거로 자의성이 부정되어서는 안 된다(규범설 중에는 그렇지 않을 수도 있다는 견해[45]도 있지만). 오히려 역으로 심리적 기준설에 의하면 강제에 의한 중지로서 자의성이 부정되는 경우에, 다른 규범적인 평가를 근거로 자의성이 긍정될 수 있다는 보충적 논거로서 윤리적 동기설이 위치하고 있는 것은 아닌가 생각된다(물론 부정하는 결론에 이르

---

42) Hermann, Der Rücktritt, S.140.
43) 박상기, 중지미수의 성격과 자의성 판단, 형사법연구 제14호, 2000, 318면.
44) 김성돈, 형법총론, 465면.
45) 박상기, 형법학, 232면.

기는 하겠지만).

2. 판례의 실제 판단

1) 외부적 장애의 부존재의 인식 – 자의성 긍정

대법원은 우선 자의성을 긍정하는 경우에는 외부적 장애가 존재하지 않았다는 것을 행위자가 인식하고 있다는 점에 근거하는 것으로 보인다. 외부적 장애의 부존재의 인식은 중지의사 내지 자의성의 전제이지, 그자체가 자의성인 것은 아니다. 그런데 외부적 장애가 존재하지 않았다고 생각하였음에도 불구하고 중지하였다면, 이는 뭔가 내부적 원인에 의하였다는 것을 이면에서 보여준다고 말할 수 있을 것이다. 따라서 판례는 이와 같이 외부적 장애가 존재하지 않는 사안에서는 그대로 자의성을 추단하여 인정한다. 즉 장애가 적어도 외부적으로 존재하지 않는다는 것은, 범행을 중지한 것이 행위자의 내부적 사정에 의한 것이라는 점을 추인시키는 것이 된다. 외부적 장애의 부존재는 당연히 일반인 기준에 의할 경우에도 강제적 장애상황의 부존재가 될 것이다. 그렇기 때문에 외부적 장애가 될 수 있는 사정이 존재하는 경우에야 비로소 대법원이 어떠한 학설의 입장을 채택한 것인가를 논의하는 실익이 있는 것이다. 즉 모든 학설은 외부적 장애가 될 수 있는 사정이 존재했을 경우를 전제로 자의성판단을 논의하는 것이다.

공범과 함께 피해자의 사무실의 금품을 절취하기로 공모하여 그 공범이 그 사무실의 열려진 문을 통하여 안으로 들어가 물건을 물색하고 있는 동안, 그 부근 포장마차에 있었던 피고인이 자신의 범행전력 등을 생각하여 가책을 느낀 나머지 스스로 결의를 바꾸어 그 피해자에게 공범의 침입사실을 알려 그와 함께 그 공범을 체포한 사안에서 대법원 자의성을 긍정하였다(① 판결).[46] 본 판결은 양심의 가책이라는 윤리적 동기를 이유로 자의성을 긍정한 주관설에 입각한 판례인가? 그렇게 보는 분석도 있다.[47] 그러면 본 판례에서 만약 윤리적 동기가 없었다면 과연 자의성을 부정했을 것인가? 우리 판례가 자의성의 인정범위가 극히 협소한 주관설을 취하기 때문에 자의성이 인정된 단지 2개를 제외한 나머지 모든 사안에서 자의성을 부정한 것인가? 우리 판례가 주관설의 입장이라고 보는 학자는 아무도 없다. 그렇다면 본 판결이 자율적 동기에 의하는 절충설을 취한 것인가? 물론 그렇게 해석될 여지는 있다. 가책은 윤리적 동기이지만 자율적 동기라고 볼 수도 있기 때문이다. 그러나 절충설의 입장을 취

---

46) 대법원 1986. 3. 11. 선고 85도2831 판결.
47) 이상돈, 형법강론, 483면.

한다면 과연 '가책을 느낀 나머지'라는 표현을 사용했을까 하는 의문이 든다.

대법원은 단지 아무런 외부적 장애가 존재하지 않는다는 지적을 한 것이다. 자의성판단에 관한 어떤 하나의 학설에 입각한 것이 아니다. 물건을 '탈취할 수 없는 특별한 사정'이 아무것도 보이지 않음에도 불구하고 중지한 것은 가책에 의하여 범행수행을 번의한 것임에 의한 것이라고 생각한 것이다. 여기에서는 중지의 동기로서 가책을 느꼈다는 점을 이면에서 보여주는 사정으로서 '탈취할 수 없는 특별한 사정'의 부존재가 인정되고 있는 것으로 보아야 한다. 윤리적 동기가 있어야 비로소 자의성을 인정하는 주관설의 입장에서, 본 사건이 바로 가책이라는 윤리적 동기가 적극적으로 인정된다는 점을 강조하는 취지의 판례가 아니다. 외부적 장애가 존재하지 않으므로 자의성은 추단되어 중지미수가 인정된다. 자의성은 이미 인정되는데 다시 양심의 가책과 같은 윤리적 동기가 보인다는 것을 표현해 주는 것이다.

2) 외부적 장애의 존재의 긍정 – 자의성 부정

(1) 자의성 인정에 고려되는 사정

이에 반하여 무언가의 이유에 의해 외부적 장애의 존재가 긍정되는 경우에는 두 가지 사고의 흐름이 있을 수 있다. 하나는 외부적 사정의 존재 그것만으로 자의성이 부정된다고 보는 것이다. 미수범의 이해에서 장애미수에 해당하지 않아야 소극적으로 중지미수가 될 수 있다는 인식에 기초하면 채택할 수 있는 방법이다. 미수로 끝난 원인이 의외의 장애 즉 외부적 장애에 의한 경우에는 장애미수가 되기 때문에, 중지미수는 부정된다는 사고이다. 그런데 외부적 장애로 인정하는 기준을 현저히 낮게 잡으면, — 전적으로 내부적 원인에 의한 경우를 제외하고는 — 「일반적으로」 외부적 장애로 보는 형식적 기준이 채용되게 된다. 즉 범죄수행상의 장애가 된다고 생각될 수 있는 사정을 「일반적으로」 외부적 장애로 판단한다면 이는 외부적 장애를 인정하는 기준이 현저히 낮다고 하지 않을 수 없다는 의미이다. 우리 대법원이 이러한 태도를 채택하고 있다고 해석할 여지가 없는 것은 아니다. 즉 대법원이 사회통념설을 표방은 하고 있지만, 실제 적용에 있어서는 외부적 장애에 해당하는지 내부적 원인에 해당하는지에 의하여 자의성유무를 판단하는 방법을 사용하는 것으로 평가하는 것도 불가능한 것은 아니라는 의미이다. 외부적 장애가 존재하지 않은 ① 판결을 제외하고는 거의 전부 자의성을 부정(아래의 ② 판결은 자의성 긍정)하고 있기 때문이다.

또 하나는 외부적 장애는 동기를 통하여 행위에 영향을 미치며 또한 완전히 자발적으로 생기는 동기는 없다는 일반적 이해에 입각하면, 여러 가지 다양한 외부적 사정 중에서 자의성이 부정되는 외부적 사정이 어떠한 것인가를 검토하게 된다. 그러므로 외부적 장애가 되는지 여부의 실질적 기준과 함께 자의성을 긍정 내지 부정하는 경우에 고려되는 사정을 살펴보기로 한다.

(2) 간곡한 부탁

피해자를 강간하려다가 피해자가 다음번에 만나 친해지면 응해 주겠다는 취지의 간곡한 부탁으로 인하여 그 목적을 이루지 못한 후 피해자를 자신의 차에 태워 집까지 데려다 준 사안에서[48] 자의성이 인정되고 있다(② 판결). 판례는 다음번에 만나 친해지면 응해 주겠다는 취지의 간곡한 부탁을 외부적 장애가 될 수 있는 사정이 존재하는 경우라고 본 것이다. 그렇기 때문에 사회통념설에 의하여 판단하였다. 즉 피해자가 뭔가 기회 전환을 위하여 나중에 피고인의 요구에 응할 취지의 언동을 한 것이 피고인의 마음을 바꾸게 하여 피고인이 동녀를 차에 태워 집까지 데려다 주는 계기가 되었다고 하더라도, 일반적으로 보아 이러한 상황에서 일단 상대방 여성의 강간을 결의한 자가 반드시 그러한 언동 때문에 쉽게 마음을 바꾸어 범행을 단념했다고는 말할 수 없다고 판단한 것이다. 객관적으로는 피고인이 피해자를 간음하는 것이 용이한 상황에 있었다고 법원은 판단한 것 같다. 실질적인 장애가 되는 사정은 아니라는 것이다. 피고인이 피해자로부터 간곡한 부탁을 받았지만 그럼에도 불구하고 범행을 계속하는 것은 객관적으로 용이한 상황에 있었다는 것이다. 피고인이 간음행위를 단념할 수밖에 없는 사정은 아니라는 의미이다. 그럼에도 불구하고 피고인이 간음에 나아가지 않은 것은 뭔가 주관적 요인이 작용한 것이라고 파악된 것이다. 아마 통행인이나 부근사람들에게 발견되어 미수로 끝날 개연성은 존재하지 않는 상황으로서, 중지해야 할 객관적 물리적 실질적 장애사유는 아니라고 판단한 것이다.

(3) 겁이 났다는 사정

방화죄의 경우 타오르는 불길이나 살인죄의 경우 보게 되는 유혈과 같은 '중간결과에 대한 공포 경악'에 언급하는 판례가 있다. 우선 방화죄에 관하여 장롱 안에 있는 옷가지에 불을 놓아 건물을 소훼하려 하였으나 불길이 치솟는 것을 보고 겁이 나서 물을 부어 불을 끈 사안에서 대법원은 자의성을 부정하였다(③ 판결).[49] 살인죄에 관하여 피해자를 살해하려고 그의 목과 왼쪽 가슴 부위를 칼로 수회 찔렀으나 가슴 부위에서 많은 피가 흘러나오는 것을 발견하고 겁을 먹고 범행을 그만둔 사안에서 대법

---

48) 대법원 1993. 10. 12. 선고 93도1851 판결.
49) 대법원 1997. 6. 13. 선고 97도957 판결.

원은 자의성을 부정하였다(④ 판결).[50] 위 ③, ④ 두 사안은 단지 자신이 하려고 예정했던 행위의 중간사태의 발생에 스스로 놀라서 공포 경악에 사로잡혀 수행의지가 억압되어 중지한 것으로, 무형의 심리적 강제라고 할 수 있는 객관적 장애에 의한 미수라고 판단한 것으로 보인다. 그러나 유혈(流血)이나 불길이 번지는 사정은 살인죄나 방화죄라는 범죄의 과정으로서 당연히 발생하게 되는 일반적인 중간상황이다.[51] 그럼에도 불구하고 대법원은 범죄수행의 과정에서 당연히 발생하게 되는 (어쩌면 당연히 발생하기를 원하는) 일반적인 중간사태에 겁이 나서 중지하는 것이 사회통념상 일반적이라고 한다. 뭔가 좀 이상하다. 모순되는 것 같다. 사회통념상 일반인이라면 범행을 중단하지 않는다고 판단되어야 할 것이다.[52] 그럼에도 불구하고 피고인은 중단했으므로 사회통념설에 의하면 자의성이 인정되어야 할 것으로 생각된다. 그런데 대법원은 겁이 났다는 이유로 자의성을 부정하고 있다. 이를 어떻게 해석해야 할까? 대법원은 겉으로는 사회통념을 내세우고 있지만 실제 판단에 있어서는 이와 달리, 즉 외부적 사정이 계기가 된 경우에는 ― 형식적으로 모두 자의성을 부정한다고 단정하는 것은 타당하지 않지만 ― 적어도 일반적으로는 범죄수행의 장애가 된다고 생각하기 어려운 사정인데도 이를 외부적 장애로 판단하고 있는 것 같다. 이는 대법원이 사회통념설을 취하고 있지만 실제 판단에 있어서 외부적 장애를 인정하는 기준이 ― 적어도 살인죄와 방화죄 사안에 있어서는 ― 사회통념보다 현저히 낮다는 것을 보여준다.

그런데 ④의 사안에서 가슴 부위에서 많은 피가 흘러나오는 것을 보고 겁을 먹고 범행을 그만 둔 것은 공포심 때문에 위해를 가하려고 해도 가할 수 없었다고 한다면, 이는 행위계속의 가능성이 결여된 경우이므로 자의성판단 이전에 이미 중지행위 자체가 존재하지 않는다고 보아야 할 것 아닌가 생각된다. 특히 본 사안이 병원에 데려가는 치료를 받게 하는 등 적극적인 작위형태의 중지행위가 요구되는 실행중지에 해당한다면, 자의성을 부정할 것이 아니라 이미 적극적인 작위의 중지행위가 결여되어 중지미수가 배제된다고 해야 할 것이다.

이와 같이 겁은 범행을 일시 「중단」시키는 사정이 된다고는 할 수 있어도, 반드시 범행을 「중지」시키는 강제적 영향을 행위자에게 부여하는 동기는 아니다. 겁이 수습되고 가라앉으면 다시 범행을 계속하는 것이 가능한 상태라면 자의성을 긍정하여야 한다. 설사 살인죄나 방화죄에서 유혈이나 불길을 인식하는 것은 통상이며 또 거기에 당황하거나 겁이 나는 것도 통상이라고 하더라도, 이러한 경우 모두 자의성을 부정하는 것은 타당하지 않다.

---

50) 대법원 1999. 4. 13. 선고 99도640 판결.
51) 정현미, 착수미수와 실행미수의 구별, 형사판례연구 [14], 9면; 조국, 전게논문, 76면.
52) 김성돈, 형법총론, 465면; 오영근, 형법총론, 325면.

(4) 발각 체포의 두려움

판례와 학설은 범죄의 발각이 두려워 범행을 중지하여도 중지미수는 성립하지 않는다는 것이 일반적이다. 범행 당일 미리 제보를 받은 세관직원들이 범행 장소 주변에 잠복근무를 하고 있어 그들이 왔다 갔다 하는 것을 본 피고인이 범행의 발각을 두려워한 나머지 자신이 분담하기로 한 실행행위에 이르지 못한 사안에서 대법원은 자의성을 부정하였다(⑤ 판결).53) 발각이나 체포의 두려움은 '범죄의 수행 중' 제3자에게 발견될 수 있다는 것을 범인이 인식하고 이를 두려워한 경우와 같이, '범죄의 수행상' 실질적인 장애가 되는 사유를 범인이 인식한 경우에 관한 논의이다. 나중에 신고 등의 사태에 생각이 미쳐 중지한 경우를 염두에 둔 논의가 아니다. 즉 일반적으로 범죄의 발각을 두려움으로 중지한 경우에는 자의성이 인정되지 않는다고 하지만, 이는 범죄가 발각될 수 있는 구체적 사정하에서 중지한 경우에 그것이 범죄수행의 장애가 되었기 때문인 것이다. 피해자가 신고하겠다는 말을 한 것도 아니고 혹은 경찰이 사건을 탐지한 것도 아닌 경우는, 마찬가지로 생각할 수 없다. 그런 점을 감안하면, 기밀탐지임무를 부여받고 대한민국에 입국하여 기밀을 탐지·수집하던 중, 경찰관이 피고인의 행적을 탐문하고 갔다는 말을 전해 듣고 지령사항을 보류하고 있다가 체포된 경우는 발각 체포의 두려움 사례로 볼 수 있다(⑥ 판결).54) 따라서 피해자의 어린 딸이 잠에서 깨어 우는 바람에 그만두었다거나, 임신 중인데 시장에 간 남편이 곧 돌아온다는 말을 듣고 그만둔 경우가 범행발각의 두려움에 해당하는 판례라고 하는 견해55)에는 동의하기 어렵다. 실제 그런 사정이 있는 것이 아니라 그런 사정이 있다는 피해자의 말은 사회통념상 외부적 장애라고 볼 필요가 없다는 지적이 있다.56) 피고인이 갑에게 위조한 예금통장을 보여주면서 외국회사에서 투자금을 받았다고 거짓말을 하며 자금대여를 요청하였으나, 갑과 함께 그 입금여부를 확인하기 위해 은행에 가던 중 은행입구에서 차용을 포기하고 돌아가 사기미수로 기소된 사안에서, 대법원은 피고인이 범행이 발각될 것이 두려워 범행을 중지한 것으로서 일반 사회통념상 범죄를 완수함에 장애가 되는 사정에 해당한다는 이유로 자의에 의한 중지미수로 볼 수 없다고 판시하였다(⑦ 판결).57)

범행의 발각을 두려워하는 것은 경험상 일반적으로 범죄의 수행을 방해하는 사정이 될 수 있다. 범행발각의 두려움이라는 사정은 그 시점에 범행을 「중단」하는 사

---

53) 대법원 1986. 1. 29. 선고 85도2339 판결.
54) 대법원 1984. 9. 11. 선고 84도1381 판결.
55) 천진호, 형법총론, 693면.
56) 오영근, 형법총론, 325면.
57) 대법원 2011. 11. 10. 선고 2011도10539 판결.

유에 되고 동시에 그 후의 범행을 「중지」하는 동기가 된다.

(5) 타산적 계산

위 ② 판결에서 피해자의 행동을 지배하여 간음행위를 감수하는 관계를 유지하면서 후일 기회에 보다 용이하게 간음할 목적을 수행하고[58] 잘만 되면 피해자와의 이러한 성적 관계를 유지 발전시킨다는 기대하에, 피해자를 그 장소에서 간음하는 것은 좋은 방책이 아니라고 생각하여 '타산적으로'[59] 당장의 간음행위를 중지한 경우라면 자의성이 부정될 여지가 있다. 그러나 피해여성과의 관계를 악화시키지 않겠다고 생각하여 범행을 중지하였더라도, 그것이 직접 자의성을 부정하는 방향으로 작용하였다고는 생각되지 않는다. 단순한 피해자의 설득으로 인한 막연한 기대감에서 그만둔 경우에는 자율적 동기에 의한 자의성을 인정하는 견해도 있다.[60]

3) 사회통념의 의미

(1) 일반인 기준설

중지미수의 성립요소 내지 주관적 구성요건요소라고 하는 자의성을 판단하는 사회통념이라는 기준은 무엇을 의미하는가? '경험상 일반적으로 혹은 통상인이라면' 이라는 의미라고 본다. 일반인 내지 일상적 경험법칙 이외에 다른 무엇이 있을 수 있겠는가? 상당인과관계설에서 말하는 일반인의 개념이라고 볼 수 있다. 그런데 인과관계라는 객관적 요소를 판단하는 데에 동원되는 일반인 기준이 주관적 그중에서도 극히 주관적인 자의성을 판단하는 기준이 될 수 있는가 하는 점에는 강한 의문이 있다.

강간죄의 경우에 성교하기 곤란한 강간피해여성의 신체상태(예컨대 생리)는 간음할 생각을 저지시키는 객관적 사정이 될 수 있다고 한다.[61] 대법원판례는 강도를 하다가 피해자를 강간하려고 작은 방으로 끌고 가 팬티를 강제로 벗기고 음부를 만지던 중 피해자가 수술한 지 얼마 안 되어 배가 아프다면서 애원하는 바람에 그 뜻을 이루지 못한 사안에서[62] 자의성을 부정하였다(⑧ 판결).[63] 수술한 지 얼마 안 되어 배가

---

58) 김종구, 중지범의 자의성 판단에 관한 비교법적 고찰, 비교형사법연구 제17권 제3호, 2015, 71면 참조.
59) 한정환, 전게논문, 638면.
60) 천진호, 형법총론, 693면; 이상돈, 형법강론, 483면.
61) 이상돈, 형법강론, 484면.
62) 대법원 1992. 7. 28. 선고 92도917 판결.
63) 피해자의 부탁이나 애원의 경우에는 자율적 동기를 인정하여 자의성을 긍정해야 한다는 견해가 많다(대표적으로 하태훈, 전게논문, 79면; 조국, 전게논문, 74면).

아프다고 말하면서 피해자는 아마 고통스러워하는 모습을 보였을 것이다. 이러한 사정은 간음행위를 행하게 되면 경우에 따라 동녀의 건강상태에 중대한 영향을 미치는 것은 아닌가 하는 불안감을 야기하여, 일반적으로 간음행위에 나아가는 것을 주저하도록 만드는 사정이므로 자의성을 부정한 것이라고 생각된다. 혹은 복통을 호소하여 간음을 거절하는 태도를 보이자, 이러한 예기치 못한 언동에 간음행위를 수행할 의욕을 상실했다고 판단했을 수도 있다. 강도가 강간하려고 하였으나 잠자던 피해자의 어린 딸이 잠에서 깨어 우는 바람에 도주하였고, 또 피해자가 시장에 간 남편이 곧 돌아온다고 하면서 임신 중이라고 말하자 도주한 사안에서[64] 자의성을 부정하였다(⑨ 판결). 피고인이 어린아이의 존재를 인식하였고 간음에까지 나아간다면 유아가 소리지르고 소란을 피울 수 있는 상황이기 때문에 간음을 중지한 것으로 보았다. 또 임신한 몸이라고 호소하며 간음을 거절하는 태도를 보이기 때문에, 이 예기치 못한 언동에 간음을 수행할 의욕이 꺾이어 중지하였다고 판단한 것으로 보인다.

(2) 일반인 기준에 의한 실제 판단

이와 같이 본다면 대법원이 — 일반인 기준설을 취하고 있다고는 하지만 — 과연 실제 판단에 있어서 일반인을 기준으로 하여 자의성판단을 하는가는 의문이다. 자의성과 같은 행위자의 주관적인 사정은 직접 외부에서 확인할 수는 없기 때문에, 실체법적 요건으로서의 최종목표는 「어디까지나 주관적 사정이라고 말하면서도, 그 존재는 객관적으로 표시된 행위와 외부적 사정 등으로부터 그것을 인정한다」는 것이 될 수밖에 없다. 그리하여 행위자에게 인식된 외부적 사정 자체의 성질이 일반적으로 보아 자의성을 긍정할 수 있는 혹은 부정할 수 있는 사정이라면, 행위자 본인에게도 — 이를 뒤집을 만한 특별한 사정이 존재하지 않는 한 — 자의성이 긍정 혹은 부정되는 상황이었다고 추인할 수 있다는 것이다. 즉 일반인 기준에 의하여 강제적 영향을 미치는 상황이라면, 행위자 본인에게도 자의에 의한 중지라고는 할 수 없다. 일반인 기준에 의하여 강제적 영향을 미치는 상황이 아니면, 행위자 본인에게도 실제로 자의로 중지가 인정된다. 이와 같이 행위자 기준에 의한 결론과 일반인 기준에 의한 결론이 — 특별한 사정이 존재하지 않는 한 — 일치한다. 이는 일반인 기준에서 자의성 자체를 도출한다기보다는, 일반적 기준이 행위자 본인의 주관적 사실을 이면에서 나타내주는 사정으로서 사용되고 있다는 것을 시사(示唆)하는 것으로 보인다. 결국 일반인도 중지했다면, 비자의이고, 일반인은 계속했다면 자의이다.

이와 달리 행위자를 기준으로 하는 경우와 일반인을 기준으로 하는 경우의 판단

---

64) 대법원 1993. 4. 13. 선고 93도347 판결.

이 달라질 수 있는 경우는 (i) 행위자로서는 자의로 결단하였는데, 일반인 기준에 의하면 강제적 영향을 받은 경우와 (ii) 행위자로서는 강제적 영향을 받았는데, 일반인 기준에 의하면 강제적 영향을 받지 않은 경우이다. 그런데 이러한 경우에 자의성을 판단한 사례는 보이지 않는다.

4) 양심의 가책 등 윤리적 동기

양심의 가책과 같은 윤리적 동기에 대법원이 언급하고 자의성을 긍정한 경우에[65] 이는 주관설에 입각한 판례라고 하는 이해도 있다.[66] 이에 반하여 후회 등 윤리적 동기가 존재하지 않는다는 점을 이유로 자의성을 부정하는 판례는 보이지 않는다.[67] 또한 후회 등 윤리적 동기가 필요하지 않다고 언급한 판례도 없다. 이렇게 본다면 적어도 후회 등 윤리적 동기를 자의성 긍정의 필요조건으로 한다는 의미에서의 주관설을 판례가 채용하고 있지는 않다.[68]

그러면 양심의 가책에 판례가 언급한 점은 어떻게 보아야 하는가? 우선 후회 등 윤리적 동기로 중지했다는 사정은 적어도 양형상 피고인에게 유리한 사정이므로, 이를 인정했다는 것에는 의미가 있다. 그래서 본 판례를 살펴보니 과연 형이 면제된 유일한 경우였다. 그렇다면 양심의 가책에 의한 중지를 인정함으로써, 행위자의 주관이 뭔가의 강제적 영향을 받지 않았다는 것도 동시에 보여준 것이라고 할 수 있다. 즉 자의성이 긍정되는데 나아가 윤리적 동기까지도 인정되는 경우이다. 이렇게 보면 이러한 개념은 특히 변호인이 주장하고 법원이 이를 채용하는 형태로, 자의성이 인정되는 경우에 양심의 가책 등 윤리적 동기가 언급되는 경향은 계속되리라고 생각된다. 윤리적 동기설 내지 주관설의 이러한 역할과 기능은 이를 채용하지 않는 다른 입장에서도 타당한 인정방법으로 인정받을 것이다.

---

65) 대법원 1986. 3. 11. 선고 85도2831 판결.
66) 이상돈, 형법강론, 483면.
67) 방화죄에 관한 ③ 판결에서 대법원은 자의성을 부정하면서도 "피고인이 스스로 범행을 후회하여 진화한 것이라고 인정할 만한 자료가 없다"고 판시하므로 주관설을 적용했다는 손지선, 전게논문, 51면의 지적은 잘못된 것이다. 윤리적 동기가 있어야 비로소 자의성이 인정된다는 주관설을 대법원은 채용하고 있지 않다. 사회통념설에 의하여 자의성이 부정되는데, 변호인이 후회라는 윤리적 동기가 있음을 주장하니까 이를 배척한 것뿐이다.
68) 정영일, 형법총론, 234면은 판례가 "주관적 상황을 크게 고려하기 때문에" 자의성을 인정함에 있어 엄격한 편이라고 한다. 즉 주관적 후회나 반성에 기한 적극적 행동이 없는 한 원칙적으로 자의성을 부정하고 있는 태도를 취하고 있다는 것이다. 이러한 해석은 대법원판례의 입장을 완전히 잘못 파악하고 있다. 판례가 윤리적 동기를 많이 요구한다는 이러한 잘못된 이해로는 박찬걸/김현우, 전게논문, 155면; 이상문, 전게논문, 19면.

Ⅳ. 자의성의 판단구조 - 결론

1. 자의성을 부정하는 요소로서의 '강제'

자의성을 둘러싼 논의에는 중지의 동기가 중심이 되고 있다. 물론 어떠한 행위에도 동기는 있다. 그러나 동기는 다의적이다. 또 반드시 하나의 동기에 의하여 행위가 행해지는 것도 아니다. 문제는 여러 가지 다수의 동기 중에서 행위를 중지시킨 요인을 어떠한 기준으로 추출할 것인가이다. 자의성의 일상언어적 의미는 외부적으로 강제되지 않는다는 것이다. 그렇다면 자의성의 존부에 우선 문제가 되어야 할 것은 중지행위에로 행위자를 강제하는 사정이 있는지 여부이다. 다음으로 그러한 외부적 상황이 행위자의 인식을 통하여 중지행위를 강제했다고 판단되면 자의성이 부정되고, 강제하지 않았다고 판단되면 자의성이 긍정된다. 여기에서 사용되는 것이 외부적 상황이 「일반적으로」 행위계속을 저지하는 강제적 요소가 될 수 있는가 하는 척도이다. 예컨대 단순한 시간의 경과는 강제적 요소의 판단에 척도가 될 수 없다. 동쪽 하늘이 밝아오므로 범행이 발각되기 쉽다는 등 비교적 구체성을 가지는 기준이 필요하다. 이 점에서 시사적인 것이 우리 판례에서 말하는 사회통념이다. 즉 일상생활상의 경험칙이라는 일반적 기준이다. 중지행위에로 행위자를 강제할 수 있는 외부적 상황인가는 통상적인 경험표준에 의하여 객관적으로 판단된다. 우리 판례도 이러한 사회통념을 기준으로 하지만, 판례가 사용하는 객관적 기준은 추상적으로 강제될 수 있는 외부적 사정이 존재한다는 것만으로 자의성을 부정한다는 점에 문제가 있다.[69] 자의가 아니라고 말하기 위해서는 '행위자 자신에게도' 그 강제가 기능하였다고 판단되어야 한다. 유혈을 보고 놀랐다는 사정이나 피해자가 애원하는 사정뿐만 아니라 발각될 위험이 있는 사태라고 하더라도 반드시 자의성을 부정하는 사정이라고는 할 수 없다. 이러한 사정이 일반적으로 자의성을 부정한다고 판단하고 더 이상의 판단을 하지 않음으로써, 결과적으로 판례는 자의성을 거의 인정하지 않는다. 중지행위의 자의성을 부정하기 위해서는 통상적인 경험에 비추어 일반적으로 강제가 될 수 있는 성질을 가지고, 이에 더하여 추가로 실제로도 행위자 자신에게 어쩔 수 없었다고 평가되어야 한다.

이렇게 볼 때 요사이 유행하는 자의성에 대한 유형화작업은 그것이 무엇을 위한 유형화인지 관점을 갖지 않은 단순한 유형화이다. 그 결과는 원칙적 부정을 위한 유형화가 되고 만다. 이는 받아들일 수 없다. 유형화작업의 시각은 예외적 부정(예외적 긍정)을 위한 유형화여야만 한다.[70]

---

69) 이상돈, 형법강론, 484면.

2. 자의성의 구체적 판단과정

행위자에게 중지를 하게 만드는 원인이 복수 있는 경우에는 '행위자 기준'은 기능하지 못한다. 그렇기 때문에 어떠한 사정이 '일반적으로' 장애가 될 수 있는가 하는 판단이 선행되어야 한다. 행위가 자의라는 것은 외부적 장애에 의해 강제되지 않는다는 것이라고 한다면, 이러한 최초의 제1단계는 우선 (i) 중지행위를 행위자에게 강제할 수 있는 외부적 상황이 도대체 존재하는가, (ii) 다음으로 그 외부적 상황이 행위자의 의사에 어떠한 영향을 미치는 것인가를 판단한다. 이 최초의 단계에서 일상적인 생활경험상 통례적인 상황에 직면할 경우 행위자가 중단할 것으로 판단되는 사정이 선정된다. 제2단계로서 그러나 행위자 자신이 반드시 강제되지는 않았다고 판명되는 경우 혹은「그」상황 때문에 행위를 중단한 것은 아니라고 판명되는 경우에는 비록 그것이 통례라고 하더라도 중지행위의 자의성은 인정되는 것이다. 어째서 그러한 사태가 실제로 행위자로 하여금 중지를 강제하였는지 여부에 대한 제2단계의 판단은 행위자를 기준으로 행하여진다. 이러한 의미에서 중지행위의 자의성은 종국적으로는 행위자를 표준으로 행해져야 하는 것이다. 이러한 판단방법은 현실적으로 중지하는 것밖에 어쩔 수 없었다는 입증을 범죄증명을 하는 검사에게 의무지우는 점에서도 실천적인 이유가 있다고 생각한다. 그러므로 입증이 불충분한 경우에는 in dubio pro reo 원칙에 따르게 된다.

V. 나오며 – 결론 그 뒤에 남아 있는 자기분열적 생각 혹은 진짜 하고 싶은 말

중지미수에 있어서 자의성표지의 의미는 파악이 쉽지 않다. 이는 우선 자의성이 지극히 주관적인 요소라는 점에 기인한다. 그래서 자의성이 아닌 다른 기준에 의하여 징표(徵標)되는 것으로 우리는 다루고 있다. 그리하여 자의성판단은 중지동기의 — 은폐되어 이루어지는 — 평가에 의하게 된다. 즉 중지행위의 자의성에 관한 판단에는 중지행위에 이르는 동기형성에 관한 가치판단이 전제되고 있는 것이다. 우선 강제상황에서 더 이상의 행위수행을 할 수 없는 경우에는 이미 — 자의성판단에 들어가기 전에 — 중지행위의 전제요건이 결여되어 중지미수는 성립되지 않는다. 그렇지 않은 내지 그 정도가 아닌 강제상황에서는 자의성이 — 좁은 범위이지만 — 인정될 여지가 있

---

70) 이러한 점에서 시사적인 것으로는 임웅, 형법총론, 387면 이하.

다. 그런데 이러한 경우 행위자는 기수와 중지 사이에 "형량"을 선행하게 된다. 이러한 형량에 대한 우리의 확인이 바로 동기에 대한 평가이다. 이것이 동기에 대한 평가가 가지는 의미이다. 그런데 여기에서 어떤 행위의 '동기' 따라서 그 '동기에 대한 평가'가 과연 구성요건요소의 문제인가 하는 의문이 든다. 행위의 동기는 양형책임의 요소가 아닌가 생각되기 때문이다. 구성요건해당성 여부를 판단할 때에는 행위의 동기나 이유를 묻지 않는다. 그런데 중지행위의 동기를 묻는다는 것은 이미 자의성이 중지미수의 성립요건 내지 구성요건요소가 아니라는 것을 말해 주는 것은 아닐까 한다. 물론 중지행위의 경우에만 '특별히' 요구되는 '특별한' 구성요건요소라고 말할 수도 있을 것이다. 그러나 중지미수의 자의성은 범죄체계상 인적처벌감면사유라고 일반적으로 인정되고 있다. 그렇다면 중지미수의 자의성은 형식적으로는 중지미수의 성립요건 내지 구성요건요소이지만 실질적으로는 양형책임감면요소라고 우리들은 이미 보고 있는 것 아닌가 하는 추측도 해 본다.

이러한 자의성판단을 통설과 판례는 '장애'미수와 '중지'미수의 일반적 구별로 연결하여 처리한다. 그런데 중지미수 조문 안에 자의성이 설사 규정되어 있지 않더라도, 당연히 중지미수와 장애미수는 일반적으로 구별되어야 하는 것이다. 그렇다면 자의성표지는 아무런 역할이나 기능을 실제로는 하고 있지 못하다는 것이 된다. 이를 잘 보여주는 것이 대법원의 자의성 인정방식이다. 대법원이 사회통념설을 취하고 있다고는 하지만, 그 실제 판단에 있어서 외부적 장애를 인정하는 기준이 (사회통념보다) 현저히 낮다고 보인다. 어떠한 학설의 입장을 선택한다 하더라도 개별사례에 대하여 일의적인 해결에 이르는 것은 아니다.

어느 학설을 채택하더라도 그 학설을 채택하는 논자들이 동일한 사례에 대하여 일관된 결론을 내리는 것은 전혀 아니다. 서로 상반된 결론을 내리기도 한다. 이렇게 볼 수도 있고 저렇게 볼 수도 있다고 한다. 이런 경우라면 이렇게 봐야 하고, 저런 경우라면 저렇게 봐야 하고, 또 다른 경우라면 또 달리 봐야 하고 자의성논의는 — 형법의 어떤 영역에서도 볼 수 없는 — '수많은 경우의 수의 경연장'이다. 한마디로 중구난방(衆口難防)이다. 이것은 결국 뭘 말해 주는가? 그래도 별 상관없다는 것을 말해 주는 것이다. 모두 정도의 문제라는 것을 부정할 수 없다. 그렇다면 어느 학설에 의하는가는 별 의미가 없다. 아니 어느 학설에 의하더라도 상관없다. 왜인가? 미수범의 주관적 구성요건해당성을 검토할 때, 장애미수의 형의 임의적 감경의 근거를 고려하는가? 하지 않는다. 불능미수의 위험성을 판단할 때 형의 임의적 감면이 근거를 고려하는가? 하지 않는다. 미수범의 구성요건요소를 판단할 때 형의 혜택근거에 비추어 판단하는가? 구성요건요소를 그렇게 판단해서는 안 된다는 것은 상식이다. 그런데 중지미수의 자의성은 왜 필요적 감면의 근거를 필수적으로 고려하고 있는가? 왜 그런가? 왜 수많은 경우의 수의 경연장이 되는 것인가? 중지"행위의 동기"에 대한 평가문제이기 때문이다. 중지미수의 성립요소 내지 구성요건요소로서는 실체가 애당초 없는 것이기 때문이다. 자의성의 실체가 없는데, 없는 실체가 어떻게 포착될 수가 있겠는가? 윤리적 동기가 양형요소가 된다면, 자율적 동기는 그럼 왜 양형요소가 아닌가? 왜 더 엄격한 윤리적 동기는 양형요소이고 덜 엄격한 자율적 동기는 성립요소인가? 양자의 차이가 양형요소와 성립요소와를 구별할 정도의 차이가 있을 수 있는가? 미수범의 성립요건은 (결과불발생 요건을 제외하면) 실행의 착수뿐이다.

독일, 일본, 우리나라 그리고 세계에서 자의성에 관하여 헤아릴 수 없이 많은 논문이 발표되었다. 그러나 자의성 논의는 아무런 발전을 보지 못하고 있다. 수많은 사람이 수많은 내용을 채워 넣었지만 자의성 논의는 그대로다. 한 발자국도 못나가고 있다. 매우 복잡한 자의성 판단과정을 제시하면서 결국 모든 관점이 빠짐없이 고려되어야 한다는 것이었다.71) 이는 결국 아무런 내용도 아닌 것이다. 본 논문의 내용도 예외는 아니다. 자의성에 특필할 것이 존재하지 않는다는 지적이 본 논문의 바로 이 지적이 특필할 만한 것이다. 왜 그런가? 자의성이란 실체가 없는 것이기 때문이다. 그래서 모든 것들은 처음부터 별다른 의미를 가질 수 없는 것이었다. 실체가 있다면 그것은 "(중지행위의) 동기에 대한 평가"이다. 이는 '양형에서' 다루어지는 것이다. 우리는 여전히 자의성의 이해에 막대한 노력을 하고 있다. 아직까지 싫증이 나지 않았다. 우리는 여전히 자의성의 이해를 그리워한다. 그러나 자의성은 매번 좌절을 안겨다 줄 뿐이다. 자의성은 실체가 없기 때문이다. 그렇다면 중지미수의 본질은 자의성이 될 수 없다. "중지미수의 본질은 자의성에 있다"고 한다.72) 그러나 어떠한 문헌에서도 아무런 논거제시나 이유설명을 찾아볼 수 없다. 그냥 당연히 그렇다는 식이다. 중지미수에 있어서 자의성은 중요하다고 말할 수도 있을 것이다. 중요한 요소 중의 하나라고 말할 수도 있을 것이다. 그러나 중지미수의 "본질"은 아니다.

---

71) 손지선, 전게논문, 56면 참조.
72) 손지선, 상게논문, 58면.

7. 피학대여성과 정당방위

- 잠자는 가정폭력 남편의 살해를 중심으로 -
- 침해의 현재성 요건에 있어서 계속범적 이론구성 -

7. 피학대여성과 정당방위 *

- 잠자는 가정폭력 남편의 살해를 중심으로 -
- 침해의 현재성 요건에 있어서 계속범적 이론구성 -**

목차

Ⅰ. 문제의 제기

"나의 진정한 자유는 그의 구속으로부터 시작되었다."[1] 이 말은 남편으로부터 장기간 가정폭력 피해에 엄청난 고통받은 끝에 남편을 살해하고 말았던 아내의 거짓 없는 심정을 충실하게 표현하고 있다. 법원은 여전히 계속해서 이러한 형사사건을 다루고 있다. 특히 주목을 받는 것은 수년간 고통과 피해를 받은 아내가 잔인한 남편을 — 다툼이 있는 중이 아니라 — 잠자고 있는 사이에 살해하는 사례이다. 따라서 위 인용문장은 "나의 진정한 자유는 그의 살해에 의하여 시작되었다"라고 표현하는 것이 더 적절해 보인다. 가장 가까운 가족의 한 사람이며 본래는 보호를 받아야 할 존재인 배우자로부터 신체적 정신적 침해를 집요하게 장기간에 걸쳐 지속적으로 받은 가정폭력 피해자의 그 고통의 크기는 당사자 이외의 사람에게는 용이하게 헤아리기 어렵다. 절망적인 상태에 있는 가정폭력 피해자인 아내에 의한 가해자인 남편의 살해

* 이 논문은 서울대학교 법학발전재단 출연 법학연구소 기금의 2016학년도 학술연구비의 보조를 받았음.

** 교정연구 제26권 제1호, 한국교정학회

1) Harverkamp, Zur Tötung von Haustyrannen im Schlaf aus strafrechtlicher Sicht, GA 2006, 586.

는 폭력적인 남편이 잠자고 있는 사이에 실행되는 경우가 많다. 남성과 여성은 원래 생물학적인 체력 차이(특히 순발적 근력의 차이)가 존재하기 때문에, 장기간에 걸쳐 가정폭력에 의해 정신적으로도 예속상태에 처한 아내에 의한 반격은 남편의 무공격상태에서 이루어지는 것이 오히려 정상이라고 할 수도 있을 것이다.[2] 그런데 가정폭력 피해자인 아내가 가해자인 남편을 살해한 경우에 우리 대법원은 정당방위를 인정하지 않는 것이 지금까지의 확고한 입장이다. 판례의 경향을 보면 침해의 현재성을 부정하기도 하고, 방위행위의 상당성을 부정하기도 한다. 결국 우리 대법원은 가정폭군 살해사건을 양형에 의하여 해결하는 입장에 있다. 이러한 양형에의 도피는 가정폭력에 대한 이해가 부족한 데에서 기인한 것이 아닌가 짐작해 볼 수도 있다. 물론 절대적 가치를 가지는 생명이라는 법익의 특별한 위치를 고려한 해결책이라고 이해된다. 그런데 가정폭력에 관한 이해가 진전될 때 양형에 의한 해결방식에서 정당방위론에로 이행될 수도 있는 것은 전혀 아닐까?

본 논문은 가정폭력 피해자가 가해자에게 반격하는 경우에 있어서 형법적 문제점에 관하여 그러한 행위가 정당화될 수 있는가 하는 위법성 차원의 논의를 검토하여 보기로 한다. 이러한 배우자 살해에 대하여 위법성조각사유로서 정당방위와 긴급피난이 고려될 수 있을 것이다. 위법성조각을 인정하는 데 있어서 최대의 난관 내지 장벽이 되는 요건은 정당방위에 있어서 논의의 출발점이 되는 '침해의 현재성' 문제이다. 방위행위의 상당성은 그 다음 문제로서 이에 관하여는 이런저런 논란이 충분히 가능한 영역이지만, '침해의 현재성' 요건은 정당방위 논의에서 인정하기가 매우 곤란하기 때문에 이를 어떻게 돌파하느냐가 이론적 관건이 된다. 대법원은 김보은 사건에서 "범행당시 피고인의 신체나 자유 등에 대한 현재의 부당한 침해상태가 있었다고 볼 여지가 없는 것은 아니다"라고 하여, 침해의 현재성을 인정하는 듯한 판시를 하였다. 그러나 어떻게 하여 그렇게 볼 수 있는 것인지 그 이론적인 논거는 제시되지 않고 있다. 또한 학설 중에서도 과거로부터 지속적인 법익침해가 있는 경우라면, 현재 법익침해를 당하다 중단된 동안에도 과거로부터 이어진 경험으로 판단할 때 침해의 현실적인 위협상태에 있고 폭력의 손아귀에 놓여있는 상태라고 하여, 이러한 지속적 위험이 있는 경우 — 침해가 누적되어 연장선상에 있다면 침해의 위험은 상존하는 것이기 때문에 — 현재의 침해로 인정되어야 한다는 견해가 있다.[3] 이러한 견해는 침해의 위험을 침해로 보아야 한다는 주장이다. 그러나 침해의 위험이 침해로 인정되는 논거에 관해서는 아

---

2) 이유정, 여성 폭력과 사법, 저스티스 제146-3호, 2015, 605면.

3) 한인섭, 가정폭력 피해자에 의한 가해자 살해 : 그 정당화와 면책의 논리, 서울대학교 법학 제37권 제2호, 2008, 280면 이하; 정도희, 가정폭력피해자의 반격과 정당방위에 대한 소고, 비교형사법연구 제17권 제4호, 2015, 207면.

무엇도 제시되지 않고 있다. 우리 형법은 형법 제21조 정당방위에서의 침해와 제22조 긴급피난에서의 위난(위험)을 명백히 구별하고 있다. 이와 같이 가정폭력 피해자인 아내의 가해자 남편에 대한 살해에 대하여, 정당방위상황에서 요구되는 침해의 현재성을 인정해야 한다는 목소리는 높지만, 정작 어떠한 이론구성에 의하여 그것이 가능할 것인지에 관하여는 아무런 설명이 없다. 조금 과장하여 말한다면 가정폭력 피해자인 아내가 가해자인 남편을 살해한 경우에는 정당방위나 과잉방위를 인정해야 한다고 그저 주장할 뿐이다. 본 논문에서는 가정폭력 피해자인 아내가 잠자고 있는 가해자 남편을 살해한 경우에 정당방위상황에 있어서 침해의 현재성이 인정된다는 이해구조는 과연 어떠한 것인가를 살펴보기로 한다.

Ⅱ. 정당방위의 인정 여부 – 침해의 현재성에 관한 기존의 논의

1. 침해가 존재하는가?

정당방위의 객관적 성립요건으로서 정당방위상황이 있을 것이 요구된다. 본 사례와 관련하여 우리나라의 논의는 침해가 현재하고 있는가 하는 침해의 '현재성'의 문제에서 시작한다. 그러나 우선 '침해'가 존재하는가? 침해가 존재한다고 근거지우는 데에는 두 가지 방법이 있을 수 있다고 생각된다. 하나는 남편이 행위자인 아내에 대해 이미 과거에 여러 번 학대행위를 계속해 왔다면 그 학대행위가 침해가 된다고 볼 수 있다. 이러한 경우 학대행위에 의하여 나중에 행위자가 된 아내의 신체에 대한 침해가 존재하지만, 이 침해는 정당방위에서 말하는 '현재의' 침해가 될 수는 없다. 이미 과거에 종료된 사태이기 때문이다. 그렇다면 다음으로 정당방위 행위시점에 남편의 공격이 장래에도 행해질 것이고 또 종전 경험에 비추어 볼 때 더욱 강화될 것이라면 우리는 '침해'를 인정할 수 있을 것이다.

2. 침해의 현재성이 인정되는가?

1) 침해의 현재성을 부정하는 견해

이러한 '침해'를 '현재의' 침해라고 말할 수 있는가? 이 문제에 대한 해답은 정당방위상황의 개시시점을 어느 시점으로 잡느냐에 달려 있다. 그런데 정당방위상황은 사후에 객관적 상황에 의하여 판단한다는 것에 견해가 광범위하게 일치하고 있고 따라서 침해의 시간적 한계도 객관적으로 결정된다. 이때 피해자 남편의 공격이 장기간에 걸쳐 증가되고 강화되어 왔다면, 새로운 공격이 언제든지 남편으로부터 행해질 수 있다는 점이 고려되어야 한다. 즉 침해는 임박하고 있다거나 목전에 있는 것이다. 그런데 문제는 침해가 "직접" 임박하거나 목전에 있는가 하는 점이다. 잠자고 있는 가정폭력 남편 사례에서 문제가 되고 있는 것은 바로 이 점이다.

여기에서 가정폭력 가해자인 남편이 잠을 자고 있는 경우에는 침해의 현재성이 인정되지 아니하여 객관적으로 정당방위상황이 존재하지 않는다는 견해가 자연스럽게 나오게 될 것이다.[4] 잠자는 사이에 가하여진 반격은 순전히 사전방위에 불과하기 때문에 정당화되지 않는다는 것으로 우리나라의 다수설적 입장이다.[5] 이는 가정폭력 가해자가 잠자고 있는 경우에는 공격이 "직접" 임박하고 있지 않다는 것이라고 볼 수 있다.[6] 일반적으로 정당방위에 있어서 침해의 현재성은 공격이 "직접" 목전에 있거나 이미 개시되었거나 아직 계속되고 있는 경우에 한하여만 인정된다. 이때 공격의 개시는 공격자의 행위가 직접 침해행위로 나아가는 때에 인정된다.[7] 그러므로 잠자기 이전에 행해진 공격은 이미 종료된 과거의 침해이며, 잠에서 깨어난 후에 이루어질 폭력행위는 장래 이루어지는 것이라고 할 수 있다. 절박한 순간적 위험은 없다는 것이다. 정당방위상황의 시간적인 개시시점에 관하여 이와 같이 일반적으로 승인되고 있는 개념정의에 따르면, 정당방위에 의한 위법성조각은 정당방위상황이 존재하지 않기 때문에 부정된다.

2) 침해의 현재성을 긍정하는 견해

이러한 다수설적 견해의 결론을 피해가려면 침해의 현재성에 관한 논의에서 어떠한 주장을 할 수 있을까? 여기에서 정당방위는 소위 무기대등의 원칙을 전제로 하여 본래 남성 대 남성이라고 하는 신체적 능력이 대등한 자 상호 간의 투쟁을 예정하고 있는 것이기 때문에, 정당방위에 있어서 침해의 현재성에 관하여도 이를 고려하여 해야 한다는 견해가 나오게 된다. 여성은 대부분 육체적으로 약하기 때문에 정당방위에서 보장하는 방위를 효과적으로 할 수 없다. 그러므로 여성 대 남성의 경우에는 일반적인 체력 차이를 고려하여 침해의 현재성을 해석하고 그리하여 무기대등의 원칙을 실질적으로 보장해야 한다는 것이다. 여성 행위자는 남성의 신체적 우월 때문에 학대와 굴종을 당하고 있다. 반격을 효과적으로 할 수 없다는 이러한 점은 정당방위

---

4) 신동운, 형법총론, 제9판, 2015, 305면.
5) 대표적으로 배종대, 형법총론, 제11판, 2013, 345면.
6) Kühl, AT, 7.Aufl., 2012, §7 Rn.24.
7) Roxin, AT I, 4.Aufl., 2006, §15 Rn.21ff.

에 관한 이해를 조금 수정하여 파악하려는 것이다.

이러한 입장은 '반격이 효과적일 수 있는 기회에' 방위가 이루어진 경우에는 침해의 현재성을 실질적으로 확대하는 것을 해석론상 인정하려는 견해로 나타난다(실효적 반격 기준설 내지 효과성 기준설). 이에 따르면 그 시점을 도과하면 확실하고 효과적인 방위의 가능성을 상실하게 되는 경우에 침해의 현재성은 인정된다고 한다.8) 결국 이 입장에 의하면 피해자인 남편의 침해행위가 없더라도 현재의 침해는 인정된다.

3. 계속적 침해의 인정 여부

1) 계속적 침해는 현재의 침해인가?

위와 같은 일반적인 현재성의 확대해석과 달리, 최근에 예외적인 경우에는 현재성개념을 조금 다른 형태로 인정하자는 논의가 있다. 이는 소위 계속적 침해(Dauerangriff)를 순간적이고 절박한 공격으로 인정할 수 있지 않을까 하는 점에 관한 것이다.9) 계속적 침해는 신체적 폭력을 사용하여 여성을 완전히 억압하고 노예화하고 인간의 존엄과 가치를 극심하게 훼손하는 행위에 기반하고 있다.10) 가정폭력은 그 피해자의 정신적 자유에 대하여 가해지고 있는 계속적 침해라고 설명할 수 있다는 것이다.

이를 인정할 것인가에 관하여 통설은 소극적인 입장에 있다. 그러한 근거로서는 계속적 침해라는 개념을 인정하게 되면 시간적으로 정당방위를 무제한 확대하는 것으로 연결되어, 단시간의 절박한 공격에 대한 반격이라는 특징을 가지는 정당방위의 관념과 모순된다는 점이 지적된다.11) 즉 계속적 침해라는 개념은 법조문의 문언을 넘어가는 해석이 된다는 것이다. 그리고 이러한 개념구성은 체계적으로 볼 때 정당방위와 긴급피난의 구별이 애매하게 만들 수 있다. 여성이 신체적으로 불이익을 받는다는 점은 있겠지만, 정당방위권이라고 하는 것은 절박하고 위험한 공격만을 오로지 문제삼는 것이다.

그리고 현재의 공격이라는 의미내용에 비추어 볼 때, 피해자 남편의 상시적인 가정폭력에 의하여 행위자 여성의 의사자유에 대한 침해가 계속되고 있다고 하여, 그것이 현재의 공격이 인정되는 논거가 될 수는 없다.12) 행위자 여성은 장기간에 걸친

---

8) Schönke/Schröder – Perron, 29.Aufl., 2014, §32 Rn.14; Schmidhäuser, AT, 2.Aufl., 1984, 9/94.

9) Trechsel, Haustyrannenmord – ein Akt der Notwehr? Sonderheft KritV 2000, 183ff. 같은 취지로 보이는 것은 박상기, 형법학, 제2판, 2015, 114면.

10) Trechsel, Sonderheft KritV 2000, 190.

11) Harverkamp, GA 2006, 593.

12) Rotsch, Die Tötung des Famillientyrannen: heimtückischer Mord?, JuS 2005, 16.

학대와 협박 때문에 자기결정에 따라 행동할 수 없는 경우 예컨대 남편을 살해한다든가, 쉼터에 피난한다든가, 경찰에 통보한다든가 등을 할 수 없는 경우가 자주 있다. 그러나 이러한 소위 계속적 침해라는 것은 단지 이미 종료한 학대행위가 그 후에도 잔존효과를 발생시키고 있다는 점을 지적한 것에 지나지 않는다, 학대행위에 의하여 법익침해는 이미 발생했고, 이러한 이미 발생한 법익침해가 잔존효과 때문에 더 증대한다는 것은 아니다. 이와 같이 상시적으로 잔존효과가 발생한다고 하더라도, 이미 종료한 공격에 대하여는 정당방위가 인정되지 아니한다.[13]

2) 정당방위 유사상황 인정설

이러한 이유에서 계속적 침해를 현재의 침해라고 인정할 수는 없지만, 정당방위에 유사한 상황에 있다고 보아 정당방위를 유추적용할 수 있다고 주장하는 견해가 있다. 가정폭력 피해자가 이에 해당되는 전형적 사례인데, 공격자와 방위자 사이에 본래 무기의 대등성이 인정되지 않을 경우 가까운 장래에 확실하게 예견되는 침해에 대하여 미리 방위하지 않으면 방위의 효과를 기대할 수 없는 때에는 ― 국가기관에의 지원요청과 방어적 긴급피난의 성립요건이 되는 비례성원칙을 충족한다는 것을 요건으로 하여 ― 반격이 허용된다는 것이다.[14]

물론 이러한 유추적용은 피고인에게 유리한 유추로서 직접적으로 죄형법정주의에 반하는 것은 아니다. 그러나 이러한 유추적용을 인정하면 정당방위와 방어적 긴급피난의 구별이 애매하게 된다는 문제가 있다. 정당방위 유사상황은 두 가지 위법성조각사유를 혼합하고 있다. 그리고 사전방위를 넓게 인정하게 된다는 점에서 직접적용을 인정하는 경우와 다르지 않기 때문에 타당하지 않다고 비판된다.[15] 정당방위권은 아주 강력한 수단이다. 단순히 사전적 조치에까지 정당방위권이라는 강력한 수단을 확대 인정하는 것은 타당하지 않다. 장래에 예상되는 공격에 대해서는 국가기관에 의한 방위조치가 우선되는 것이다.

---

13) Rotsch, JuS 2005, 16.
14) Suppert, Studien zur Notwehr, 1973, S.356f. 또한 Jakobs, AT, 2.Aufl., 1991, §12 Rn.27.
15) Harverkamp, GA 2006, 593; Rotsch, JuS 2005, 16.

3) 매맞는 여성증후군 고려설

고통받는 여성의 예외적 심리상태를 고려하여 정당방위에 의한 위법성조각을 인정하자는 입장이 주장되고 있다. 매맞는 여성증후군에 입각한 합리적인 피해자기준에 따라 침해의 현재성을 폭넓게 인정해야 한다는 것이다.[16] 그런데 매맞는 여성증후군을 정당방위 해석론에 받아들이고자 할 때, 이를 어떤 방식으로 고려하자는 것인지 불명확하다. 정당방위상황에 관하여 미국에서는 "합리적 신념"을 요구하는데, 그 합리성을 위해 매맞는 여성증후군을 사용하고 있다.[17] 우리나라 정당방위법은 이러한 미국의 정당방위법과 요건을 달리하므로 이를 동일하게 구성할 수는 없다. 그러나 주관적 요소를 고려하여 객관적 판단을 하려는 점은 우리나라 법에 시사점을 던져주고 있다. 즉 매맞는 여성증후군과 개별사정을 위법성조각판단에 고려함으로써 정당방위상황을 인정할 수 있다는 것이다.[18] 행위자의 개개 구체적인 상황하에서의 관점을 고려에 넣어 행위의 위법성을 판단하게 된다. 이러한 시각에서 본다면 계속적 폭행은 일시적으로 종료된 것처럼 보이지만 그 효과가 현재하고 있다. 외형상 침해는 지나갔지만, 새로운 침해가 임박하고 있다.

매맞는 여성증후군은 피해자가 가해자가 되는 틀에 박힌 유형을 말하는 것이다. 이는 개인적 경험이나 반응들을 충분히 고려하지 않고 있다. 장기간 가정폭력에 시달린 여성의 내면적으로 억압된 심리상태를 근거로 정당방위의 성립요건 판단시에 일반인과는 다른 기준을 적용해야 한다는 주장으로 연결되어 버린다.[19] 매맞는 여성증후군을 배후에 두고 강간죄 성립에 요구되는 최협의 폭행이 누적적 폭행개념으로 이해된다면, 가정폭력 가해자 남편이 잠을 자고 있는 순간에 부당한 침해가 있다는 견해가[20] 이러한 맥락에서 나오는 것이 아닌가 한다. 그러나 위법성판단에 있어서는 행위자에 따라 판단기준을 달리하는 것이 아니라, 동일한 판단기준이 적용되는 것인데 적용시에는 당연히 행위당시 행위자의 구체적 사정을 고려하는 것이다. 그런데 위법성판단의 기준 자체를 달리하자는 것은 오히려 여성을 병리학적 비정상으로 만들고 있는 것은 아닌가 의문이 없지 않다. 그리고 매맞는 여성증후군과 같은 개인의 심리상태를 이유로 하는 경우는 책임단계에서 검토되어야 한다는 비판도 있다.[21]

---

16) 이유정, 전게논문, 606면.
17) 김호기(a), 미국의 정당방위 성립요건인 합리성의 해석론, 경찰법연구 제7권, 2009, 371면 이하.
18) 한인섭, 전게논문, 278면 이하.
19) 한인섭, 상게논문, 278면 이하.
20) 이상돈, 형법강론, 2015, 269면.
21) 김호기(b), 비대면상황에서의 피학대자의 학대자 살해행위와 정당방위의 성립가능성, 경찰법연구 제9권 제2호, 2011, 154면.

Ⅲ. 과잉방위의 인정 여부

다수설과 같이 잠자고 있는 피해자를 살해한 경우에 정당방위 내지 정당방위 유추적용을 인정하지 않는다면, 과잉방위는 인정되는가? 과잉방위의 법적 성질에 관하여는 긴급시의 공포, 경악, 당황과 같은 허약적 심리 때문에 방위에 상당한 정도를 의식적 내지 무의식적으로 초과한 경우로 파악하는 입장(책임감소설)이 있다. 그러나 과잉방위도 객관적인 정당방위상황을 전제로 하지 않으면 안 된다. 그러므로 잠자고 있는 상대방을 공격하는 경우에는 침해의 현재성이 결여되어 (질적)과잉방위도 인정되지 아니한다.[22] 물론 과잉방위를 이와 같이 공격이 현재하는 경우뿐만 아니라 그 전후에도 (양적 과잉방위)성립을 인정하는 견해도 있다.[23] 그러나 가정폭력 가해자를 살해한 경우에 다수설이 과잉방위의 성립도 원칙적으로 인정하지 않는 이유는 가정폭력 가해자가 공격을 중단, 종료하고는 잠자고 있으므로, 이 경우 사태가 연속적으로 진행되고 있다고 인정할 수는 없기 때문이다.[24] 즉 연속되는 사태인데 침해가 종료된 경우는 양적 과잉방위의 성립을 인정할 수 있다는 입장에 의하더라도, 잠자고 있는 가정폭력 남편을 살해한 본 사례는 이에 해당할 수 없다.[25]

Ⅳ. 긴급피난의 인정 여부 – 위난의 현재성 긍정

1. 위난의 현재성

가정폭력 피해자가 잠자고 있는 가해자에 대하여 반격하는 경우 정당방위에서의 침해의 현재성은 인정되지 않지만 긴급피난에 있어서 현재의 위난은 인정되는가? 이 문제에 관하여 통설은 긍정하는 입장에 있다.[26] 폭력적인 남편은 아내에 대하여 계속적 위난이 되며, 위난의 현재성은 인정된다는 것이다. 이 견해는 정당방위에 있어서

---

22) 김일수/서보학, 새로쓴 형법총론, 제12판, 2014, 199면.

23) Roxin, AT I, §22 Rn.88ff.

24) Harverkamp, GA 2006, 596. 연속된 일련의 행위 속에서 방위행위가 시간적으로 초과하여 이루어진 이른바 양적 과잉방위 내지 외적 과잉방위의 인정여지를 언급한 하급심 서울북부지방법원 제1형사부 2009. 1. 15. 선고 2007노876판결.

25) 매맞는 여성증후군의 경우 과잉방위로 인정해야 한다는 견해로는 김병수, 정당방위의 대처방안, 형사정책연구 제25권 제4호, 2014, 59면(지속적 위난은 면책적 긴급피난으로 해결하는 것이 바람직하며 정당방위규정에 편입시키는 것은 타당하지 않고, 따라서 과잉방위를 적용하는 것이 타당하다고 한다). 과잉방위는 정당방위상황을 전제로 하는 개념이다.

26) 대표적으로 김성천/김경준, 형법총론, 제7판, 2015, 227면.

'현재의 부당한 침해'와 긴급피난에 있어서 '현재의 위난'을 구별하여 달리 해석한
다.27) 정당방위에서 현재의 침해는 실제로 임박한 위험상황이 필요하지만, 긴급피난
에서 현재의 위난은 동적인 과정 즉 현재의 상태가 그대로 진행되면 긴급피난행위가
가능한 법익의 침해에 이르게 될 위험이 있는 상황을 말한다. 그 위험이 침해로 전화
될 수 있는 경우라면, 그 침해의 발생에 상당한 시간이 필요하여도 계속적 위난은 인
정된다. 장기간에 걸쳐 신체적 학대를 당하고 언제든지 분노폭발을 받음으로써 아내
는 항상 폭력에 공포를 갖고 있는 상태에 있으므로 계속적 위난의 현재성은 인정될
수 있다. 가정폭력 가해자의 가족에 대한 폭력이 일정 정도에 달하여서 가정폭력 가
해자의 태도가 가족에 대한 계속적 위난상황을 발생시고 있는 것이다. 가족 내에서의
생활경험칙상 가정폭력 가해자는 분노로 자아를 잃고 가족에 대하여 중대한 학대를
가할 것임은 확실하고, 이 기회를 놓치면 효과적인 반격은 거의 불가능하기 때문이
다. 즉 이러한 경우에는 정당방위상황의 발생을 기다릴 필요는 없고, 계속적 위난이
일정 단계에까지 달하여 '현재하고 있다'고 말할 수 있다는 것이다.28)29)

2. 피난행위의 상당성 – 방어적 긴급피난의 경우

계속적 위난을 인정하고 위난의 현재성이 인정된다고 하더라도 곧바로 긴급피난
이 인정되는 것은 아니다. 긴급피난은 상당성 요건으로 보존되는 이익이 침해되는 이
익을 현저히 초과할 것 내지 본질적으로 우월할 것을 요구하기 때문이다. 그렇기 때
문에 통설은 위난의 현재성은 긍정하면서도 긴급피난의 성립요건으로서 우월적 이익
이 인정되지 않는다고 본다. 특히 살해에까지 이르른 경우에는 생명 대 생명은 형량
이 불가능하다는 것을 이유로 긴급피난의 성립을 인정할 수 없다는 것이다.30) 보전법
익이 아내 자신의 생명, 신체뿐만 아니라 자녀나 다른 가족의 생명 신체를 포함한다
고 하더라도,31) 다수의 생명보전을 위하여 소수의 생명을 희생하는 것은 인정되지 않
는다는 의미이다. 즉 긴급피난에서는 살인까지 정당화하는 것은 아니라는 것이다. 이
와 같이 통설은 가정폭력에 의한 계속적 위난의 현재성은 인정되지만, 방어적 긴급피
난이라고 하더라도32) 정당화되는 긴급피난이 성립하는 것은 어디까지나 가정폭력 가

---

27) 긴급피난에서 위난의 현재성을 정당방위에서의 침해의 현재성보다 넓게 해석해서는 안 된다는
입장은 오영근, 형법총론, 제3판, 2014, 206면.
28) Trechsel, Sonderheft KritV 2000, S.184.
29) 이와 관련하여 행위시에 피해자가 잠자고 있는 한 (일어날 때에 틈을 보아 뒤에서 공격한다는
것이 아니므로) 계속적 위난이 존재한다고 볼 수 없다는 비판도 가능하다.
30) Roxin, AT I, §16 Rn.29.
31) Rotsch, JuS 2005, 16.

해자에게 상해를 가하는 경우에 그치고 살해하는 경우는 인정할 수 없다고 본다.

물론 방어적 긴급피난의 경우 중에서 아주 예외적으로 위난야기에 원인이 있는 자를 살해하는 것이 허용된다고 하는 견해도 있다. 이러한 입장은 가정폭군의 살해가 바로 이에 해당한다고 한다. 생명이라는 법익은 형량이 불가능하다는 점을 원칙적으로 인정하지만, 이 경우에는 방어적 긴급피난 행위자의 이익이 우월하다고 평가하는 것이다. 즉 위난의 원인을 야기한 자에 대하여 이루어지는 방어적 피난에서는 이익형량의 원칙이 엄격하게 적용되지 않으므로, 보호법익이 침해이익보다 본질적으로 우월하지 않거나 심지어 낮은 경우에도 긴급피난이 인정될 수 있다고 한다.[33] 특히 자녀와 같은 다른 가족에 대한 위난을 행위자 자신의 생명에 대한 위험을 감수하지 않으면 방지할 수 없을 경우에는 인정될 수 있다고 한다.[34]

그러나 방어적 긴급피난에서의 이러한 아주 예외적 생명법익의 형량도 — 모든 위난의 경우에 허용되는 것이 결코 아니라 — 위난의 원인을 야기한 자의 행위가 형법적으로 중요한 의미를 가지는 미수단계에 이르는 사례에 한해서만 허용될 수 있는 것이다. 즉 방어적 긴급피난에서 아주 예외적인 생명법익형량을 인정한다고 하더라도 그것은 '현재의 위난' 중에서도 제한된 경우에만 고려될 수 있는 지극히 엄격한 것이다.[35] 따라서 잠자고 있는 가정폭력 남편을 살해하는 경우에는 이러한 형량이 인정되지 않는다.

V. 정당방위상황 – 침해의 현재성 인정방법

1. 침해의 현재성요건의 변경 – 장래 침해를 달리 피할 방법이 없는 보충성

최근에는 정당방위의 요건인 침해의 현재성은 국가기관이 개입하여 침해를 배제하는 것이 불가능한 시점을 의미한다고 하여, 장래의 침해에 대하여도 — 그것이 국가공권력에 의한 침해배제가 불가능한 시점에 발생하는 것이라면 — 침해의 현재성을 인정해야 한다는 주장이 있다.[36] 이 견해에서 판단의 대상이 되고 있는 것은 '장래의

---

32) Harverkamp, GA 2006, 595.
33) 조국, 매맞는 여성증후군 이론의 형법적 함의, 형사법연구 제15호, 2001, 50면 이하; 김태명, 가정폭력사건에 있어서 정당방위 성립요건의 판단절차의 기준, 형사법연구 제25호, 2006, 94면.
34) Vgl. Geerds, Jura 1992, 322.
35) Roxin, Der durch Menschen ausgelöste Defensivnotstand, FS—Jescheck, 1985, S.483f.; Küper, Grund—und Grenzfragen der rechtfertigenden Pflichtenkollision im Strafrecht, 1979, S.74.; Rotsch, JuS 2005, 16.
36) 김호기(b), 전게논문, 167면.

침해'라고 보인다. 장래의 침해를 현재의 침해로 끌어오겠다는 이론구성이다. 이는 결국 정당방위상황에 있어서 침해의 현재성요건을 새롭게 변경하여야 한다는 것이다.[37] 장래의 침해에 대하여도 달리 회피할 방법이 없는 경우에는 현재의 침해를 인정하자는 것이다.[38] 그런데 보충성요건은 원래 긴급피난에서 달리 피할 방법이 없어야 한다는 상당성과 관련되어 요구되는 원칙이다. 정당방위의 상당성에는 달리 피할 방법이 없는 경우에만 인정된다는 보충성은 요구되지 않는다. 법은 불법에 양보할 필요가 없다는 말에서 단적으로 표현되고 있는 바와 같이, 정당방위는 달리 피할 방법이 있더라도 인정되어야 한다. 보충성이 있는 경우에 침해의 현재성이 인정된다는 이러한 견해는 오히려 결국 엄격한 정당방위론에 이르게 되어 버린다. 또한 이러한 방위 '행위'의 상당성에 관한 요건을 침해의 현재성이라는 정당방위'상황'에 원용하는 것은 구조적으로 곤란하다고 할 것이다. 즉 이러한 견해는 정당방위와 긴급피난을 혼합하고 있으며, 방위행위의 상당성과 침해의 현재성이라는 정당방위상황이라는 서로 다른 차원의 차원의 논의를 혼합시키고 있다. 설사 침해의 현재성요건을 변경한다고 하더라도 이런 방식의 요건변경은 받아들 수 없다. 또한 기존의 현재성요건을 변경하지 않으면 가정폭군 남편살해의 경우 침해의 현재성을 인정할 수 없는가? 잠자는 가정폭력 가해자인 남편을 살해하는 경우 기존의 현재성요건을 무난히 충족하는 것은 아닌가?

2. 정당방위상황과 기대불가능성상황 – 관련과 혼동

가정폭력에 장기간 시달린 아내의 잠자고 있는 남편 살해행위에 대하여는 크게 보면 ― 일견 모순되어 보이는 ― 두 가지 사고가 존재하는 것으로 보인다. 하나는 현재의 부당한 침해에 대한 방위행위이며 과잉방위가 성립될 수 있다는 것이고, 다른 하나는 아내에게 다른 적법행위를 할 기대가능성이 없다는 것이다. 정당방위상황이 있다는 것과 기대가능성이 없다는 것은 범죄론에 있어서 불법과 책임의 2원론 패러다임에서는 이론적으로 명백하게 다른 두 개의 주장이다. 그런데 가정폭력 남편 살해 사건에서는 이 두 가지가 밀접하게 관련되어 주장되는 것 같다. 정당방위 행위자에게 방위행위를 하지 말고 피할 수 있으면 피해야 한다는 의무가 없다는 것에는 견해가 일치한다. 정당방위는 예상되는 침해를 피해야 할 의무를 부과하는 취지는 아니기 때문에, 방위행위자에게 다른 적법행위의 선택을 기대하는 것은 일반적으로는 인정할

---

37) 김호기(b), 전게논문, 169면은 기존의 이론을 재구성하고자 하는 시도라고 명확히 하고 있다.
38) 이는 예방적 정당방위를 인정하자는 견해와 유사하게 보인다. 예방적 정당방위에 관해서는 대표적으로 천진호, 형법총론, 2016, 363면 참조.

수 없다고 해야 한다.

가정폭력 피해자의 심리를 고려한다면(객관적 행위주의에서 주관적 관계주의에로 시각전환), 반격행위시에 아내는 극한상황에 있었으며 현재의 부당한 침해는 계속되고 있다고 볼 여지가 있다. 다른 한편에서 이러한 극한상황에서는 아내가 공적 기관에 의한 구제방법을 선택한다는 것은 심리적으로 기대할 수 없다고 볼 여지가 있다. 그리하여 현재성판단의 주관화와 기대불가능성은 아내가 긴급상태에 있다는 것을 시사하는 것으로 볼 여지가 있다. 가정폭력 피해자의 심리를 현재성판단의 자료로 삼을 필요가 있다. 이것이 미국에서 매맞는 여성증후군을 고려하는 이론구성이다. 가정폭력에 의하여 누적된 아내의 공포에 의하면 침해행위의 재발은 필연적이며 직접 임박하고 있다고 보아야 한다. 정당방위는 과거의 침해에 대한 반격은 아니므로 종전의 가정폭력은 현재성판단에 있어서는 고려될 수 없다. 그러나 가정폭력 피해자는 종전의 가정폭력의 누적에 의하여 극심하게 긴박한 상태에서 침해를 예상하여 반격에 나아간 것이라면, 종전의 가정폭력은 단순한 과거의 침해라고 이해해도 좋은가 하는 논의의 여지가 있을 수 있다. 종전의 가정폭력을 가정폭력 피해자에게 공포의 누적으로 치환하여, 침해의 현재성을 근거지우고 방위행위 상당성의 판단자료로 하는 것은 이론구성의 방향성으로서 가능한 것이 아닌가 보여진다.

법익침해의 현재성은 '객관적으로' 판단해야 하기 때문에, 잠자는 피해자에 의한 침해를 예상하여 공격하는 것은 정당방위가 될 수 없다. 그런데 장래의 침해에 대하여 예방적으로 하는 방위는 일정한 경우에는 인정될 수도 있다는 예방적 정당방위론이 있다. 장래에 확실히 발생할 부당한 침해를 현재 예방하지 않으면 후에는 방어가 불가능하거나 현저히 곤란해지는 경우에 침해의 현재성을 인정할 수 있다는 것이다.[39] 예방적 정당방위를 부정하는 것이 통설의 입장이지만, 긍정하더라도 과연 잠자는 가정폭군 살해행위가 장래에 현실적으로 발생할 침해를 예방하기 위한 단순한 예방적 정당방위의 사례에 해당됨에 불과한 것인가? 폭처법 제8조(정당방위 등)는 "이 법에 규정된 죄를 범한 자가 흉기 기타 위험한 물건 등으로 사람에게 위해를 가하거나 가하려 할 때 이를 예방 또는 방위하기 위하여 한 행위는 벌하지 아니한다"고 규정하여 현재성을 완화하고 있다. 원래 예방적 정당방위는 카페에서 문을 닫을 시각에 여주인의 금품을 빼앗자고 강도를 모의하고 있는 자들에 대하여 여주인이 미리 술에 수면제를 타서 제공하는 경우이다.[40] 이와 같이 일회성 장래의 침해를 전제로 논의되는 것이다. 과거부터 지속적으로 침해가 진행되어 왔기 때문에 장래에 발생할 것도

---

39) 김혜경, 예방적 정당방위의 성립가능성, 형사판례연구 [15], 2007, 47면.
40) 김성돈, 형법총론, 제2판, 2009, 262면.

거의 확실한 침해에 대한 정당방위 인정 여부는 단순한 예방적 정당방위와는 성격이 다르다고 보아야 한다.[41] 가정폭군 살해행위를 예방적 정당방위의 사례라고 격하시키는 것은 개념적으로 받아들일 수 없다.[42]

그런데 만약 생명침해의 절박한 위험을 기다려 가정폭군을 살해했다면, 과연 가정폭력 피해자의 반격은 정당화되겠는가? 침해의 현재성을 긍정한다고 하더라도, 어차피 방위의사가 인정하는가 혹은 방위행위가 상당한가 하는 검토가 뒤따른다. 가정폭력 관계가 있는 배우자 사이에는 힘의 불균형이 있으며, 가정폭력 피해자가 반격할 수 있는 것은 가해자가 잠이나 주취 등 무력한 상태뿐이다. 어쨌든 이 문제는 가정폭력을 단발적인 폭력행위라고 이해할 수 없다는 점과 관련된다. 반복되는 폭력행위를 전체적으로 고찰하여 하나의 일련의 행위로 파악하고 반복되는 폭행의 현재성을 인정하려는 것이다. 장래의 침해를 예방적으로 방위한다는 시각으로 접근하는 것이 아니다. 문제는 침해행위의 계속을 — 물리적 공격이 전혀 없는 — 수면에 의한 중단을 넘어 인정할 것인가?이다. 이것은 침해되는 아내의 법익을 어떻게 파악할 것인가에 달려 있다고 생각된다.

3. 침해법익 – 생명 신체에 대한 침해인가 / 인간존엄 내지 인권에 대한 침해인가?

가정폭력 피해자인 아내가 가해자인 남편을 잠자고 있는 사이에 살해하는 경우 정당방위를 인정하려고 할 때, 잠자고 있는 남편이 아내에게 가하는 침해는 아내의 어떠한 법익에 대한 현재의 침해인가? 가정폭력에는 신체에 대한 폭력뿐만 아니라 그에 준하는 심신에 유해한 영향을 미치는 언동도 포함된다. 생명에 대한 협박이 후자에 해당한다. 아동학대도 아내에 대한 가정폭력에 포함될 수 있다. 가정폭력 피해자에 현재의 침해는 반드시 '생명'과 '신체'에 대한 것이라고 전제할 필요는 없다. 즉 전체적 고찰방법은 가정폭력을 "어느 정도 포괄적 계속적인 침해행위"로서 이해하는 것을 가능하게 한다고 생각된다. 아내에게 가하여지는 부당한 침해는 '심리적 내지 정신적 압박을 가하여 아내의 행동의 자유를 전체적으로 속박한다'는 것이다. 즉 침해법익은 아내의 '자유'이다. 이것이 힘에 의한 지배로부터 도피할 수 없는 상태에 있는 가정폭력 피해자에게 인정될 수 있는 '부당한 침해'의 내용이다. 여기에서 침해행위와 위법상태의 관계는 계속범에 있어서의 경우와 같이 이해할 수 있다. 이는 가정폭력이라는 위법행위와 그 피해를 이해하는 데 있

---

41) 박상기, 형법학, 114면; 오영근, 형법총론, 193면; 김성돈, 형법총론, 262면. 물론 다수의 입장은 이러한 개념구별을 의식하지 못하고 있는 것으로 보인다. 대표적으로 이재상/장영민/강동범, 형법총론, 제8판, 2015, 223면; 정영일, 형법강의(총론), 2015, 145면.

42) 이는 개념상 예방적 정당방위에 속하지 않는다는 지적은 이상돈, 형법강론, 268면.

어서 유형적으로 원용될 수 있는 중요한 시각이라고 생각된다. 여기에서 말하는 자유는 인간으로서 최소한의 행복을 추구하는 자유이다. 예컨대 십 대 나이 때 의붓아버지에게 강제로 간음을 당하고 그 후 십여 년간 성행위를 강제당하고, 의붓아버지는 집요하게 딸을 자기 지배하에 두어 그 야욕의 희생물로 만들었다면, 이는 보다 근원적으로 인간으로서 최소한의 행복을 추구할 자유를 침해한 것이라고 볼 수 있다. 이와 같은 관점에서 김보은 사건 대법원 판시를 다시 읽어 본다. "피고인 김보은이 약 12살 때부터 의붓아버지인 피해자의 강간행위에 의하여 정조를 유린당한 후 계속적으로 이 사건 범행 무렵까지 피해자와의 성관계를 강요받아 왔고, 그 밖에 피해자로부터 행동의 자유를 간섭받아 왔으며, 또한 그러한 침해행위가 그 후에도 반복하여 계속될 염려가 있었다면, 피고인들의 이 사건 범행 당시 피고인의 신체나 자유 등에 대한 현재의 부당한 침해상태가 있었다고 볼 여지가 없는 것은 아니다." 이러한 대법원 판시는 현재의 부당한 침해에 관하여 앞에서 서술한 이해구조에 입각하고 있는 것은 아닌가 짐작해 본다. 국가기관에 의한 도움을 받는 등의 달리 피할 방법이 없었다는 요건과는 아무런 관련이 없다. 달리 국가기관이나 사회적 부조를 받을 방법이 있었다고 하더라도, 침해의 현재성은 인정되는 것이다.

가정폭력 피해자가 가해자를 살해하기에 이르게 되는 경우는 수인한도를 넘는 가정폭력의 악화나 결정적인 계기 등의 조건을 충족하였을 때에만 그러하다. 즉 어느 정도 포괄적 계속적인 침해행위로서 파악되는 가정폭력은 일정한 범위를 가지고 확정될 수 있는 것이다. 이와 같이 좁은 범위에서의 가정폭력에 의하여 인정되는 '현재의 부당한 침해'는 협박에 의한 의사자유의 침해, 성적 학대에 의한 성적 자유와 신체에 대한 침해, 기타 언동에 의한 정신적 고통 등 여러 가지 인권침해의 혼합이다. 보다 근원적으로는 누적적 공포의 상태 혹은 힘에 의한 지배에 따른 공포와 복종이 지속되는 상태, 거기에서 도망할 수 없는 상황이 심각화된 상태 즉 자신과 가족의 존재 자체가 위협받는 인간성억압의 상태가 존재하고 있다. 가정폭력은 중대한 인권침해로서 개인의 존엄을 해치고 남녀평등을 해치는 것이다. 가정폭력 피해자가 가해자를 살상하여 탈출하려고 한 궁극적인 이유는 이러한 지극히 중대한 인권침해상황이라고 생각된다. 어느 정도 포괄적 계속적인 가정폭력에 의하여 이르게 된 이러한 한계상황에서 탈출하기 위한 방위행위라고 인정될 때, 남편의 물리적 공격이 존재하지 않는다는 사실은 —지극히 중대한 인권침해가 현존하고 있다는 점에서— 현재의 부당한 침해를 부정할 이유는 될 수 없다. 가정폭력 가해자의 일시적 수면은 어느 정도 포괄적 계속적인 침해행위의 종료가 아니라, 그 중단을 의미하는 것에 지나지 않는다. 따라서 가정폭력 피해자가 무저항의 가해자에 대하여 반격하는 것은 정당화될 수 있지 않을까 생각된다.

Ⅵ. 결어 - 인권침해 내지 인간존엄에 대한 중대한 침해의 현재성

가정폭력의 피해자인 아내가 가해자인 남편을 잠자고 있는 사이에 살해한 경우에 침해의 현재성이 인정되지 않는다는 주장은 정당방위상황에서의 침해의 현재성요건을 지나치게 엄격하게 요건을 적용하기 때문인가? 따라서 침해의 현재성요건은 수정해석되어야 하는가? 가정폭력 피해자인 아내의 상황을 고려하지 않기 때문인가? 문제는 가정폭력 피해자인 아내의 피해에만 시각이 고정되어 버려서, 가정폭력 가해자인 남편의 침해행위가 가지는 그 구조적 성질을 바라볼 수 있는 시각이 차단되었다는 점에 있다고 보여진다. 예를 들어 감금죄와 같은 계속범에서는 피해자의 법익침해상태가 계속되는 동안 가해자의 침해행위도 계속되는 것이다. 이와 같이 가정폭력 가해자의 침해행위를 계속범적인 구조로 이해한다면, 가정폭군이 잠자고 있는 경우 생명 신체에 대한 침해행위가 계속되고 있는 것은 아니다. 그러나 가정폭력 가해자인 남편의 침해행위로 피해자인 아내의 의사자유와 인간으로서의 기본적 행복추구 그리고 극심한 인간존엄성의 훼손과 박탈이라는 법익침해상태가 계속되고 있고 따라서 가해자의 법익침해행위도 계속되는 것으로 이해되는 것이다. 계속범의 경우 법익침해상태가 계속되는 한 정당방위의 성립이 가능하다는 것에는 별다른 이견이 없다. 가정폭력 피해자인 아내의 피해에만 초점을 두어 바라보고 가정폭력 가해자인 남편의 침해행위를 구조적으로 이해하지 못하면, 오히려 결국 피해자가 처한 정신적 고통과 인간성의 박탈을 용인하는 결과가 되고 말 수 있다.

무저항 가정폭력 가해자를 살해하는 행위가 현재의 부당한 침해에 대한 정당방위에 해당한다고 평가하기 위한 방법으로는 다음과 같은 세 가지가 있다고 보여진다. 첫째 침해의 계속성을 인정할 수 있는 경우에는, 침해의 시간적 접착성 정도에 관한 판단기준이 완화된다는 견해가 있을 수 있다. 둘째 장기간에 걸쳐 가정폭력에 의하여 막다른 처지에 몰린 심리상태에 있는 피해자에게는 침해가 현재하고 있다고 보는 현재성판단의 주관화 방법이 있다. 셋째 가정폭력에 의하여 피해자가 내몰린 상태 그 자체를 바로 인권침해가 현재하는 상태라고 파악하여, 부당한 침해의 현재성을 긍정하는 방법이 있다. 본 논문은 세 번째 방법을 제시한 것이다. 그런데 이들 세 방법은 모두 침해행위를 어느 정도 포괄적 계속적으로 파악하고 있다는 점에서 공통점이 있으며, 따라서 반드시 모순되는 관계에 있는 것은 아니고 병용하는 것도 가능할 것이다. 예컨대 가정폭력 가해자가 잠에서 깨어난 후에 생명, 신체에 대하여 직접적으로 중대한 폭력행위를 재개할 것이 예상되는 경우에는, 그 생명, 신체에 중대한 위해를 받을 위험이 클 때이므로 제1방법을 병용하여 침해의 시간적 접착성에 관한 판단기준이 대폭 완화된다고 생각해 볼 수도 있다는 것이다. '가정폭력 피해가 수인한도를 넘어 중대한 인권침해의 계속 상태'라고 하는 것은 가정폭력 피해자의 존엄에 대하여 지극히 크고 중대한 위협이 현존하는 상태로서, 가정폭력 피해자가 자살하든가 가해자를 살해하든가 하는 양자택일에 내몰린 심각한 사태라고 말할 수 있다. 이러한 의미에서 가해자가 잠자고 있다고 하더라도 가정폭력 피해자의 생명의 위기적 상황은 계속되고 있다고 말할 수 있지 않을까 생각된다. 설사 합법적으로 안전하고 확실하게 가정폭력 가해자를 가정으로부터 배제하는 방법이 사회적으로 정비되어 있다고 하더라도, 가정폭력 피해자인 아내에 대한 가해자 남편의 침해의 현재성은 인정되는 것이다. 또한 달리 국가기관이나 사회시설의 도움을 받는 방법이 있었다고 하더라도 법은 불법에 양보할 필요가 없기 때문에 정당방위의 상당성판단에서 이러한 보충성은 고려될 수 없다. 물론 더 나아가 현실적으로는 가정폭력 피해자가 일시적으로 피난하여도 그 안전이나 확실성이 보장된다고 할 수 없다. 가정폭력 피해자에게 현재하는 심각한 침해를 고려할 때, 이를 긴급상태가 아니라고 하는 것은 곤란하다. 따라서 가해자에 대한 반격은 정당화되지 않는다고 단언할 수는 없을 것이다.

8. 정당방위와 긴급피난에 대한 상대방의 긴급피난 인정 여부

- 정당방위와 긴급피난 그리고 긴급피난과 긴급피난의 충돌 해결방식 -
- 정당방위와 긴급피난 상대방의 수인의무 -
- 긴급피난의 규범적 이해구조 -

8. 정당방위와 긴급피난에 대한 상대방의 긴급피난 인정 여부*

- 정당방위와 긴급피난 그리고 긴급피난과 긴급피난의 충돌 해결방식 -
- 정당방위와 긴급피난 상대방의 수인의무 -
- 긴급피난의 규범적 이해구조 -

목차

Ⅰ. 들어가며

현재의 부당한 침해자가 정당방위로 반격을 당하게 되었는데 그 수인을 거부하고 정당방위에 의한 반격을 면하기 위하여 타인의 법익을 침해하는 행위는 정당화될 수 있는가? 위험원이 정당방위이기 때문에 '위법한' 침해를 요건으로 하는 정당방위에 의한 정당화는 인정되지 않고, 정당화사유로서 고려되는 것은 긴급피난이다. 따라서 정당방위에 대한 수인의무의 유무는 정당방위에 의한 반격을 면하기 위한 긴급피난의 가부 문제와 대응되는 것이다. 여기에서 말하는 긴급피난의 형태에는 정당방위에 대항하여 그 방위행위자의 법익을 침해하는 방어적 긴급피난과, 방위행위에 대항하여 그것을 피하기 위하여 이와 무관한 제3자의 법익을 침해하는 공격적 긴급피난의 두 가지가 있다.[1] 방어적 긴급피난의 예로서는 갑이 을을 구타하므로 을이 작은 칼로 위협하는데도 갑이 개의치 않고 계속 구타하므로 을이 갑의 팔을 찌르려고 하자 갑은 이에 대하여 을을 구타하여 자신의 신체를 보호한 경우(구타사례) 혹은 치한 갑이 기차역에서 여성 을을 강제추행하므로 을이 반격하여 밀쳤고 갑은 선로에 떨어져 열차에 부딪히는 것을 방지하기 위하여 을의 팔을 잡아 밀쳐 경상을 입힌 경우(치한사례)

---

* 교정연구 제26권 제2호, 한국교정학회
1) 본 논문의 제목은 이러한 두 가지 형태의 긴급피난을 총칭하여 사용하고 있다.

이다. 공격적 긴급피난의 예는 밀쳐진 앞의 치한이 자기의 생명, 신체를 보호할 목적으로 여성 을이 아니라 이와 무관한 옆에서 보고 있던 제3자를 전도시켜 경상을 입힌 경우이다.

이 문제에 대한 대법원의 판단은 알려지고 있지 않다. 그러나 정당방위에 대한 방어적 긴급피난을 부정한 것처럼 보이는 판례가 있다. 즉 대법원 1995. 1. 12. 선고 94도2781 판결에서는 "피고인이 스스로 야기한 강간범행의 와중에서 피해자가 피고인의 손가락을 깨물며 반항하자 물린 손가락을 비틀며 잡아 뽑다가 피해자에게 치아 결손의 상해를 입힌 소위를 가리켜 법에 의하여 용인되는 피난행위라 할 수 없다"고 판시하고 있다. 긴급피난을 인정하지 않은 이유는 명시하지 않고 있다. 본 판례는 일반적으로는 자초위난에 관한 판례라고 분류되고 있지만, 피고인의 손가락을 깨물며 반항하는 피해자의 반격행위를 강간범행에 대한 정당방위로 파악하고 이를 방해한 피고인의 행위에 대하여 정당방위도 긴급피난도 성립할 여지가 없다는 취지로 해석될 수 있다고 보인다. 학설에서는 정당방위에 대한 긴급피난의 성부에 관하여 일응 견해의 대립이 있다고 말할 수는 있지만 ─ 실무상 거의 문제가 되고 있지 않아서인지 ─ 논의가 되고 있다고는 말하기 어렵다. 본 논문은 이러한 간격을 메워 보려는 것이다.

한편 긴급피난에 대한 긴급피난의 가부 즉 긴급피난에 대한 수인의무에 관하여 우리나라에서는 충분한 논의가 이루어지지 않고 있다. 판례에서도 긴급피난에 대항하는 행위의 죄책이 문제되었던 것은 없다고 보인다.[2] 긴급피난에 대한 수인의무를 부정하여, 긴급피난에 대한 긴급피난을 긍정하는 견해가 우리나라에서는 통설이라고 할 수 있다. 그런데 적법행위가 적법하다고 하는 이유는 그것이 방해받지 않고 그 목적을 달성할 수 있다는 점에 있다고 볼 수 있지 않은가? 적법행위의 상대방이 수인의무를 부담하지 않고, 그것에 반격하여 그 목적을 적법하게 저지할 수 있다는 것이 과연 이치에 맞는 것인가? 적법행위와 적법행위가 충돌한다는 것은 평가모순은 아닌가? 긴급피난에 대한 긴급피난 긍정설은 이러한 비판에 답을 할 필요가 있다.

---

2) 특히 생명을 침해하는 공격적 긴급피난은 위법한 것으로 평가되기 때문에, 긴급피난과 긴급피난의 충돌이 많이 문제되는 생명의 상호침해에 있어서 제1 피난행위가 위법하며 따라서 정당화의 충돌은 아니게 된다.

Ⅱ. 정당방위에 대한 긴급피난

1. 긍정설

우리나라의 통설은 정당방위에 대하여 이를 면하기 위한 긴급피난을 인정한다. 긴급피난상황으로서의 위난은 위법한 행위에 의한 경우뿐만 아니라 적법한 행위에 의하여 발생한 경우에도 인정된다는 것이다. 그리하여 정당방위 긴급피난뿐만 아니라 「정당행위」에 대하여도 긴급피난을 행하는 것이 허용된다는 견해가 있다.[3] 정당행위를 어떠한 관점에서 정당방위와 동렬에서 논의하는 것인지 밝히지 않고 있다. 그런데 정당방위를 받은 부당한 침해자는 이에 대하여 다시 정당방위를 할 수는 없지만 긴급피난은 할 수 있다는 이와 같은 긍정설에서 말하는 긴급피난은 방어적 긴급피난을 의미하는지 아니면 공격적 긴급피난을 포함하는 것인지 명확하게 표현되고 있지는 아니하다. 이와 관련하여 형법 제22조의 위난은 적법한 것도 괜찮다는 점을 근거로 정당방위에 대한 긴급피난과 긴급피난에 대한 긴급피난을 모두 긍정하면서 후자를 명시적으로 방어적 긴급피난으로 포착하고 있기 때문에,[4] 정당방위에 대한 긴급피난도 방어적인 형태의 것을 고려하고 있는 것으로 보이는 입장도 있다. 즉 이 견해는 정당방위에 대하여 공격적 긴급피난은 허용되지 않는다는 의미라고 보인다. 왜 그럴까? 만약 정당방위에 대하여 공격적 긴급피난이 허용된다면 — 정당방위에 대한 원래공격자의 수인의무를 제3자와의 관계에서 부정하는 결론에 이르게 될 것이다. 원래공격자에 대하여 정당화된다고는 하지만, 방위행위자는 법익침해를 행하고 있으므로 아무런 침해를 행하고 있지 않은 제3자보다 그 요보호성이 높다고는 할 수 없기 때문에 — 이는 좀 부당하다고 여겨지기 때문인 것으로 보인다. 오히려 상대방이 위험의 원인이 되는 방어적 긴급피난에 비하여, 무관한 제3자에 대한 공격적 긴급피난이 훨씬 더 정당화되기 어렵다는 평가가 공유되고 있기 때문이다. 그러나 통설은 정당방위행위를 피하기 위하여 정당방위를 인정할 수는 없지만 「긴급피난」은 할 수 있다고 말하고 있으므로, 여기에서 말하는 긴급피난에는 상대방 혹은 제3자의 법익을 침해하는 경우 즉 방어적 긴급피난과 공격적 긴급피난을 함께 인정하고 있다. 그 근거는 긴급피난의 전제상황이 현재의 「부당한」 침해가 아니라, 현재의 「위난」이라고 규정하고 있다는 것뿐이다. 즉 통설은 실질적인 근거가 결여되어 있다. 정당방위를 면하기 위한 긴급피난이 허용되는 근거는 부당성을 요건으로 하지 않는 형법 제22조의 문언에서 도출

---

3) 천진호, 형법총론, 2016, 366면; 정성근/박광민, 형법총론, 전정2판, 2015, 239면.
4) 김성돈, 형법총론, 제4판, 2015, 307면.

된다는 것뿐으로, 그 이상 깊게 파내려 가는 고찰은 보이지 않고 있다. 위난의 의미를 그와 같이 파악하는 통설이 그 참 의미를 파악하지 못하는 것은 당연한 일이다. 통설은 위난의 문자적인 의미에만 충실하기 때문이다. 규범적 의미에 관해서는 전혀 알지 못하고 있다. 독일에서는 정당방위에 대한 긴급피난을 긍정하는 견해는 보이지 아니한다. 부정설이 확고부동한 상황에 있다.

2. 부정설

1) 정당방위와 긴급피난의 관계

(1) 여러 행위자 간 정당화사유의 충돌

현재의 부당한 침해자는 정당방위행위를 수인할 의무를 부담하며 이를 반격하거나 전가하는 방법에 의하여 면하는 것은 긴급피난으로서 정당화되지 않는다고 부정설은 주장한다.5) 이는 정당방위라고 하는 정당화사유의 효력이 긴급피난보다 강력하다는 것 즉 긴급피난에 대한 정당방위의 우선성을 논거로 하는 견해라고 생각된다. 그러나 그 구체적인 사고과정은 밝혀져 있지 아니하다. 우선 일반적으로 위법성조각사유들은 상호 간에 어떠한 관계에 있는가? 이따금 위법성조각사유들 상호 간에 발생하는 충돌이나 모순은 어떻게 해결되는가? 위법성조각사유는 법적 효과에서 — 그 행위는 정당화된다 — 원칙적으로 동일하다. 정당화사유는 원칙적으로 서로 독립적이다. 물론 이러한 원칙에는 — 위법성조각사유들이 서로 영향을 미치게 되거나 혹은 적용영역에 있어서 서로 충돌하여 — 두 가지 사유 중 어느 한 위법성조각사유의 우선성을 결정해야 한다는 의미에서 예외가 인정된다. 특히 두 가지 위법성조각사유가 한 사례의 여러 행위자에게 경합하여 그 적용이 구체적으로 모순되거나6) 수용하기 어려운 결과에 이르게 되는 경우에7) 현실적인 어려움이 발생한다. 이때에는 평가가 요구되고 그에 따라 위법성조각사유라는 허용규범의 적용범위를 확정하고 서로 구분하게 된다. 그리하여 두 가지 정당화사유 중에서 어느 하나에 다른 사유에 대한 우선성이 부여된다. 이를 기능적 의미에 있어서의 특별관계라고 할 수 있다.8) 이러한 의미에 있어서의 좀 더 특별한 규범은 처음부터 좀 더 일반적인 규범의 적용을 배제하여 그 요건검토를 하지 아니한다.9) 여기서 다시 한번 강조하여 두지만 이러한 결론이 논리

---

5) 허일태, 긴급피난, 고시계 1991/5, 38면, 46면; 박상기, 형법학, 제2판, 2015, 129면; 임웅, 형법총론, 제7정판, 2015, 253면.

6) Engisch, Einführung in das juristische Denken, 8.Aufl., 1983, S.160ff.

7) Vogel, Juristische Methodik, 1998, S.60.

8) Warda, Zur Konkurrenz von Rechtfertigungsgründen, FS—Maurach, 1972, S.166, 170.

9) 내용이 더 많은 특별규정의 우선적용이라고 말할 수 있다. (Warda, FS—Maurach, S.167; Vogel,

필연적으로 그렇다는 의미는 결코 아니다.

(2) 정당방위의 긴급피난에 대한 우선성 – 정당방위에 의한 법질서의 보전

이러한 일반론을 정당방위와 긴급피난의 관계에 적용해 보면 정당방위가 긴급피난에 우선한다. 즉 기능적 의미에서 형법 제21조가 특별규범이라는 것에 거의 다툼이 없다.[10] 일반적인 위난을 피하는 긴급피난 행위자에 대하여, 특별히 현재의 위법한 공격에 기인하는 긴급 상황의 방위행위자에게 정당방위권이라는 강력한 효력을 부여한다. 정당방위 행위자는 자신의 이익을 보호하는 것뿐만 아니라 동시에 법질서를 함께 보호하는 것이기 때문이다(법수호의 원리). 입법자가 규정하는 이러한 갈등해결의 방식을 정당방위에 대한 긴급피난을 인정함으로써 무력화시켜서는 안 된다.[11] 그러므로 우선 ① 정당방위에 대한 방어적 긴급피난의 경우, 이에 의하여 침해되는 것은 방위행위자의 구체적 이익에 그치지 않는다. 앞에서 기술한 치한사례에서 치한은 여성에게 상해를 가하였을 뿐만 아니라 성적 자유를 침해하는 부정(不正)을 저지하여 정(正)의 질서를 회복하려는 정당방위행위를 방해하고 있다. 이와 같이 정당방위에 대항하는 긴급피난행위는 정(正)을 부정(不正)에 양보하고 굴복시킴으로써 법질서의 회복을 저지하는 의미를 가지는 것이다. 따라서 이러한 행위를 정당화시켜 준다면 이는 정당방위에 대한 정당방위 금지를 형해화시키게 된다는 평가도 가능할 것이다. 즉 정당방위에 대한 정당방위를 금지하면서 긴급피난에 의한 대항을 인정하는 것은 평가모순이다.[12] 결국 정당방위를 저지하는 방어적 긴급피난은 법질서의 관점에서 시인될 수 없다. 다음으로 ② 공격자가 행하는 제3자에 대한 공격적 긴급피난은 당초 정당방위 행위자의 방위행위를 방해하는 것이 아니기 때문에 즉 법질서의 회복을 저지하는 것은 아니기 때문에 이러한 관점에서는 위법하다고 할 수 없을 것이다. 그러나 무관한 제3자의 정(正)의 이익을 침해한다는 (방어적 긴급피난에는 없는) 불법을 야기하는 것이다. 무관계한 제3자를 방위행위자에 비하여 불이익한 지위에 놓을 수는 없다고 생각된다. 정당방위에 대한 방어적 긴급피난을 인정하지 않는다면, 공격적 긴급피난도 인정되어서는 안 된다.

Methodik, S.63)

10) 다른 견해로는 Jakobs, AT, 2.Aufl., 1991, 11/17.

11) Aselmann/Krack, Der Notstand im Notstand, Jura 1999, 258; Roxin, AT, 4.Aufl., 2006, §14 Rn.47; Seelmann, Das Verhältnis von §34 StGB zu anderen Rechtfertigungsgründen, 1978, S.46ff.

12) Rengier, AT, 7.Aufl., 2015, 19/19.

(3) 정당방위의 긴급피난에 대한 우선성의 근거짓기 과정

긴급피난 행위자와 정당방위 행위자가 충돌하면 정당방위가 우선한다는 이러한 결론에 대해서는 비교적 널리 의견일치가 이루어지고 있지만, 이를 어떻게 근거지울 것인가에 관하여는 시각의 차이가 크게 나타나고 있다. ① 정당방위와 긴급피난의 위법성조각 근거를 양자 모두 공통적으로 '우월적 이익의 원리'에 있다고 보는 입장에서는, 양자가 충돌하는 경우에는 '특별한 긴급상황 즉 현재의 부당한 침해에 의하여 야기되는 긴급상황'에 대해서 이러한 이익형량을 배제한다고 보아 정당방위 행위자를 우선시키게 된다. 그럼에도 불구하고 아주 개별적인 사안 예컨대 보호이익과 침해이익이 지나친 불균형이 있는 경우에는 방위행위자에게 정당방위권을 부정함으로써 여전히 이익형량의 사고가 작용한다. ② 정당방위와 긴급피난이 기본적으로 서로 다른 상이한 위법성조각의 근거 즉 긴급피난은 이익형량 그리고 정당방위는 '법은 불법에 양보할 필요가 없다'에 기초한다고 보는 입장에서는, 긴급피난과 달리 정당방위는 — 극단적인 사례를 제외하고는 — 이익형량의 여지가 없이 우선하게 된다. 정당방위와 긴급피난은 각각 독자적인 적용영역을 가지는 것이며 단지 경우에 따라서만 중첩될 수 있는 것이다. 이처럼 정당방위와 긴급피난 규범의 관계에 대하여 서로 상이한 이해에 근거하고 있지만, 긴급피난에 대한 정당방위의 우선성이라는 동일한 결론에 도달하고 있다. 즉 ①의 입장은 정당방위권의 기초가 되는 목적을 형법 제22조 긴급피난의 해석에 영향을 미친다고 보는 것이다. 반면에 ②의 입장은 그러한 정당방위의 목적을 양 규범의 충돌상황의 차원에서 고려하는 것이다.[13] 다시 말하지만 두 견해는 논리적이 아니라 목적론적 근거에서 동일한 결론에 이르고 있는 것이다.

2) 정당방위에 의한 정당화의 효력 – 상대방의 수인의무

(1) 침해권으로서의 정당방위

정당방위에서 도출되는 피공격자의 침해권은 상대방인 공격자에게 수인의무를 발생시킨다.[14] 즉 형법 제21조는 피공격자가 무엇을 행할 수 있는가 뿐만 아니라, 반사적으로 원래공격자에게 허용되는 것과 허용되지 않는 것의 한계에 관하여도 규정하고 있는 것이다. 그러므로 방위행위자가 정당방위에 의하여 정당화되는 한, 상대방 공격자는 이 정당방위 행위를 수인해야 한다는 것이다.[15] 상대방 공격자는 정당방위

---

13) Peters, Wertungsrahmen und Konflikttypen bei der Konkurrenz zwischen §34 StGB und den besonderen rechtfertigunggründen?, GA 1981, 447.

14) 대표적으로 Freund, AT, 2.Aufl., 2009, §3 Rn.27.

15) 허일태, 전게논문, 46면; 임웅, 형법총론, 253면.

에 대하여 어떠한 경우에도 즉 정당방위에 의하든 긴급피난에 의하든 정당화될 수 없다. 만약 통설과 같이 정당방위에 대해 상대방에게 긴급피난이 인정된다면 즉 수인의무가 부정된다면, 정당방위 행위자는 상대방의 긴급피난 행위에 대하여 다시 정당방위는 못하게 되어 버려서 이는 부당하다.

정당방위의 정당화근거를 법질서의 방위라는 성격에 구하면, 방위에 필요한 한도 내에서 침해자의 이익보호를 부정하게 되고 따라서 필요한 범위 내에서 상대방을 침해하는 권리를 포함하게 된다. 그러므로 이러한 정당방위 권리의 행사를 긴급피난을 이유로 저지할 수는 없다. 즉 정당방위는 상대방의 수인의무를 수반하는 침해권으로 파악되는 것이다. 따라서 치한사례에서 정당방위행위의 상대방인 치한에 의한 긴급피난은 부정된다. 정당방위 규정은 공격자와의 이익형량이 불필요한 방위권한을 부여하는 것이기 때문에, 공격자는 긴급피난 규정을 원용할 수 없다는 것이다.[16]

정당화사유를 진정침해권과 단순행위권한으로 나누는데, 진정침해권은 — 침해이익이 현실적으로 보호를 요구할 수 없기 때문에 — 현실적으로 위태화되고 있는 보호이익이 보호되는 것이 상당하고 따라서 침해이익이 보호이익을 위해 희생되어야 한다는 것이다. 그러므로 진정침해권은 구체적 상황하에서의 침해이익의 보호상당성이 부정되고 상대방에 대한 법익침해의 야기가 허용되는 정당화사유를 말한다. 정당방위는 공격의 존부가 「현실적」 상황을 기초로 한 사후판단이기 때문에, 진정침해권이 인정된다.[17] 즉 방위행위의 상대방인 공격자에게는 법익의 보호상당성이 부인되는 것이고, 그 공격자에게 수인의무를 과하더라도 이것이 그 공격자의 권리를 부당하게 빼앗는 것은 아니다. 결국 정당방위 상대방인 공격자에게는 정당방위를 면하기 위해서 정당방위뿐만 아니라 긴급피난의 행사도 금지되는 것이다.[18]

(2) 정당방위 요건의 사후판단

이러한 견해의 핵심은 정당방위상황을 「현실적으로」 존재한 사정을 기초로 '사후판단'한다는 점에 있다. 이는 우리나라에서도 대체로 마찬가지이다.[19] 그런데 만약 사전판단을 한다면, 방위행위시점에 있어서 공격자이익의 보호상당성이 부정되는 것

---

16) MK-Erb, 2.Aufl., 2011, §34 Rn.29.
17) LK-Rönnau/Hohn, 12.Aufl., 2007, §32 Rn.96, 154은 정당방위에 대하여 수인의무를 수반하는 침해권으로서의 성질을 인정하는 것과 사후판단을 하는 것은 불가분이라고 한다.
18) S/S-Lenckner/Sternberg-Lieben, 29. Aufl., 2014, Vor §§32ff. Rn.10ff.; Kühl, AT, 7.Aufl., 2012, §7 Rn.2; Roxin, AT, §14 Rn.107f.; Rengier, AT, 19/19; Wessels/Beulke/Sazger, AT, 45.Aufl., 2015, Rn.284.
19) 이를 명시하고 있는 것으로는 이재상/장영민/강동범, 형법총론, 제8판, 2015, 224면; 김호기, 비대면 상황에서의 피학대자의 학대자 살해행위와 정당방위의 성립가능성, 경찰법연구 제9권 제2호, 2011, 151면.

에 불과하고, 사후적으로 본다면 공격자의 이익이 보호상당성이 있을 수도 있기 때문에, 이러한 보호상당성이 있는 이익에 대한 현재의 위난이 인정되어 공격자에게 정당방위에 대한 긴급피난이 긍정될 수도 있는 것이다. 왜냐하면 긴급피난의 전제상황은 사후판단되기 때문이다. 이 긴급피난권을 배척하기 위해서는 긴급피난의 보전이익성이 사후적으로 부정될 뿐만 아니라, 그 이익에 대한 정당방위행위의 전제가 되는 현재의 부당한 침해가 「현실적으로」 인정될 것이 필요하다. 그러나 현실적으로 존재하는 현재의 부당한 침해에 대한 반격이 무조건 허용되는 것이 아니라, 방위행위의 상당성에 의한 제약이 존재한다. 이러한 요건을 결여하는 과잉방위는 위법하고 따라서 과잉방위에 대하여는 공격자의 이익도 보호된다. 그렇다면 방위행위의 요건도 함께 즉 정당방위의 모든 성립요건이 사후판단에 의하여 현실적으로 존재한다고 인정될 때 비로소 공격자의 법익은 ― 반격이 정당화되는 범위 내에서 ― 사후적으로 법적 보호를 상실하고 따라서 긴급피난으로서의 보전이익이 결여되는 것이 된다. 이때 정당방위 행위자에 대한 방어적 긴급피난도, 제3자에 대한 공격적 긴급피난도 모두 인정되지 아니한다. 사후판단설에 의하면 치한을 밀치는 방위행위가 사후적으로 보아 필요하고 상당하다면, 사전의 평가와 관계없이 치한은 이를 수인해야 하며 방위행위의 위험성을 긴급피난에 의하여 면하는 것은 허용되지 않는다. 반대로 사후적으로 과잉이라면, 사전적으로는 필요하고 상당하더라도 그에 대한 긴급피난은 허용된다. 예컨대 치한에 대한 반격행위가 행위시점에서 보면 치한의 신체에 대한 경미한 위험성밖에 없었는데, 사후판단하면 치한의 사망까지 초래할 수 있었던 경우이다.

3) 긴급피난의 성립요건에 대한 효과 ― 단순한 정(正) / 정당방위에 의한 정(正)의 구별

(1) 위난의 의미내용 ― 사실상의 침해 / 규범적으로 수인의무 없는 침해

정당방위 상대방인 원래공격자에게 긴급피난이 인정되지 않는다는 것은 그의 법익에 보호상당성이 부정되기 때문이다. 이를 긴급피난의 성립요건과 관련시켜 말한다면, 긴급피난 상황이 부존재한다는 것을 의미한다. 형법 제22조 제1항의 '위난'은 법익에 대한 「단순한 사실상의 침해나 위험」이 아니라, 「규범적으로 수인할 필요가 없는 침해나 위험」이라고 해석되므로, 이 요건이 부정된다.[20] 이때에는 과잉피난이 성립할 여지도 없다. 이와 같이 정당방위에 의해서는 상대방인 원래공격자에게 법익침해가 발생하는 것이 아니라는 주장은 공격자의 법익의 보호가치가 부정된다는 의미이다. 보전법익이 부존재하기 때문에 긴급피난이 인정될 여지는 없게 된다(공격자법익

---

20) Frister, AT, 6.Aufl., 2013, 17/3.

의 절대적 열위성).

　법은 불법에 양보할 필요가 없기 때문에 피공격자의 법익은 공격자의 법익에 대하여 질적 절대적으로 우월하다고 생각된다. 그 반사적 효과로서 공격자의 법익의 보호가치가 감소 내지 결여된다. 침해자의 법익이 피침해자의 법익에 대해 열위성이 인정되기 때문에 ─ 정당방위가 허용되는 범위 내에서 ─ 그 보호가치가 부인되고 따라서 현재의 위난이 부정된다. 그러므로 침해자는 자기에 대한 정당방위 행위에 대하여 긴급피난으로 대항할 수 없다. 형법 제20조 정당행위 예컨대 적법한 체포행위에 대하여 피체포자의 자유가 제한되며 저항이 허용되지 않는다. 체포영장이나 사형집행을 면하기 위한 긴급피난이 인정되지 않는 것과 마찬가지로 정당방위 행위에 대한 긴급피난은 허용되지 아니한다. 정당방위의 행사에 대하여 상대방의 법익은 ─ 방위에 필요한 한도에서 ─ 요보호성이 부정되는 것이다.

　이와 같이 피공격자의 법익과의 관계맥락에서 공격자의 법익가치의 감소나 결여를 인정하는 것이기 때문에, 공격적 긴급피난의 경우에는 공격자와 피공격자 이외의 제3자가 대립하고 있으므로 공격자의 법익가치가 감소한다고 할 수 없다. 따라서 그의 법익에 대한 현재의 위난을 부정할 수는 없어서 긴급피난의 성립을 인정하지 않을 수 없다고도 보인다. 그러나 이 제3자도 피공격자와 마찬가지로 정(正)이므로 그 제3자의 이익도 공격자의 이익에 대해 절대적으로 우월하다고 말할 수 있지 않을까 생각된다. 또한 방어적 긴급피난이 부정된다면, 공격적 긴급피난은 더욱더 부정되어야 할 것이다. 따라서 정당방위에 대하여는 방어적 긴급피난과 공격적 긴급피난은 모두 부정되어야 한다. 즉 정당방위의 귀결로서 ─ 정당방위에 필요 상당한 한 ─ 공격자의 법익의 보호상당성이(피침해자와 제3자 누구와의 관계에서도) 결여된다.

(2) 보충성 요건의 결여

　긴급피난에 의한 위법성조각은 위난을 전가받는 제3자에게 사회연대를 이유로 위난감수의무가 인정되는 것이다. 즉 긴급피난은 사회가 사회로서 성립되고 유지되기 위해서는 그 구성원이 협력할 의무가 부과되지 않을 수 없다는 연대원리에 기초하고 있다는 것이다.[21] 이는 대립하는 법익이 사회적으로 보아 이율배반의 관계에 있다는 것을 전제한다. 치한이 피해자의 정당방위로부터 자기의 생명을 보호하기 위하여 반격하는 사례에서는, 치한의 생명이 위난에 처한 것은 자업자득이며 타인이 그 위난에 관하여 연대의무를 부담하지는 않는다. 따라서 치한의 반격은 보충성요건이 결여되어

---

21) 배종대, 형법총론, 제12판, 2016, 357면; 정성근/박광민, 형법총론, 254면. 또한 허일태, 전게논문, 44면; 조준현, 형법상 긴급피난의 법리, 성신법학 제15호, 2015, 7면 참조.

위법한 행위가 된다고 이론구성할 수도 있을 것 같다.

(3) 이익형량 요건에 의한 해결

정당방위 상대방인 공격자가 긴급피난상황에 있다는 것을 인정하고, 이를 전제로 이익형량의 요건에 의한 해결을 시사하는 견해가 있다.[22] 우선 정당방위와 긴급피난의 위법성조각 근거를 동일하게 우월적 이익의 원리에 구하는 입장에서는, 정당방위에서 인정되는 법확증의 이익을 형량에 고려하여 결정적인 요소로 보게 될 것이다.[23] 그러면 이익형량은 항상 정당방위하는 피침해자에게 우월하게 인정되고, 이에 대한 공격자의 피난행위는 위법하게 된다. 한편 정당방위와 긴급피난의 위법성조각 근거를 서로 상위한 것으로 보는 입장에서는, 이익형량에 해당법익을 우선적으로 고려한다. 그리하여 구타사례에서 공격자 갑이 피해자의 정당방위에 의해 칼로 입을 신체침해가, 갑의 구타공격에 의해 피해자가 입을 신체침해보다 훨씬 더 중대하므로 공격자 갑의 법익이 우월하게 평가될 것 같다. 물론 이 입장에서 법확증의 이익을 얼마나 추가로 함께 고려할 것인가는 명확하게 밝혀져 있지 아니하다.[24] 그러나 단지 관련되는 여러 이익들 중의 하나로 고려되는 것에 그친다. 아마 갑에게 을의 정당방위에 대한 긴급피난의 인정이라는 결론을 변경하지는 못할 것이라고 생각된다.[25]

3. 소결

현재의 부당한 침해자는 자신에 대한 정당방위에 방어적 긴급피난으로 대항하는 것도 방위행위의 위험을 제3자에게 공격적 긴급피난으로 전가하는 것도 허용되지 아니한다. 그 근거는 정당방위의 성립요건 존부를 사후판단할 경우에 공격자의 법익의 보호상당성이 사후적으로도 부정되므로, 마찬가지로 사후판단에 의하는 긴급피난의 전제상황이 결여된다는 것이다. 따라서 정당방위라는 법질서를 수호하는 행위를 방해하는 행위는 위법하게 된다. 형법 제22조의 위난이 부정되기 때문에 과잉피난의 여지도 없다. 그리하여 피난행위의 보충성이나 상당성의 요건이 구비되더라도 긴급피난에 의한 정당화는 인정되지 아니한다. 이는 자기를 위한 긴급피난에도 제3자를 위한 긴급피난에도 동일하게 적용된다.

---

22) Gropengießer, Das Konkurrenzverhältnis von Notwehr (§32 StGB) und rechtfertigendem Notstand (§34 StGB), Jura 2000, 265.

23) Vgl. Graul, Unrechtsbegründung und Unrechtsausschluß, JuS 1995, L 42; Freund, AT, §3 Rn.68.

24) 「법확증의 이익」의 양이 불분명하다는 지적으로는 LK-Rönnau/Hohn, §32 Rn.66.

25) Gropengießer, Jura 2000, 265.

III. 긴급피난에 대한 긴급피난

1. 긍정설

1) 형법 제22조의 문언 – 현재의 위난

우리나라에서는 거의 예외 없이 긴급피난에 대한 수인의무를 부정하여 긴급피난에 대한 긴급피난을 긍정하고 있다. 아무런 의심도 없다. 따라서 제2의 긴급피난 행위가 본질적으로 우월한 이익이 아닌 경우에도 과잉피난은 성립하는 것으로 될 것이다. 예컨대 을이 신체에 대한 위난을 피하기 위하여 제3자 갑의 재산을 침해하는 제1의 피난행위에 대해서 갑이 대항하여 을의 신체를 침해한 경우이다. 핵심은 긴급피난은 상대방의 수인의무를 수반하지 않는다는 것이다.[26] 이러한 긍정설은 형법 제22조의 문언을 근거로 한다. 즉 형법 제22조가 긴급피난의 전제상황을 '현재의 위난'이라고만 규정하고 있을 뿐 '위법'할 것을 요구하고 있지 않기 때문에, 제1의 긴급피난도 제2의 긴급피난에 있어서는 현재의 위난에 해당한다는 것이다.

그런데 이에 비하여 체포나 구속 그리고 형의 집행과 같은 정당행위에 대하여는 긴급피난이 허용되지 않아서 수인의무가 발생하고 따라서 회피하는 것은 허용되지 않는다는 점에는 견해가 일치하고 있다. 그러므로 법익을 침해 내지 위태화하는 적법행위는 무엇이든지 모두 긴급피난이 가능하다고 해석할 수는 없다. 예컨대 형벌의 집행은 생명과 자유라는 법익에 대한 침해로서 그 현재성이 인정됨에도 불구하고, 이를 면하기 위한 긴급피난을 긍정하는 견해는 없다.[27] 이때 '위난' 내지 '현재의 위난'을 부정하는 해석을 하게 된다. 그렇다면 긴급피난에 의한 침해에 대해서도 마찬가지 해석을 하는 것은 가능하다. 독일에서도 긴급피난에 대한 긴급피난은 부정된다는 것이 통설이다. 따라서 '현재의 위난'이라는 문언은 긴급피난에 대한 긴급피난이 가능하다는 근거로서는 충분하다고 할 수 없다. 그리고 위에서 본 바와 같이 우리나라에서는 정당방위에 대한 긴급피난을 인정하는 견해가 통설이다. 이러한 입장에서는 긴급피난에 대한 긴급피난은 당연히 더욱더 긍정될 것이다. 그러나 정당방위에 대한 수인의무를 부정하여 정당방위에 대한 긴급피난을 인정하는 실질적 논거는 제시되지 않고 있어서, 긴급피난에 대한 긴급피난 인정 여부에 대한 논거의 기초로는 될 수가 없다고 생각된다.

---

26) 배종대, 형법총론, 367면.
27) 임웅, 형법총론, 253면에서는 이를 실례로 들고 있다.

원래 적법행위가 적법행위인 이유는 그것이 방해받지 않고 그 목적을 달성할 수 있다는 점에 있는데, 적법행위의 상대방이 수인의무를 부담하지 아니하고 그에 대해 반격하여 그 목적을 적법하게 저해할 수 있다는 것이 이치에 맞는 것인가? 적법행위와 적법행위가 맞부딪혀 충돌을 계속한다는 것은 평가모순은 아닌가? 적법한 긴급피난의 순환은 계속될 수 있다는[28] 이러한 우리나라의 일치된 견해는 정말로 아무런 의심 없이 타당한 것인가? 긴급피난의 수인의무를 부정하는 논거가 존재하는가?

2) 긴급피난에 대한 수인의무 부정의 실질적 논거

(1) 긴급피난의 민사법적 위법성

위법성조각은 범죄성립요건으로서의 위법성이 인정되지 않는다는 것을 의미하는데 그치고, 그 결과로서 인정되는 적법성에 — 모든 사람이 수인하는 — 우월성이 인정될 필요는 없다고 긍정설은 생각하는 것 같다. 긴급피난 행위는 형법상으로는 위법성이 조각되지만 민법상으로는 위법하기 때문에, 긴급피난에 의한 대항을 인정한다는 의미로 사료된다. 이러한 입장에 의하게 되면 제1 긴급피난의 상대방을 과도하게 우대하는 것이라고 할 수 있다. 제1 피난행위에 대하여 상대방에게 긴급피난에 의한 대항을 허용하면서 동시에 민법상 위법하므로 손해배상청구도 가능하게 되기 때문이다. 그러나 법질서를 구성하는 법 영역 간에는 모순이 있어서는 아니 되며, 하나의 행위에 관한 위법성판단은 전 법 영역에서 통일적이어야 한다. 따라서 긴급피난에 대하여 긴급피난을 허용하는 논거가 될 수 없다고 생각된다.

(2) 공리주의적 근거 – 강자의 권리 / 분쟁의 자율적 해결

긴급피난에 대한 수인의무를 부정하는 논거로서 긴급피난에 대한 긴급피난을 인정함으로써 보다 큰 이익이 유지된다고 주장이 있다. 대립하는 양 이익이 모두 위난을 당하고 있는 예컨대 Karneades의 판자사례에서 을이 갑을 밀쳐 익사시키려고 하기 때문에 2인이 모두 익사하는 것보다는 1인이라도 구출되는 것이 소망스럽다는 것이다. 즉 만약 상대방에 대한 공격을 쌍방 모두에게 금지한다면 법이 양자의 사망을 의무지우는 것이 되므로, 그것보다는 양 행위를 허용하여 1인이라도 생존하게 해주는 것이 바람직하다고 보는 것이다.[29] 물론 이는 대립이익이 동가치인 경우에도 긴급피난에 의한 위법성조각을 인정하는 입장에서 주장된다. 결국 양자에게 상대방을 익사

---

28) 이상돈, 형법강론, 2015, 288면.
29) Delonge, Die Interessenabwägung nach §34 StGB und ihr Verhältnis zu dem übrigen stra — frechtlichen Rechtfertigungsgründen, 1987, S.177.

시킬 수 있는 권한을 인정한다.[30] 2인이 함께 구조될 수 없는 이상 공리주의적 관점에서 어느 쪽이든 1인이 구출되는 것이 필요하고 충분하다는 것이다. 그러나 이 견해는 쌍방이 쌍방을 공격하는 것을 허용하므로 다투는 두 사람이 피로해져서 결과적으로 아무도 판자를 점할 수 없어서 양자 모두 사망하게 되는 반공리주의적 결과에 이르게 될 가능성이 있다. 이와 같이 긴급피난에 대한 긴급피난을 인정하는 견해는 실력에 의한 다툼에서 승리한 자의 법익이 우선한다는 것이다. 그러나 이러한 강자의 권리(Das Recht des Stärken)의 이론적 근거는 반드시 명확하지 아니하다. 이러한 견해는 생명 대 생명의 양적 형량과 동등법익이 대립하는 경우에 긴급피난에 의한 정당화를 인정하는 전제에서 출발한다.[31] 이 경우 법질서는 충돌의 해결을 자유경쟁에 맡기고 그 결과에는 관심을 갖지 아니한다고 한다. 한 여자를 둘러싸고 두 남자가 구애한다든가, 시장점유율을 둘러싸고 두 상인이 경쟁하는 경우에 경쟁자는 법의 조력을 받지 않고 자기이익을 추구하는 하는 것이 허용되며 강자나 현자 혹은 기술이 좋은 자가 승리하는 것과 같다는 것이다.[32]

　　물론 법이 모든 경우의 이익충돌을 규율하고 있다고 볼 수는 없다. 시민들 사이의 자유로운 경쟁에 이익분배를 맡기고 있는 경우도 있다. 그러나 자유경쟁에는 실력행사를 수반하는 경우와 그렇지 않은 경우가 있다. 양자를 일률적으로 취급할 수 없다. 양자는 국면을 달리 한다. '타자의 영역을 침해하는 바 없이' 자기의 영역을 확장할 수 있는 영역에서는 자유경쟁에 위임하는 것이 허용될 것이다. 양 행위가 동일방향을 목표로 하는 장면이다. 그런데 본 논문에서의 사례는 두개의 피난행위가 '상호 대항하는' 상황이다. 두 상황의 결정적 차이는 상대방의 자율영역 침해의 유무에 있다. 이 경우에는 행위의 정당화요건을 전자보다 엄격하게 규율해야 한다. 사인의 실력행사에 의한 권리의 실현을 금지하는 것은 근대법치국가의 원칙이다. 상호적인 실력행사의 과정은 단순한 싸움으로 정당화된다고는 할 수 없다. 그리고 강자의 권리는 실력의 대소라는 불합리한 이유에 의하여 법익의 보호상당성이 좌우된다는 점에서 평등원칙 위반이며 용인될 수 없다. 그리고 우리나라에서는 이를 갈등당사자에게 갈등해결을 내맡기는 자율분쟁해결을 규율의 기획으로 삼고 있다는 것이며, 형법은 그런 자율분쟁해결의 결과를 합법적인 것으로 평가하

---

30) Joerden, Erlaubniskollisionen, insbesondere im Strafrecht, FS−Otto, 2007, S.347ff.
31) Delonge, Interessenabwägung, S.118ff.에 의하면 이를 부정하는 통설은 인간을 목적으로 대우하여야 하며 단순한 수단으로 취급해서는 안 된다는 칸트철학의 정언명령 즉 생명은 어떤 사정 하에서도 타인의 고의에 의한 공격으로부터 보호된다는 사회구성원의 집합적 이익(Kollektivinteresse)이나 집합적 안전감(Kollektives Sicherheitsgefühl)을 배경으로 하는데, 이러한 것들이 최고의 법익인 생명에 우선할 수는 없다고 한다. 이에 대하여는 그렇다면 위법성을 대립하는 구체적인 법익의 형량만으로 인정하자는 것인가 하는 의문이 있다.
32) Delonge, Interessenabwägung, S.177ff., 168.

는 것이라는 해석을 하는 견해가 있다.[33] 그러나 이와 같이 법의 규율이 미치지 않는 영역의 존재를 인정하는 것은 법의 질서기능에 반하며,[34] 법질서의 자기모순이다.[35]

또한 허용규범과 표리관계에 있는 의무의 충돌에서는 충돌하는 의무가 동등한 경우에 보증인이 어느 하나의 의무를 이행해도 적법하다는 것과 대비하여, 강자의 권리를 주장할 수 있지도 않을까 생각된다. 우리가 지금 긴급피난에 대한 긴급피난의 인정 여부에서 다루는 대립하는 2인의 행위가 각각 정당화될 수 있는 허용되는 것들 사이의 충돌이다. 의무의 충돌 사례는 두 개의 양립할 수 없는 의무의 우선순위 결정이 사인에게 위임되어 있기 때문에, 허용의 충돌 해결에도 동일한 원리가 타당해야 한다는 의미에서 그러할 것이다. 그러나 긴급피난에 대한 긴급피난은 작위에 의하여 상대방을 침해하는 것인데, 의무의 충돌에서는 부작위범의 성립이 문제되는 것이며, 부작위에서는 자연적 인과력은 결여되므로 강자의 권리가 문제되는 상황은 아니다. 따라서 강자의 권리의 정당성 논거와 관련하여 의무의 충돌을 원용하는 것에도 의문이 있다.

2. 부정설

1) 긴급피난에 대한 수인의무의 인정

강자의 권리와 결별하는 입장은 공격적 긴급피난이 상대방의 수인의무를 수반하는 권리이며 이를 긴급피난에 의하여 방해하는 것은 허용되지 않는다고 주장하고 있다. 우리나라에서는 허일태 교수님이 유일하다.[36] 독일에서는 통설이다. 긴급피난의 수인의무를 부정하는 견해는 긴급피난의 정당화를 부정하는 것과 같다는 의미로 보인다.[37] 긴급피난을 인정하면서 상대방의 수인의무를 부정하는 것은 하나의 행위에 대하여 적법하지도 위법하지도 않은 '半적법'의 영역을 승인하는 것으로 보이고 '이론으로부터의 도피'라고 사료된다. 그러므로 폭한에게 습격을 받아 타인의 주거 내로 도피하는 피난행위를 주거권자가 문을 폐쇄함으로써 방해할 수 없다. 절벽에서 떨어지는 위난을 면하기 위하여 근처의 주거에 침입하는 사람을 주거권자가 긴급피난을 이유로 저지하는 것은 허용되지 않는다. 물론 긍정설에 의하더라도 이러한 경우 제2 피난행위는 과잉피난으로서 위법하게 되지만, 부정설의 진의는 애당초 대항이 불가능

---

33) 이상돈, 형법강론, 288면.
34) Roxin, AT I, §14 Rn.13.
35) MK-Erb, §34 Rn.120.
36) 허일태, 전게논문, 43면, 46면.
37) 허일태, 상게논문, 43면, 46면.

하다는 것이다. 따라서 긴급피난에 대한 긴급피난이 처벌되지 않는 경우는 면책되는 경우에만 한정된다.

2) 긴급피난에 대한 수인의무의 인정근거

(1) 사회연대 - 긴급피난의 정당화근거와 수인의무 근거의 일치

긴급피난의 정당화근거로서 제시되고 있는 것이 연대사상이다.[38] 자기영역에 임박한 위험은 스스로 처리해야 한다는 자율성과 각자의 영역 내에서의 자유의 존중을 2대축으로 하는 타인침해금지의 원리를 전제로 하면서도, 사회가 공동체로서 성립·존속하기 위해서는 사회의 구성원이 상호부조하지 않을 수 없다는 것이다. 특히 긴급한 경우에는 타인에게 법익침해를 수인하는 형태로 연대를 요구할 수 있음으로써 자기의 법익보호가 촉진될 수 있는 것이다. 이러한 사회연대 사상으로부터 상대방의 수인의무를 도출하는 여러 사고가 있을 수 있다.

① 우선 민법의 긴급피난규정을 근거로 삼아 형법상 긴급피난의 수인의무를 도출해 보는 방법이 있을 것이다. 민법 제761조 제2항에 의하면 자기 또는 제3자의 이익에 대한 급박한 위난을 피하기 위하여 부득이 타인에게 손해를 가한 자는 배상할 책임이 없다. 그러나 피해자는 위난제공자에 대하여 손해의 배상을 청구할 수 있다. 이는 피난행위의 상대방인 소유자의 침해수인의무라고 해석할 수도 있을 것이다. 이러한 연대사상을 소유권 이외의 법익에도 적용되는 형법 제22조의 긴급피난에도 인정하여, 다른 법익에도 — 긴급상황을 해소하기 위해서 — 내재적 제약으로 인정하여 수인의무를 긍정하는 방식이다.[39]

② 대립당사자의 자유영역의 분할 내지 배분이라는 시각에서 수인의무를 설명하기도 한다. 개인의 자유영역은 자율성원리에 의해서 상호한계지워져서 각자는 자기의 영역을 보장받는다. 또한 자기의 영역으로부터 타인의 영역에 위험이 미치지 않도록 책임을 진다.[40] 그러나 현행 법질서는 개인의 이러한 독립성만을 일면적으로 강조하지 않고 연대원리를 채용하고 있다.[41] 대립법익의 일방만이 보존될 수밖에 없는 긴급

---

38) 정성근/박광민, 형법총론, 254면; 임웅, 형법총론, 249면; 이상돈, 형법강론, 290면; 조준현, 전게 논문, 12면. 독일에서는 예컨대 SK-Günther, 7.Aufl., 2000, §34 Rn.11; NK-Neumann, 4.Aufl., 2013, §34 Rn.7, 9; Frisch, Notstandsregelungen als Ausdruck von Rechtsprinzipien, FS-Puppe, 2011, S.438ff.; Kühnbach, Solidaritätspflichten Unbeteiligter, 2006, S.52; Connix, Solidarität im Strafrechts, 2013, S.190.

39) Vgl. Kretschmer, Die Rechtfertigungsgründe als Tops der objektiven Zurechnung, NStZ 2012, 181; Kühnbach, Solidaritätspflichten, S.11.

40) Renzikowski, Notstand und Notwehr, 1994, S.178ff.

41) Renzikowski, Notstand, S.188.

상황에서는 양당사자의 영역이 교착하여 '자율성원리에 의한 이익보호'가 '우월적 이익의 보호'를 위해 상대화되고, 열위적 이익에게 수인의무가 부과된다.[42] 개인의 자유영역은 당초에는 형식적·정적으로 그 안에서 각자가 자유권을 행사하는 것으로 구상되었다. 그러나 긴급피난이라는 예외적 상황에서는 위난에 처하게 된 자와 피난행위 상대방의 영역의 경계가 달라진다. 후자의 영역은 — 전자의 법익보호에 필요한 한도 내에서 — 전자의 영역으로 전화 내지 이전된다.[43] 그러므로 전자는 타인의 영역 내에서 행위함에도 불구하고 자기의 자유를 행사하는 것으로 된다. 갑의 영역을 을이 긴급피난에 의하여 침해할 때, '갑의 배타적 권리를 을이 존중할 의무'가 '갑의 수인의무와 을의 침해권'으로 변화하여 갑의 수인의무위반에 의해 발생한 결과는 갑에게 귀속된다. 이것이 공격적 긴급피난이라는 제도이다.[44][45] 이는 긴급피난 고유의 구조에 관하여 실정법규의 배후에 존재하는 원리에 비추어 고찰을 시도하는 것이다. 물론 긴급피난에 의해 침해되는 상대방 본래의 자유영역이 보전법익 주체의 영역으로 전화된다면, 피난행위자가 상대방의 영역을 침해하는 것은 자기의 영역에 개입하는 것이기 때문에 이를 저지할 수 없으며 수인의무가 발생한다고 볼 수 있을 것이다. 그러나 긴급피난의 상대방은 정(正)이므로, 그의 자유영역 내지 법익성이 결여하는 게 된다는 사고는 지나치다.

③ 긴급피난을 연대사상에서 도출하는 또 하나의 흐름이 롤스의 정의론에 의거하는 것이다.[46] 각자는 자기의 법익이 언제 위험에 처할 것인지 알지 못하기 때문에 자기가 긴급할 때에는 법익의 보호를 타인의 연대에 위임하여, 타인이 자신의 피난행위를 수인함으로써 자신은 위난을 면하게 된다. 동시에 타인의 법익이 위험에 처했을 때에는 자신의 법익을 희생한다. 이러한 합의로부터 사회보장정책으로서 수인의무를 수반하는 긴급피난 제도를 구상하게 되었다는 것이다.[47] 이는 가설적인 합의에서 현실의 의무를 도출한 것이라고 보인다.

여기에는 우선 현실의 긴급상황에 직면하게 되면 타인에게는 일방적으로 연대를 요구하면서 자신은 연대하지 않는 얌체편승자(Trittbrettfahrer)가 출현한다는 문제가 있

---

42) Renzikowski, Notstand, S.19ff.; SK – Günther, §34 Rn.11; Günther, Defensivnotstand und Tötungsrecht, FS – Amelung, 2009, S.149.
43) Silva Sánchez, Notstandsrechte und Duldungpflichtverletzungen, GA 2006, 384f.
44) Silva Sánchez, GA 2006, 385f.
45) Perdomo – Torres, Die Duldungspflicht im rechtfertigenden Notstand, 2011, S.38ff에 의하면 사회에서 평화롭게 생활하는 모든 시민은 생존에 관한 긴급상황에서는 자신의 법익을 포기하여 스스로의 자유영역을 제한하는 의무를 보증인으로서 가진다고 한다.
46) Merkel, Zaungäste? Über die Vernachlässigung philosophischer Argumente in der Strafrechtswissenschaft, in: Vom unmöglichen Zustand des Strafrechts, 1995, S.182ff.
47) Merkel, Zustand, S.182ff.

다고 지적된다.[48] 그래서 현실의 긴급상황에서도 연대에의 합의가 인정된다는 견해가 있다.[49] 법주체성의 전제조건은 상호승인이므로 구체적인 긴급상황에서 연대를 거부하여 상대방을 승인하지 않는 자는 상대방으로부터의 승인도 받지 못하는 것이다. 그에 따라 자신의 법주체성을 상실하기 때문에 사람은 자기모순 없이 연대에의 합의를 파탄시킬 수 없다는 것이다.[50] 다음으로 과연 원초상태에서 연대에의 합의가 이루어졌는지 의문이라는 비판이 있다. 사람이 타인에게 연대하는 것은 장래 타인이 자신에게 연대하지 않으리라는 공포 때문인데, 그 불안이 현실화되는 것은 과거에 자신이 연대의무를 다하지 않은 것이 사회구성원에게 알려지게 된 경우에 한정된다. 그런데 현대는 대규모 익명사회이므로 얌체편승하는 것이 합리적인 태도라는 것이다.[51]

연대의무나 수인의무의 핵심은 — 현실적 가설적인 의사가 아니라[52] — 사회존립에 연대가 객관적으로 필요하다는 데에 있다고 생각된다.[53] 연대를 거부하는 자는 위난에 스스로 대처하는 이외에는 다른 방법이 없다. 위난을 전가하지 못하고 자신이 수인해야 하기 때문에 이익의 상실 혹은 위난대비를 스스로 해야 하는 손해가 생기게 될 것이다. 따라서 이를 피하는 것 자체가 연대를 인정하는 근거라고 생각된다. 전가행위의 수인이 거부된다면 긴급피난을 정당화하는 의미가 없는 것이다. 이러한 의미에서 연대의무는 긴급피난의 수인의무와 동의어라고 말해도 좋을 것 같다.[54] 위난에 처한 자와의 연대가 근거로 됨으로써 그 자에 의한 법익 침해를 감수해야 하게 된다.[55] 이와 같이 긴급피난의 정당화근거와 상대방의 수인의무 근거를 일치하여 보게 될 때, 긴급피난은 상대방에 대하여도 합리적인 제도가 되는 것이다.[56] 이러한 맥락에서 연대의무는 개인이 다른 사람과 함께 같은 목적을 가지고 공동체에 속하며, 그러한 목적을 함께 달성하기 위해서 연대공동체의 구성원들은 연대적으로 기여를 행해야 한다는 의미내용을 가지는 것이다.[57]

그런데 이러한 점을 전혀 이해하지 못하고 긴급피난에 대한 수인의무를 부정하는 것이 긴급피난제도의 취지에 부합하는 것이라는 견해는[58] 거꾸로 긴급피난 상대

---

48) Pawlik, Der rechtfertigende Notstand, 2002, S.68ff.
49) Iwangoff, Die Duldungspflichten im rechtfertigenden Notstand, 2009, S.82f.
50) Iwangoff, Duldungspflichten, S.93f.
51) Pawlik, Notstand, S.68ff.
52) Frisch, Strafrecht und Solidarität, GA 2016, 126ff.
53) Jakobs, System der strafrechtlichen Zurechnung, 2012, S.44ff.도 (연대와는 선을 긋는 입장이지만) 공격적 긴급피난을 상대방에게 수인이 강제되는 '공공의 이익 우월의 원칙'에 기초한 것으로 보며, 그 수인의무가 사회에 유용하다고 인정한다.
54) Vgl. Joerden, Solidarität im Strafrecht, 2013, S.57.
55) Kühl, AT, §8 Rn.7ff.
56) Frisch, FS−Puppe, S.438ff.
57) Frisch, GA 2016, 136.

방의 수인의무는 그를 긴급피난의 수단으로 전락시키며 행위자와 피해자의 형평을 꾀해야 할 최소한의 법치국가적 요청에 어긋난다고 한다. 그러나 상대방을 사회구성 원으로서의 연대에서 배제하여 그를 목적으로 대우하지 않고 긴급피난의 수단으로 전락시키는 것은 오히려 수인의무 부정설이다. 또한 사회연대에서 수인의무를 인정하는 것이 긴급피난 행위자와 피해자의 형평을 위한 것인데, 이를 보지 못하고 있다. 도리어 수인의무 부정설이 행위자와 피해자의 형평이라는 요청을 거부하고 있는 것이다.

(2) 사후판단설

해당 정당화사유의 요건의 판단기준이 사후판단이면 수인의무를 긍정하고, 사전 판단이면 수인의무를 부정하는 입장이 있다.[59] 이에 따라 긴급피난을 사후판단에 의한 정당화사유로 보아 그에 대한 수인의무를 인정하는 견해가 주장되는 것이다. 대표적으로 정당화사유를 진정침해권과 단순행위권한으로 나누어 전자는 정당화의 전제사정이 현실적으로 존재할 것이 요구되는 경우로서 이때 상대방은 침해법익의 요보호성이 상실되고 수인의무를 부담한다. 정당방위나 피해자의 승낙 등 대부분의 정당화사유가 이에 해당한다.[60] 후자는 정당화의 전제상황의 존재가 불확실하지만 그 행위에 의해 달성되는 목적이 법적으로 승인되므로 허용된 위험의 사고에 기초하여 사전판단으로 정당화가 행해진다. 따라서 사후적으로 보게 되면 침해법익의 요보호성이 상실되지 않는 경우이기 때문에 수인의무를 부과할 수는 없고 긴급피난에 의한 대항은 가능하다. 추정적 승낙이나 현행범체포를 예로 들 수 있다.[61] 정당화사유를 요건의 판단시점에 따라 이분하여, 정당화의 전제사정이 현실적으로 존재할 것이 요구되는 사후판단 유형에 대해서는 수인의무를 인정한다. 대체로 정당화사유는 침해권이 보장되어 그에 대한 수인의무가 인정되는 것이 원칙이지만, 예외적으로 정당화사정이 현실적으로 존재할 것을 요구하지 않고 '불확실한 혹은 장래의 사정에 기초하는 정당화사유'에서는 전제사정의 부존재를 알고 있는 상대방이 긴급피난으로 대항하는 것이 인정된다.[62]

긴급피난상황의 존부는 사전판단에 의한다는 점을 명시적으로 언급하는 경우는 우리나라에서는 적지만,[63] 독일에서는 다수설이다. 긴급피난상황으로서의 '위난'이라

---

58) 배종대, 형법총론, 367면.
59) 자신의 종전 입장과 달리 최근 Jakobs, Zurechnung, S.44ff.는 판단기준과 수인의무의 관련성에 관한 기술을 삭제하고 있다.
60) S/S−Lenckner/Sternberg−Lieben, 29.Aufl., 2014, Vor §32ff. Rn.10a f.
61) S/S−Lenckner/Sternberg−Lieben, Vor §32ff. Rn.11.
62) Roxin, AT I, §14 Rn.108ff.

는 문언에서 사전판단이라고 말하기도 하고,[64] 긴급피난은 허용된 위험에 기초하는 '불확실한 혹은 장래의 사정에 의한 정당화사유'라고 보아 위난의 부존재가 사후적으로 판명되어도 오상피난이 아니라 긴급피난의 성립을 인정하기도 한다.[65] 그 결과 긴급피난에 대한 긴급피난이 인정된다. 예컨대 중병으로 쓰러졌다고 생각하여 구조를 위해 갑의 자동차를 운전하여 구조하려는데 그것이 중병이 아니라는 것을 알고 있는 갑이 이를 방해하는 행위는 긴급피난에 대한 긴급피난으로 정당화된다.[66] 단 피난행위의 보충성요건을 만족시키기 위해서 제2 피난행위자는 제1 긴급피난자에게 미리 사실을 전하여 착오를 해소함으로써 피난행위를 저지해야 하며, 그러한 보다 경미한 수단이 존재하는 한 제2 피난행위는 정당화되지 아니한다. 그렇다면 긴급피난을 긴급피난으로 저지할 수 있는 경우란 상황이 급박하여 사정을 설명할 여유가 없는 예외적 사례에 한정된다.[67] 이와 같이 예외적이기는 하지만 긴급피난에 대한 수인의무를 부정할 여지를 인정하는 것이다. 그 근거는 사전판단이 상대방의 법익에 대하여는 불이익한 판단방법으로서 침해법익의 보호상당성이 과도하게 부정되어서는 안 된다는 점에 있다.[68]

　다른 견해는 긴급피난을 진정침해권으로 이해한다. 긴급피난상황인 위난은 예측에 관한 요건이지만 상대방의 권리가 부당하게 제한되는 것을 피하기 위해 예측의 기초가 되는 사정은 현실적으로 존재할 것을 요구하여 원칙적으로 사후판단에 의한다. 이에 따르면 상기 중병오인사례에서 위난은 부존재했던 것이어서 제1 피난행위는 긴급피난의 성립이 부정되기 때문에, 긴급피난 대 긴급피난의 경우가 아니게 된다. 그러나 위난이 사후적으로 존재하는 사례에서는 침해법익을 보호해야 할 현실적 이유가 없게 되므로 제1 피난행위는 긴급피난의 성립이 긍정되고 상대방에게는 그 수인의무가 인정된다.[69]

　이러한 두 가지 입장은 긴급피난의 상대방은 정(正)이므로 그의 법익을 과도하게 침해해서는 안 된다는 생각에서는 공통된다. 사전판단설은 그러한 취지를 살리기 위하여 상대방의 대항을 허용하는 방식을 취한다. 반면 사후판단설은 상대방의 보호를 사후판단에 의하여 도모하고 대항은 인정되지 않는다고 말하는 것이다. 긴급피난의 전제상황을 사후판단하는 것이 독일에서는 소수설이지만 우리나라에서는 일반적으로

63) 김일수/서보학, 형법총론, 제12판, 2014, 213면; 김성돈, 형법총론, 308면.
64) Jakobs, AT, 11/12, 13/13.
65) Roxin, AT I, §16 Rn.15, §14 Rn.111, §14 Rn.88. 또한 NK－Neumann, §34 Rn.39; MK－Erb, §34 Rn.60.
66) Jakobs, AT, 11/13.
67) Roxin, AT I, §14 Rn.107ff.
68) Jakobs, AT, 11/13.
69) S/S－Sternberg/Lieben, Vor §32ff. Rn.10a f.

사후판단이다. 그 이유는 부정(不正)하지 않은 제3자에게 위난을 전가하기 위한 요건은 엄격해야 한다는 데에 있다고 보여진다. 적어도 위법한 침해를 하는 자에 대하여 반격하기 위한 요건보다 완화된 해석을 해서는 안 된다. 그러므로 정당방위상황을 사후판단한다면 긴급피난에서는 더더욱 전제사정의 현실적 존재를 요구해야 한다. 긴급피난은 '불확실한 혹은 장래의 사정에 기초하는 정당화사유'가 아니라, 사후판단형의 정당화사유이며 침해법익을 희생하여 보전법익을 수호한 결과가 정당화되는 것이다. 그렇다면 이러한 정당한 결과를 발생시키는 피난행위에 대하여 그 수인의 거부를 인정하게 되면, 법이 보호함이 상당하다고 판단한 보전법익이 결국 보호받지 못하게 되는 (법이 원하지 않는) 결과가 초래된다. 이러한 사태를 피하기 위해서는 긴급피난에 대한 수인의무를 인정하지 않으면 안 된다. 이와 같이 사후판단설에 의하게 되면 긴급피난에 대한 긴급피난은 금지된다.

3. 소결

긴급피난에 대한 긴급피난 부정설에서는 제1의 긴급피난 행위는 그 상대방에 대해서는 형법 제22조에서 말하는 위난에는 해당되지 아니한다. 긴급피난상황인 위난은 '단순한 사실상의' 침해나 위험을 말하는 것이 아니다. '수인할 의무가 없는' 침해나 위험을 의미한다. 즉 형법 제22조의 위난은 규범적인 요건이다. 이러한 해석은 형벌의 집행이라는 정당행위에 대하여 긴급피난을 인정하지 않는 우리나라의 일치된 견해와 마찬가지의 이해구조를 가지고 있는 것이다. 위난이라는 긴급피난의 전제상황이 부정되기 때문에 긴급피난에 대한 과잉피난도 성립되지 않는다.

Ⅳ. 나오며

본 논문에서는 앞에서 위법성이 조각되는 정당방위 행위에 대하여 상대방이 긴급피난으로 대항할 수 있는가 하는 문제를 다루었다. 우리나라의 통설과 달리 현재의 부당한 침해를 행한 자는 자신에 대한 정당방위에 긴급피난으로 대항하는 것은 허용되지 아니한다는 결론을 내렸다.[70] 그 근거는 정당방위의 성립요건 존부는 일반적인 견해와 마찬가지로 사후판단해야 하는데, 이와 같이 사후판단할 경우에 공격자의 법

---

70) 정당방위에 대한 긴급피난은 자초위난의 일종이기 때문에 부정되어야 하는 것은 아닌가 하는 시각에서의 검토는 이루어지지 못했다.

익의 보호상당성이 사후적으로도 부정된다는 것이다. 이는 마찬가지로 사후판단에 의하는 긴급피난의 전제상황인 위난이 결여된다는 의미가 된다. 그리고 형법 제22조에서 요구되는 위난 자체가 부정되기 때문에 과잉피난이 성립할 여지도 없다. 따라서 피난행위의 보충성이나 상당성의 요건이 구비되었다고 하더라도 긴급피난에 의한 정당화는 인정되지 아니한다. 결국 정당방위라는 법질서를 수호하는 행위를 방해하는 행위는 위법하게 된다는 것이다. 또한 본 논문은 정당화되는 긴급피난 행위에 대항하는 행위가 긴급피난으로서 정당화될 수 있는가에 대하여 우리나라의 거의 일치된 견해와는 달리 부정적인 해석에 이르렀다. 주된 논거가 되는 것은 강자의 권리 부정, 긴급피난의 정당화근거로서의 사회연대, 긴급피난의 성립요건은 사후판단되어야 한다는 것이다. 논증이 많이 부족한 가운데 여러 가지 점들은 여전히 더욱 많은 해명을 요한다는 것은 말할 것도 없다. 「위법성조각사유의 충돌」 내지 「정당화의 충돌」에 관한 단지 하나의 장면을 검토해 보려고 시도한 데 불과하다.

9. 경찰관에 의한 구조의 가능성과 정당방위

- 정당방위의 본질 및 인정근거에 기초한 그 허용과 제한의 문제를 중심으로 -

9. 경찰관에 의한 구조의 가능성과 정당방위*

- 정당방위의 본질 및 인정근거에 기초한 그 허용과 제한의 문제를 중심으로 -

목차

I. 들어가며

우리 형법은 제21조 제1항에서 "자기 또는 타인의 법익에 대한 현재의 부당한 침해를 방위하기 위한 행위는 상당한 이유가 있는 때에는 벌하지 아니한다"고 하여 정당방위를 규정하고 있다. 긴급행위의 하나인 정당방위는 구성요건에 해당하는 방위행위의 위법성을 조각시키는 사유로서 기능하고 있다. 조문에 따르면 정당방위의 요건으로 현재의 부당한 침해가 있을 것, 자기 또는 타인의 법익을 방위하기 위한 행위일 것, 상당한 이유가 있을 것이 도출된다. 여기에서 상당한 이유라 함은 침해에 대한 방위가 사회상규에 비추어 상당한 정도를 넘지 아니하고 당연시되는 것을 말하는데,1) 이 상당성의 내용에 대해서 다수의 학자들은 정당방위에서의 상당성은 긴급피난에서의 그것과는 달리 다른 가능한 방법이 없어야 한다는 보충성이나, 침해이익이 보호하고자 하는 피침해이익을 초과해서는 안 된다는 균형성을 요하지 않는다고 한

---

* 경찰학논총 제6권 제2호, 경찰학연구소
1) 대법원은 상당성을 판단하는 방법으로 1992. 12. 22. 선고 92도2540 판결; 2005. 9. 30. 선고 2005도3940, 2005감도15 판결; 2007. 4. 26. 선고 2007도1794 판결 등에서 "형법 제21조 소정의 정당방위가 성립하려면 침해행위에 의하여 침해되는 법익의 종류, 정도, 침해의 방법, 침해행위의 완급과 방위행위에 의하여 침해될 법익의 종류, 정도 등 일체의 구체적 사정들을 참작하여 방위행위가 사회적으로 상당한 것이어야 한다"고 하고 있다. 헌법재판소는 2001. 6. 28. 선고 99헌바31 결정에서 동조 동항의 "상당한 이유"부분이 죄형법정주의 명확성원칙에 위반되지 않는다고 판시한 바 있다.

다.[2] 다시 말하면 정당방위에서의 방위행위는 필요성 요건만 갖추면 상당성 요건을 갖춘다는 것이다. 그런데 이러한 태도를 취함으로써 부정에 대한 정(正)으로서의 정당방위의 성립을 완화시키면서도 동시에 대다수의 견해는 방위행위가 사회윤리적인 이유로 제한될 수 있음을 정당방위의 성립요건으로 제시함으로써 일정한 정도의 제한을 가하고 있다.[3]

이러한 정당방위의 확장과 제한이라는 문제선상에서 본고는 과연 일정한 방위상황에서 경찰관 등의 국가기관의 구조가 가능하다고 한다면 사인의 정당방위는 허용될 것인가에 대한 논의를 전개해 보고자 한다. 다수의 견해와 같이 정당방위의 상당성이 보충성 내지 회피가능성을 요구하지 않고 법익균형성도 요구하지 않는다는 정당방위의 완화 내지 확장적 관점에 입각할 경우 경찰관 등 국가기관의 구조가 가능하다 하여도 사인의 정당방위는 부정되지 않을 것이나, '상당한 이유'에 근거하여 파악되고 있는 제한적인 관점에 비추어 사고하면 사인의 정당방위는 이와 같은 경우 부정될 수 있다는 견해 또한 가능하다. 경찰관과 관련한 정당방위의 문제는 주로 경찰 스스로가 총기사용 등을 통하여 자신의 신체 등의 법익을 보호하는 경우와 관련하여 논의되는 반면, 경찰의 보호가 가능함에도 불구하고 사인이 방위행위로 나아갈 수 있을 것인가에 대한 논의는 그리 많지는 않다. 다만 일부 학자들의 경우 정당방위가 자력구제의 일종임을 전제로 국가에 의한 보호를 받지 못하는 경우에 한하여 개인이 법익의 침해에 대하여 자신을 방어하는 것이 예외적으로만 허용됨을 명시적으로 밝히고 있다.[4]

다시 말하면 국가가 사인을 보호할 수 있는 경우에는 사인에 의한 정당방위가 허용되지 않는다는 것으로 이를 당연하다는 입장이다.[5] 국가공권력과의 관계에 있어 정당방위의 본질을 무엇으로 볼 것인가에 기인하여 이와 같은 상황에서 사인의 정당방위가 허용될 것인가에 관하여 각기 다른 견해를 취하는 것이 가능할 것이다. 이에 대하여 정당방위가 부정된다는 위와 같은 견해만이 명시적으로 제시될 뿐 경찰 등의 국가기관에 의한 구조가 가능한 경우에도 개인의 정당방위가 가능하다는 반대 견해를 명시적으로 밝히고 있는 문헌은 거의 존재하지 않는다. 그러나 과연 앞의 견해처

---

2) 김일수/서보학, 새로쓴 형법총론, 제11판, 2006, 298면; 박상기, 형법총론, 제8판, 2009, 176면; 배종대, 형법총론, 제10판, 2011, 347면 이하; 손동권/김재윤, 새로운 형법총론, 2011, 189면 이하; 손해목, 형법총론, 458면; 이재상, 형법총론, 제7판, 221면; 이형국, 형법총론, 2007, 150면; 임웅, 형법총론, 제3정판 보정, 2011, 227면; 정성근/박광민, 형법총론, 제5판, 2011, 230면.

3) 다만 상당성과 사회윤리적 제한의 관계를 어떻게 볼 것인가(이를 상당성의 요건으로 볼 것인지, 별개의 요건으로 볼 것인지 등)에 대한 견해의 차이가 존재할 뿐, 정당방위행위가 일정한 제한을 받는다는 것 자체에 대하여는 이견이 없다. 조규홍, 정당방위의 상당성의 의미 및 구체적 판단기준, 법조 제60권 제6호, 2011, 113면은 사회윤리적 제한이 현실적인 문제해결에 도움이 되지 않는다는 점을 지적하며 보다 구체적인 기준을 새롭게 정립할 것을 제안하고 있다.

4) 배종대, 형법총론, 348면; 최우찬, 사례형법총론 I, 법문사, 2007, 133면.

5) 최우찬, 사례형법총론 I, 134면.

럼 정당방위를 국가권력에 대한 보충적인 성격으로만 이해하여 경찰관 등의 구조가 가능한 경우 정당방위가 허용되지 못한다는 것에는 할 것인가의 문제는 검토를 요한다. 이에 이하에서는 정당방위의 본질을 무엇으로 볼 것인가에 대한 고찰을 거쳐 경찰관의 구조 가능성 유무에 따른 사인의 정당방위 허용 여부를 검토해 볼 것이다.

Ⅱ. 정당방위의 본질과 인정근거

1. 국가기관의 구조가능성에 대한 논의와의 관계 및 필요성

형법상 형벌권은 국가에게 독점되어 있는 것으로, 정당방위는 국가공권력에 우선하여 사인이 실력에 의해 이익 충돌을 해결한다는 관점에서 보면 국가의 실력독점의 예외로서 위치되어질 것이다. 사인이 권리를 실현할 때 그것을 스스로 행하는 것이 전면적으로 허용되는 경우 예상되는 폭력적 풍조 — 만인의 만인에 대한 투쟁상태(bellum omnium contra omnes) — 를 회피하고 법적 평화를 보장하기 위해 실력 행사를 오로지 국가기관의 손에 넘겨주는 동시에 사인의 실력행사를 금지한, 정당방위의 초개인적제약원리[6]로서의 국가의 실력독점(staatliches Gewaltmonopol) 사상 — 은 근대 법치국가의 기반 확보 내지 발전이라는 임무 수행에 사용되어 왔다.[7] 예를 들어 무권리자가 권리의 존재를 오신하거나, 혹은 무권리자임을 알면서도 타인을 위한다는 명목하에 실력을 행사하는 것 등에 대한 공포가 이러한 사상의 발전을 장려하게 되었다. 국가의 실력독점 사상은 발전하여 사인에게 허용된 실력 행사의 범위를 점점 좁혀 가다가, 오히려 자력구제의 금지가 원칙이 되도록 하는 데에 이르게 되었다.

그러나 법치국가체제가 확고히 정비된 현대사회에 있어서도 여전히 국가기관은 만능이 아니다. 특히 긴급상황에 있어서는 국가의 시기적절한 개입이 종종 곤란하기 때문에 정당한 이익을 지키기 위해 예외적으로 사인의 실력행사를 허용할 필요가 있다. 그렇지 않으면 그 경우에는 권리 침해가 방치된 채 사후적 구제만이 가능해져 국민의 사법에 대한 신뢰 감소에 영향을 미치게 되며, 나아가 모든 사태에 대처할 것을 국가에 대해 요구하는 것은 국가에 있어서도 과도한 부담이고 국가의 비대화를 부르는 것이 되기도 한다. 다시 말해, 국가의 실력독점 사상의 타당성을 원칙적으로 인정한다 하여도 그 예외를 인정할 필요성도 충분히 존재한다는 것이다. 그러나 이러한 예외를 인정해야만 하는 사정이 존재하지 않는 경우, 예를 들어 긴급한 위법한 침해

---

6) Burr, Notwehr und staatliches Gewaltmonopol, JR, 1996, S.231.
7) Pelz, Notwehr—und Notstandsrecht und der Vorrang obrigkeitlicher Hilfe, NStZ 1995, 305; Burr, JR, S.230.

의 제거를 그 임무로 하는 국가기관이 이용 가능한 형태로 존재하고 있는 경우 국가기관에 의하지 않고 사인이 스스로 정당방위로 나아간다거나, 혹은 사인이 경찰에 구조를 요청하는 것이 가능한 경우에 사인의 정당방위를 금지할 수 있겠는가에 대하여 앞서 언급한 것처럼 우리나라에서는 정당방위가 허용되지 않는다는 일부의 견해가 존재할 뿐이다.8) 경찰관에 의한 구조의 가능성이 정당방위의 성부에 영향을 주는가, 바꾸어 말해 경찰에 의한 구조에 대하여 사인의 정당방위 행위의 보충성(subsidiaritat der Notwehr)9)이 인정될 것인가 하는 문제는 표면적으로는 정당방위의 보충성 문제와 직결되는 듯 보이지만, 궁극적으로는 정당방위의 인정근거가 되는 사고의 틀로부터 도출해 낼 수 있을 것이다. 경찰의 구조가능성의 존부에 따른 정당방위의 성립여부를 검토하기 위한 전제로 우선 정당방위가 인정되는 본질적인 근거10)가 무엇인지를 논하여야 할 것이다. 정당방위의 본질을 무엇으로 보는가에 따라서 경찰관의 구조가 가능한 경우의 정당방위 성립을 바라보는 관점이 달라질 수밖에 없기 때문이다. 우리나라에서는 정당방위와 관련한 종래의 논의들은 정당방위의 성립요건이나 제한에 국한되어 있고 그 기본이 되는 배경적 사고에 관한 연구가 많이 이루어지고 있지는 않다.11)

그러나 이에 대한 검토는 구체적으로 정당방위의 성립범위 및 정당방위의 한계와 제한에 대한 연구에 직접적인 영향을 미치게 된다는 점에서 반드시 필요한 논의라고 보여진다. 이를 보는 양 극단의 입장은 "법은 불법에 양보하지 않는다"는 관점에서 정당방위를 자기보호와 법질서수호 내지 법확증에 근거하여 허용할 것인지,12) 아니면 자기방위를 천부의 권리로 보아 계약론적 관점에서 국가가 개인을 보호하지 못하는 경우 개인에게 원초적 자기방어권이 귀속된다고 할 것인지13)로 나누어져, 절충적인 입장이 그 스펙트럼상에 위치할 것이다.

---

8) 배종대, 형법총론, 348면; 최우찬, 사례형법총론Ⅰ, 2007, 133면.

9) Haas, Notwehr und Nothilfe, 1978, S.279.

10) 이를 김정환, 정당방위의 기본사상으로서 법질서수호원리?, 비교형사법연구 제8권 제2호, 2006에서는 '기본사상', 최석윤, 정당방위의 근본사상에 관한 연구, 형사정책연구 제21권 제3호, 2010에서는 '근본사상'이라고 표현하고 있는 것이다.

11) 같은 문제의식을 지적하고 있는 문헌으로 김정환, 상게논문, 2면; 최석윤, 상게논문, 260면.

12) 김일수/서보학, 형법총론, 291–292면; 박상기, 형법총론, 166면; 배종대, 형법총론, 343–344면; 신동운, 형법총론, 제5판, 267면; 오영근, 형법총론, 제2판, 2009, 317면; 이재상, 형법총론, 220면; 임웅, 형법총론, 219면; 정성근/박광민, 형법총론, 219면 등.

13) Kleszczewski, Ein zweischneidiges Recht–Zu Grund und Grenzen der Notwehr in einem vorpositiven System der Erlaubrissätze, FS–Wolff, 1998, S.231; 김태명, 정당방위 요건으로서 상당성에 관한 연구, 서울대학교 박사학위논문, 2000, 115면 이하.

2. 개인의 자기보호로서의 정당방위

아리스토텔레스는 법률과 법을 구분하여, 법률은 인간이 성문 혹은 불문의 형태로 스스로 확정한 것이고, 법은 자연법에 해당한다고 하였다. 공동체에 있어 유효한 법은 자연적인 것과 법률적인 것으로 나뉘는데, 자연적인 것은 어디에서나 동일함을 발휘한다는 것이다.[14] 중세로 나아가 아퀴나스는 자연법을 실천이성의 기초원리로서 인간이 가지는 분명한 법칙으로 보아, 이러한 자연법을 인간의 본성에 따라 세 가지로 나누고 있는데, 그 첫 번째를 자기유지의 본능이라고 하고 있다. 이러한 사조는 로마법에서도 보여지고 있으며, 칸트 등의 자연법론자들의 사상에서도 나타나고 있다.[15] 이 관점에서 정당방위를 보면, 개인은 국가가 개인을 보호해 줄 것이라는 전제하에 자신의 자연적 자위권을 위탁한 것인데 국가가 개인을 보호할 수 없는 경우에는 개인에게 귀속되는, 원초적인 자기방위권이 된다. 이 견해의 핵심은 정당방위의 논증에 있어 초개인적 이익, 즉 추상적 법질서수호의 관점은 불필요하다고 보는 것에 있다. 이에 따르면 정당방위는 단지 피침해자와 침해자 상호 간의 개인적 분쟁에 불과하게 된다.

이를 논증하는 방법은 크게 피침해자의 특수성을 강조하는 방법과 침해자의 특수성을 강조하는 방법으로 나누어진다. 전자의 경우 피침해자의 상황의 특수성으로부터 정당방위를 설명한다.[16] 이에 따르면 정당방위는 피침해자의 침해되는 구체적인 법익에 대한 것 외에도, 일반적인 행동자유와 자기결정의 제한에 대한 방위로서의 기능을 한다고 한다. 이를 발전시키면 정당방위는 구체적으로 침해되는 법익의 가치와 상관없이 피침해자는 정당방위를 할 수 있게 된다고 할 것이다. 한편 피침해자의 심리적인 위협상황을 정당방위의 적용근거로서 강조하는 견해도 있다.[17] 피침해자의 곤경, 위험방지의 미숙함, 그리고 정당방위상황에서 피침해자가 보유한 수단의 제한성을 이유로 정당방위의 위법성이 조각된다는 것이다. 이 견해는 심리적 놀람, 시간적 급박, 위협 등의 주관적 요소들을 중시하게 된다.[18] 한편 후자의 침해자의 특수성을 강조하는 견해는 침해자를 보호할 가치가 적다는 것에서 비롯된다. 이에 따르면

---

14) 박은정 역, 자연법과 실질적 정의, 2001, 52면 참조.
15) 이에 대한 자세한 논의는 김태명, 전게논문, 106면 이하 참조.
16) Wagner, Individualistische, S.30ff.
17) Koch, Prinziptheorie der Notwehereinschränkung, ZStW, 1992, S.785.
18) 이에 대하여는 제3자의 경우 피침해자와 동일한 심리적 압박을 느끼지 않으므로 그에 의한 정당방위를 설명하기 어렵다는 비판으로, Seeberg, Aufgedrängte Nothilfe, Notwehr und Notwehrexzess, 2005, S.54. 한편 긴급피난의 경우에도 피난자가 동일한 상황에 처하므로 이러한 설명이 적절하지 않다는 견해로, 김정환, 전게논문, 15면.

정치적 공동체는 구성원들에게 다른 구성원으로부터의 부당한 간섭에 대한 방위를 부담하고, 공동체가 방위를 부담하는 한 구성원은 자기방위를 포기하나, 정치적 공동체가 구성원의 이익을 보호할 수 없는 상황이라면 구성원들은 자기방위가 가능하다.[19] 이들은 사회적 공동체가 개인들 사이에서 온전하게 유지되고 그 공동체로부터 나오는 도덕적 종류의 상호적 연대의무들도 존속한다고 한다. 공격자 내지 침해자의 침해행위는 이러한 사회적 공동체의 유지를 정지시키는 것이므로 방위자는 자기보호 상태로 회귀하게 되어 정당방위권은 개인주의적인 차원에서 정당화된다는 것이다.[20] 침해자가 국민 상호 간의 법규준수의무를 침해한다는 점에서, 방위자(피침해자)는 방위행위시에 침해자의 법익을 전범위에서 고려하는 의무를 지지는 않기 때문이다.[21]

3. 법질서수호원리로서의 정당방위

정당방위를 법질서수호 내지는 법확증의 원리에 근거하여 파악하는 관점에서는, 개인보호는 정당방위의 기초사상이 될 수 없고 정당방위행위는 공동체를 위해서 인정된다고 한다. 이는 국가를 자기목적적으로 이해하는 것으로써 개인주의적 이익과는 독립된 공동체적 고유가치가 존재함을 전제한다. 이러한 사조는 헤겔에서부터 비롯되는데,[22] 그에 따르면 법은 이성적이며 현실적인 반면 불법은 법의 현실을 부정하는 비이성적이고 비현실적인 것이라고 한다. 그러한 불법은 국가의 형벌을 통해 다시 변증법적으로 법으로 바뀌어져야 하는데, 정당방위의 경우 예외적으로 이러한 기능이 피침해자에게 주어진다는 입장이다. 이 입장으로부터 "법은 불법에 양보할 필요가 없다"는 법언이 나오게 된 것이다. 이에 따르면 법질서에 대한 방위의 이익은 상위의 영역에 위치하여 침해자의 이익보다 항상 우선하게 된다.[23] 이른바 공동체를 위한 법의 자기관철(Selbstbehauptung des Rechts)이라는 것이다. 이들의 견해에 따르면 피침해자의 보호는 법의 자기관철 내지는 법질서수호의 반사효에 불과한 것이 되어 제3자 등의 정당방위에 있어서도 피침해자의 방위의사나 의지에 의존하는 것은 아니라고 보게 된다.[24]

---

19) Pfordten, Zu den Prinzipien der Notwehr, FS—Schreiber, 2003, S.370.
20) Pfordten, FS—Schreiber, S.373.
21) Hruschka, Extrasystematische Rechtfertigungsgründe, FS—Dreher, 1977, S.198f.
22) Haas, Notwehr und Hothilfe, S.113f.
23) Schmidhäuser, GA, S.115f.
24) Schmidhäuser, GA, S.139.

4. 이원적 사고

정당방위의 본질적 인정 근거를 자기보호원칙뿐만 아니라 법수호원칙에서도 함께 찾는 이원적인 입장이다. 우리나라의 다수 견해와 독일의 지배적 견해이다. 개인은 위법한 침해자로부터 법익을 침해당할 필요가 없고, 법질서 전체상 법은 불법을 회피할 필요가 없다는 것이다. 정당방위자는 국가가 법을 스스로 보호할 수 없는 상황들에서 법의 대리수행자로서의 역할을 하며, 피침해자인 국민에게 자신의 이익을 보호할 수 있는 당연한 권리를 보장하는 것이라고 한다.[25] 이 견해를 따를 경우 정당방위와 긴급피난의 구분이 필요하게 된다. 긴급피난의 경우에는 개인의 이익 혹은 개인법익들의 형량이 고려되어야 하지만, 정당방위의 경우에는 그러한 법익균형성이 고려될 필요가 없다는 것이다.[26] 다시 말하면, 본고의 서론에서 제시하였듯 통설적 견해는 정당방위자의 방위되는 이익이 침해자의 이익보다 우월하지 않더라도 정당방위를 허용하게 된다.[27]

이러한 기본적인 입장을 기초로, 두 가지 사조 간의 관계를 파악하는 입장이 세분화된다. 우선 법질서수호를 개인의 보호보다 강조하는 견해로, 이는 침해에 대한 방위는 개인의 보존만이 아니라, 오히려 법질서의 가치 있는 보존을 보다 결정적인 요소로 본다.[28] 한편 두 사조에 동등한 정도로 의미를 부여하는 견해가 있는데, 이들은 원칙적으로 동등하게 개인의 법익보호와 법질서의 수호가 중요하지만, 개별문제의 해결에 있어서 각각의 우열이 달라질 수 있음을 시사하고 있다.[29] 그리고 마지막으로는 개인의 보호를 더 중시하는 견해이다. 이에 따르면 공동이익은 개인의 개별적 이익을 매개체로 하여 나타나는 것이라고 한다. 다시 말해 법질서수호원리는 독립하여 의미를 가지는 것이긴 하지만 개인보호원리를 보완하여 주는 것으로, 개인보호사고가 정당방위의 중심을 형성한다는 것이다.[30]

---

25) Kühl, AT, 7/10.
26) Smidhäuser, S.111; S/S－Lenckner/Perron, 32/1a.
27) 김일수/서보학, 형법총론, 284면; 박상기, 형법총론, 176면; 배종대, 형법총론, 285면; 손해목, 형법총론, 454면; 이재상, 형법총론, 221면; 이형국, 형법총론, 179면; 임웅, 형법총론, 227면; 정성근/박광민, 형법총론, 231면.
28) LK－Spendel, StGB, 32/13.
29) Maurach/Zipf, 26/4.
30) Kühl, AT, 7/11.

5. 정당방위의 본질적 인정 근거와 경찰의 구조가능성

정당방위가 인정되는 근본적인 사조를 개인의 보호라고 보는 일원론적 견해를 따를 경우 국가가 사회구성원들로부터 위임받은 강제권을 행사할 수 없는 경우에 시민은 자연상태의 시원적 자기방위권을 다시 보유하게 되는데, 법적으로 구성된 공동체로서의 법치국가에서는 정당방위 또한 법적으로 구성된 질서의 예외가 될 수가 없다. 오히려 법치국가에서 정당방위권은 법의 개념 그 자체로부터 나온다고 보아야 할 것이다.[31] 앞서 언급한 바와 같이 이 견해는 타인의 법익을 위해 하는 방위행위의 정당화 이유를 설명하지 못한다. 자기보호원칙에 의존하는 견해는 또한 현재의 부당한 침해를 방위하기 위하여 정당방위를 무제한 허용할 수밖에 없게 되어 피침해자는 실제로 침해되는 구체적인 법익뿐만 아니라 일반적인 행동의 자유의 제한에 대하여도 방위할 수 있게 된다. 극단적으로는 실질적으로 경미한 법익침해에 대하여 생명을 해할 수도 있는 것과 같은 결과가 되는데, 이를 제한하는 원리로 상당성 혹은 사회윤리적 제한의 요건이 제시되게 된다.

한편 법질서수호의 원리만을 그 근거로 들고 있는 견해는 제3자의 정당방위를 설명하기는 보다 쉬워진다는 장점이 있으나, 국가의 독점적 권한을 위임할 수 있다고 하더라도 정당방위는 국가의 권력독점이 인정되는 사회적 행위영역에 해당하지 않는다는 문제가 있다.[32] 한편 이 견해는 법수호원칙에 기초하여 한편으로는 방위자의 입장에서 이익형량이 불필요하며, 회피의무도 없다고 하여 정당방위의 과단성과 확장을 정당화하고, 다른 한편으로는 정당방위의 제한을 정당화함으로써 스스로 모순에 빠지는 문제점을 안고 있다.[33]

이러하듯 개인의 법익보호와 법질서수호 어느 한 가지만으로는 정당방위를 인정할 근거를 명확하게 설명하기가 어렵다. 따라서 두 가지 모두를 정당방위행위의 위법성을 조각하는 근거로서 파악할 때에야 비로소 그 각각의 단점들을 보완해 낼 것이다.[34] 정당방위와 경찰의 구조가능성이라는 논제는 경찰이라는 국가기관의 구조가능성 여부가 법질서수호라는 관점과 개인의 법익보호라는 관점에 따라 피침해자인 사인의 정당방위의 성부에 과연 영향을 미칠 수 있는 것인지를 검토해 볼 수 있는 두 사조의 한계영역에 존재하는 것이다. 따라서 이하에서는 지금까지의 논의를 바탕으로

---

31) 최석윤, 전게논문, 263면.
32) Kargl, S.48.
33) Kargl, S.40.
34) 최석윤, 전게논문, 268면 이하는 이와 같은 이원론에 대한 비판을 제시하며, 개인의 권리나 이익의 상호주관성을 고려할 것을 주장하고 있다.

경찰관의 구조가능성이 어떻게 정당방위 성립과 연관될 수 있는지를 보다 세분화시
켜서 검토해 보고자 한다.

Ⅲ. 경찰관에 의한 구조의 가능성의 판단 – 경찰관의 구조행위와 사인의 방위행위의 경합을 중심으로

1. 경찰관에 의한 구조의 가능성의 판단

이하의 논의의 전제로 우선 경찰관에 의한 구조가 가능하다고 하는 것의 의미
범위를 보다 확실히 하는 것이 선행되어야 할 것이다. 만약 경찰관이 할 수 있는 구
조가 침해자의 침해행위에 대하여 유효한 반격이라고는 할 수 없는 경우, 예를 들어
침해자가 신체 건장한 청년인데 반해 경찰관이 연로하고 왜소하여 맨손으로 맞서는
것이 사실상 불가능한 경우 등에는 경찰관에 의한 구조가능성이 실질적으로 인정되
지 않기 때문에 사인의 정당방위를 긍정하는 데에 큰 어려움은 없다고 할 것이다.[35]
만약 경찰관에게 구조의사가 없는데다가, 그 구조의 거부가 위법한 경우에는 당연히
정당방위가 가능하다 하겠다.[36]

결국 정당방위의 허용 여부에 관하여 다툼이 있을 수 있는 경우는 경찰관의 구
조거부가 적법한 경우, 다시 말해 즉시구조를 위하여 총기 등의 사용이 법률상 허용
되지 않는 등[37]의 이유로 인하여 경찰관에게 개입권한이 없는 경우일 것이다. 이러한
사례에 대하여, 경찰의 불개입이 명령되고 있는 것은 당해 공격에 의해 법질서가 위
협되지 않음을 보여주는 것이라는 이유로 사인에 의한 정당방위도 허락되지 않는다

---

35) Vgl., Wagner, Individualistische oder überindividualistische Notwehrbegründung, 1984, S.61;
   Rudolphi, Rechtfertigungsgründe im Strafrecht: Ein Beitrag zur Funktion, Struktur und den
   Prinzipien der Rechtgertigung, GS−Kaufmann, 1989, S.392; Seebode, Gesetzliche Notwehr
   und staatliches Gewaltmonopol, FS−Krause, 1990, 390f.; LK−Hirsch, StGB, 11. Aufl., Band
   2, 1994, §32 Rn.234; Sternberg−Lieben, Voraussetzungen der Notwehr, JA 1996, 306; S/S−
   Lenckner/Perron, StGB, 27. Aufl., 2006, §32 Rn.100; Erb, Notwehr bei präsenter staatlicher
   Hilfe, FS−Nehm, 2006, S.181. 위 본문의 예에서 경찰관의 구조행위에 의해 침해자의 공격이
   다소라도 지연되거나, 혹은 완화 되는 경우에는 구조행위의 실효성을 부정할 수 없기 때문에 사
   실상 실효성이 인정되지 않는 사례는 드물다 할 것이다.
36) Seebode, FS−Krause, S.390l vgl., Haas, Notwehr und Nothilfe, S.304; Burr, JR, S.232; Erb,
   FS−Nehm, S.181.
37) 우리는 경찰공무원법, 경찰관직무집행법, 경찰장비의 사용기준 등에 관한 규정, 범인검거안전수
   칙 등에서 경찰의 물리력 행사에 관한 각종 규정을 두고 있는데, 특히 경찰관직무집행법은 경찰
   관의 무기 기타 경찰장구의 사용에 관한 원칙적인 기준을 제시하고 있다. 동법 제10조의4에서는
   경찰관이 경찰장비나 무기를 사용하여 사람에게 위해를 가할 수 있는 경우를 상세히 규정하고
   있다. 그 허용요건을 형법상의 정당방위와 비교·검토한 문헌으로는, 김태명, 전게논문, 3면 이하
   참조.

는 견해가 있다.[38] 법률상 인정되지 않는 침해를 사인이 정당방위의 이름하에 행하는 것은 허용되지 않는다고 하는 것도 같은 취지일지도 모른다.[39]

그러나 그것은 한편으로는 사인에게 침해를 수인할 의무를 부여하여 그러한 보호를 박탈함과 동시에 정(正)이 부정(不正)에 굴복한다는 사태를 용인하는 것이 될 것이다.[40] 이에 대해 독일에서는 경찰법상의 권한을 넘는 정도의 정당방위의 권한이 인정되어야 할 경우, 다시 말하면 경찰관에게는 허용되지 않으면서 정당방위로서는 허가되어야 하는 경우는 거의 존재하지 않기 때문에 사인의 정당방위를 부정하여도 실질적으로 불합치가 발생하는 것은 아니라고 하는 견해가 있다.[41] 그러나 실제로 거의 발생하지 않는다고 하여 해석으로서 그러한 태도를 취할 것인가는 다른 문제이며, 경찰에 개입권한이 없는 경우도 경찰의 구조가능성이 없는 것으로 취급하고 정당방위를 긍정해야 할 것으로 생각된다.[42] 이에 이하에서는 경찰관이 유효한 방위를 할 수 있음을 전제로 논의를 전개하고자 한다. 경찰관에 의한 구조가 현존하거나 혹은 구조가 투입되려고 하는데도 사인이 그것에 우선하여, 심지어는 경찰관의 구조를 저지하여 반격하는 경우(현실적 경합의 경우)에와 경찰관이 침해의 존재를 모르고 아직 구조를 투입하지 않은 경우(잠재적 경합의 경우)에 대하여 논하여 볼 수 있을 것이다.

2. 경찰관의 구조행위와 사인의 방위행위의 경합

1) 현실적 경합

(1) 방위 행위의 필요성

일반적으로 정당방위에서 방위행위의 상당성을 판단함에 있어 필요성을 요함은 앞에서 언급한 바와 같다. 방위의 필요성은 침해의 즉각적 배제가 확실히 기대되고 위험의 제거가 보장되는 때에 인정된다. 이는 바꾸어 말하면, 방위에 적합한 여러 수단 가운데에서 침해자에게 가장 피해가 적고 가장 덜 위험한 수단을 선택하여야 한다는 것이다. 따라서 필요성원칙을 방위행위의 균형성,[43] 혹은 최소침해의 원칙 내지 상대적 최소방위의 원칙[44]이라고도 한다. 이에 따르면 상대적으로 매우 경미한 방위

---

38) Haas, Notwehr und Nothilfe, S.293, 296, 300; Jakobs, Strafrecht AT 2. Aufl., 1991, 12/45; Kühl, Strafrecht AT, 5. Aufl., 2005, 7/121.
39) Thomas Rönnau/Kristian Hohn, LK−StGB, 12. Aufl., Band 2, 2006, §32 Rn.185.
40) Im Ergebnis Seebode, FS−Krause, S.390.
41) Rönnau/Hohn, LK−StGB, §32 Rn.185.
42) 독일의 판례에도 경찰에게 출동을 요청했지만 거부된 사안으로, 그것을 이유로 방위행위의 필요성을 긍정한 것이 있다(OLG Düsseldorf, NStZ, 1994, 343). 다만, 구조거부의 위법성에 대하여는 판결문상 명확히 되어 있지는 않다.
43) 김일수/서보학, 새로쓴 형법총론, 284면.

행위에 대해서는 필요성이 응당 미친다 할 것이고, 보다 중한 방위행위의 경우 그 실효성이 뛰어나다면 필요성이 긍정될 수 있다.[45] 방위수단이 하나밖에 없다면 그것은 필요한 방위행위고, 복수의 수단이 존재한다면 그 수단들 사이에서 경미성과 실효성을 비교한 것에 기초하여 필요한 방위행위가 결정된다 할 것이다. 필요성원칙은 여러 방위수단 가운데 가장 경미한 수단을 선택할 것을 요구함과 동시에 그 수단을 가장 경미한 방법으로 사용할 것을 요구하기도 한다.[46]

　　경찰관에 의한 구조가 현존하거나 혹은 구조가 투입되려고 하는데도 사인이 그것에 우선하여, 심지어는 구조를 저지하여 반격하는 현실적 경합의 경우 경찰관에 의한 구조 또한 방위수단의 선택지에 포함되기 때문에, 경찰의 구조가능성이 있는 경우의 사인의 방위행위의 필요성은 그것과의 관계에서 판단되게 될 것이다. 이에 따르면 사인의 방위행위의 방법이 경찰관의 구조행위에 비하여 현저하게 실효성이 떨어지는 경우, 예를 들어 사인인 피침해자 자신은 칼을 사용해 공격자에게 맞설 수밖에 없지만 동일한 상황에서 각종 신체적 제압능력이 뛰어난 건장한 경찰관이라면 침해자를 맨손으로 쉽게 체포할 수 있는 경우에는 방위행위의 필요성이 부정될 수도 있을 것이다.[47] 이처럼 방위행위의 필요성이 부정되는 경우에는 서론에서 언급한 국가의 실력독점 사상을 제시할 것까지도 없다. 따라서 이하에서는 항을 바꾸어 방위행위의 필요성이 긍정되는 경우, 바꾸어 말하여 국가의 실력독점의 관점에 의하여 정당방위를 부정하지 않아야 하는 경우에 대해서 검토해 보고자 한다.

(2) 국가의 실력독점의 고려가능성

(가) 방위행위의 경미성 정도의 고려

　　무술고단자인 사인이 맨손으로 공격자를 제압할 수 있다 할지라도 경찰관은 방위행위시 무기를 사용할 수밖에 없는 경우가 있을 것이다.[48] 이러한 경우 사인의 방위행위의 수단이나 방법이 경미하다 하여도 국가의 실력독점을 관철함으로써 경찰관

---

44) 임웅, 형법총론, 226면.
45) Warda, Die Eignung der Verteidigung als Rechtfertigungselement bei der Notwehr (§§32 StGB, 227 BGB), Jura, 1990, 396.
46) 최석윤, 전게논문, 425면.
47) 이 외에, 경찰관의 구조 수단이나 방법이 사인의 그것보다 경미함과 동시에 유효한 것이라고 하는 견해로는, SK-Günther, StGB, 7. Aufl., 2000, §32 Rn.100; 보다 경미한 한편 실효성은 동등하기만 해도 족하다고 하는 견해로는, Seebode, FS-Krause, S.385; LK-Hirsch, §32 Rn.234; Rudolphi, GS-Kaufmann, S.391f; 경찰관의 구조 수단이 상대적으로 보다 경미하기만 해도 족하다는 견해로, Pelz, NStZ, S.307; Haas, Notwehr und Nothilfe, S.291; 동등 이상으로 경미하면 좋다는 견해로, Rönnau/Hohn, aaO.; Erb, FS-Nehm, S.181; MK-Erb, StGB, Band 1, 2003, §32 Rn.131; S/S-Lenckner/Perron, §32 Rn.41.
48) Pelz, NStZ, S.307.

에 의한 구조를 우선시하여 사인의 정당방위를 부정하는 견해가 있다.[49) 그러나 이것
은 공격자(침해자)에 대하여 불필요하게 중대한 침해의 수인의무를 지게끔 한다고 볼
수 있다. 사투의 금지나 법적평화유지라는 국가의 실력독점에 관한 추상적인 이익의
보호를 위해서 공격자의 구체적인 이익을 희생하게 되는 것은 할 수 없다는 것이다.
이러한 관점에서 보면 사인의 정당방위를 부정할 필요는 없을 것이다.

한편, 이와 같이 사인에 의한 보다 경미한 방법으로의 방위행위가 가능한 상황
이라면 경찰관에 의한 구조 자체가 허용될 것인지에 관한 논의가 선행되어야 할 것이
다. 위에서 언급한대로 공격자를 가능한 한 관대하게 취급해야 한다는 입장에서는[50)
고권적 개입은 위법이 되고,[51) 이는 결국 사인의 정당방위만을 인정하는 것과 다르지
않게 된다. 이 견해에 따르면 국가의 구조행위의 실효성이 사인의 그것보다 크다 하
여도 마찬가지일 것이다. 일반적으로 정당방위에 있어 상대방의 침해 내지 공격에 대
하여 어떠한 반격수단이 있다면 보다 실효성이 큰 반격수단이 존재한다 하여도 상대
적으로 실효성이 작은 정당방위도 긍정할 수 있기 때문이다. 예를 들어 오른손에 권
총을 들고 있는 공격자(침해자)의 왼팔을 쏘는 행위에 대해, 오른팔을 사격하는 것보
다 실효성이 더 작다고 하여 정당방위가 부정되는 것은 아니라는 것이다.

(나) 방위행위의 실효성 정도의 고려

그렇다면 사인이 보다 유효한 수단을 가진 경우는 어떠한가. 예를 들어 사인과
경찰관 모두가 침해자에게 맨손으로 대항할 수밖에 없는 상황인데, 사인이 체격이나
체력, 혹은 기술면에서 경찰관보다 상대적으로 더 유력한 경우를 생각해 볼 수 있다.
혹은 경찰관이 침해를 인식하고 현장으로 출동하는 경우가 여기에 포함될 수 있다.
구조의 도착을 기다리는 것에 의해 피침해자의 위험이 증가한다면, 사인에 의한 방위
행위에 보다 큰 실효성이 인정될 것이다. 여기에서 사인에 의한 정당방위의 성립을
부정한다는 것은 피공격자에게 법익의 불충분한 보호에 만족하라는 강요에 지나지
않는다.

이러한 경우의 부당함을 시정하고자 인정되는 것 중의 하나가 정당방위가 아닌가
한다. 현재의 침해가 절박한 법익의 보호를 경시해 가면서까지 국가의 실력독점의 사
상을 우선시키는 것은 할 수 없다는 것이다. 여기에서의 정당방위의 금지는 마치 공격
자(침해자)의 손을 빌려서 '불법을 사실상 원조하는 것'을 의미한다 할 것이다.[52) 따라

---

49) Kühl, AT, 7/121.
50) Pelz, NStZ, S.307; Seebode, FS—Krause, S.386.
51) S/S—Lenckner/Perron, §32 Rn.41; MK—Erb, §32 Rn.131; Seebode, FS—Krause, S.386f.
52) Erb, FS—Nehm, S.188.

서 여기서도 정당방위를 긍정해야 한다.[53] 여기에서는 경찰관과 사인 중 어느 쪽의 행위가 더 경미한 침해인가 중대한 침해인가의 여부에 상관없이 타당하다 할 것이다.

(다) 경미성과 실효성이 동일한 방위행위의 경우

가장 문제의 소지가 크다고 생각되는 것은, 경찰관과 사인의 행위의 경미성, 실효성의 정도가 동등 내지 유사한 경우이다. 여기에서는 누가 방위행위를 하는가의 문제는 의미가 없으므로 사인의 정당방위를 배척할 이유가 없도록 하는 것 같이도 보인다.[54] 아마도 사인과 또 다른 사인이 각각 행할 수 있는 방위행위의 모습이 같은 양상의 행위인 경우에는 그처럼 말할 수 있을 것이다.[55]

만약 이러한 논의를 경찰관에 대해서도 동일하게 적용할 수 있다고 생각한다면, 이는 국가의 실력독점의 사상에 의해 정당방위의 성립을 부정 내지 제한하는 것을 인정하지 않으려는 관점에서 비롯된 것이라고 생각된다. 국가의 실력독점은 이미 종료한 권리침해에 대한 실력행사에 대하여 관계가 있다. 이에 따르면 침해의 종료 후에 범죄자의 소추나 처벌이 보류된 채 행해지지 않고 있어도 국민은 법의 확증(Bewährung des Rechts)에 의하여 그래도 종국에는 어찌되었건 형사처분이 이루어질 것이라 생각함으로써 안심하게 된다. 따라서 이러한 경우의 정당방위는 국가의 독점적인 임무로 하고, 사인에게는 형사소송법 제212조상의 현행범체포의 예외만을 인정하면 족하다는 것이다.

한편, 침해가 현재 진행되고 있는 중인 경우에는 방위에 성공하지 못하면 공격자(침해자)가 그 침해의 목적을 달성해 버리기 때문에, 침해를 저지하여 법을 방위(Verteidigung des Rechts)하는 것은 일각을 다투는 긴급한 문제가 된다. 이 경우 국가기관의 구조가능성이 현존해 있다고 하여도 사인의 정당방위의 행사는 제한되는 것이 아니고, 이는 국가의 실력독점의 관점이 아니라, 다른 보다 근원적인 만인의 권한에 의한 것으로 해석해야 할 것이라는 견해가 있다.[56]

그러나 이 견해는 경찰관에 의한 구조의 제공이 있고 그것에 의해 침해를 저지시킨 경우, 정당방위를 인정할 충분한 이유가 제시되어 있다고는 보기 어렵다. 또 '법의 확증'과 '법의 방위'를 침해의 종료를 기준으로 한 전후관계에 있어서 지나치게 대립적으로 파악하고 있는 점에도 문제가 있다.

경찰관과 사인의 방위행위가 경합하고 있고 그것들의 실효성의 정도가 같다면,

---

53) Rudolphi, GS-Kaufmann, S.392; MK-Erb, §32 Rn.135; Rönnau/Hohn, LK, §32 Rn.185; Stratenwerth/ Kuhlen, Strafrecht AT Ⅰ, 5. Aufl., 2004, 9/91.

54) Vgl., Pelz, NStZ, S.307.

55) Haas, Notwehr und Nothilfe, S.282.

56) Schmidhäuser, Die Begründung der Notwehr, GA 1991, 122-124; Kargl, Die intersubjektive Begründung und Begrenzung der Notwehr, ZStW 110(1998), S.46-50.

혹은 같은 정도로 경미하다면, 사인의 정당방위를 부정하여도 피침해자의 법익의 보호를 경시하여 불법을 원조하였다거나 공격자(침해자)를 불필요하게 해하는 것도 아니다. 국가의 실력독점의 사상을 승인한다면 이러한 경우 경찰관은 우선적으로 구조를 행하는 권한을 가지고 있다고 할 것이다.[57] 사인의 반격에 의해서도 정당한 이익이 보전됨에도 불구하고 불법에 대해 이러하게 정당방위의 정당화근거를 충족하는 행위에 있어서도 오로지 국가에 관할이 인정되고 사인의 정당방위가 성립가능하지 않은 경우가 있는 것은, 초개인적인 법질서의 수호를 위해서 정당방위를 금지하는 견해가 독일에서는 유력설[58]로 나타나고 있다. 이와 같이 정당방위를 부정하는 견해에 대해서는 당해구성요건에 의해 보호된 법익의 침해가 아니라는 비판이 가능하다.[59] 여기에 대해서는 다시 구성요건 외의 사정을 위법조각의 판단에 있어서 고려하는 것을 인정하는 것이 낫다는 재반론이 존재한다.[60]

그러나 경찰관의 구조가 가능하다고 하는 우연의 사정을 이유로 정당방위가 부정된다는 것은[61] 구조의 유무, 효과의 불확실성에 대해서 방위행위자에게 부담을 부당하게 전가하는 것이라 생각된다.[62] 예를 들어 가까이서 구조를 해 주려는 경찰관이 있는 것을 알아차리지 못하고 사인이 스스로 반격한 경우에, 위의 견해를 따르면 정당방위의 성립요건으로서의 상당성 내지 보충성을 사후적으로 판단한다면 정당방위가 부정된다는 것인데 과연 그러한 견해를 받아들일 수 있는지 의문이다. 실탄이 들어 있는 총을 사용하여 공격자를 살해하는 행위는 방위효과의 측면에서 동등한 효과를 가져오는 가스총이 가까이에 있었음에도 불구하고, 방위행위자가 행위 당시 그 존재를 알아차리지 못하여 사용하지 못하였다고 해도, 실탄을 발사하여 반격한 피침해자의 정당방위를 인정하는 데에는 아무런 어려움이 없는 것과 다르지 않다 할 것이다.

2) 잠재적 경합 – 구조요청의무 인정 여부

경찰관이 공격자(침해자)의 침해를 인식하지 못하고 있는 경우에 피침해자인 사인이 경찰관에게 구조를 요청할 의무, 바꾸어 말하면 사인에게 경찰에의 통보의무를 부여할 수 있을 것인가의 문제이다. 이에 대하여 구조요청의무를 긍정하고자 하는 견

---

57) Vgl., Haas, Notwehr und Nothilfe, S.294f.; Jakobs, AT, 12/45; Kühl, AT, 7/121.
58) 법확증원리를 지지하는 것에 대해서, Roxin, Strafrecht AT I , 4. Aufl., 2006, 15/36.
59) Pelz, NStZ, S.306; Erb, FS-Nehm, S.184.
60) Haas, Notwehr und Nothilfe, S.333-338.
61) Pelz, NStZ, S.306.
62) Haas, Notwehr und Nothilfe, S.304은 잠재적경합의 경우에 대해 지적하고 있지만, 현실적 경합에도 타당할 것이다.

해가 있을 수 있을 것이나, 이러한 입장을 취하기 전에 우선 정당방위자에게 회피의
무를 부여할 수 있는가에 대한 논의가 선행되어야 할 것이다. 그러나 설령 그러한 견
해를 따른다 할지라도 피침해자가 구조를 요청하기 위하여 그 즉시의 반격을 방기함
으로써 그 자신에 대한 침해자의 공격으로부터의 법익보호를 부당하게 방해하여서는
안 될 것이다. 구조를 요청한 후 잠재적인 경찰의 구조의 실효성이 사인의 즉시 반격
의 실효성에 못미친다고 본다면 잠재적 경합의 경우에는 사인의 정당방위가 인정되
기 쉬워질 것이다.[63]

이에 '회피를 통해 침해자에 일시지배를 위임하는 것'과 같은 구조요청은 행할
필요가 없어지지만,[64] 구조가능성이 있는 경찰관이 곧 도달할 수 있는 가까이에 있는
경우에 구조요청의무를 예외적으로 인정하려는 견해도 존재한다.[65] 그러나 기본적으
로 현재 긴급한 공격을 당하는 피침해자에게 정당방위를 할 수 있는 권리 내지는 권
한의 부여가 아닌, 구조요청을 할 '의무'를 부여할 수 있을 것인가는 의문이다.[66][67]

---

63) Wagner, Individualistische, S.61f; Haas, Notwehr und Nothilfe, S.304; Sternberg–Lieben, JA,
   S. 306; Kühl, AT, 7/120; Lackner/Kühl, StGB, 25. Aufl., 2004, §32 Rn.11a; LK–Rönnau/Hohn,
   §32 Rn.184.

64) Roxin, AT, 15/50; Haas, Notwehr und Nothilfe, S.304; Burr, JR, S.232.

65) Pelz, NStZ, S.308. 다른 방법으로는, 펠츠가 구조를 전화로 부른 것은 의무지울 수 있는 것이 그
   상향으로부터 퇴거하고 구조를 부르러 가는 것은 퇴피로 요구할 수 없다고 말하는 것은 자의적
   인 구별이다.

66) 구조요청의무를 부정하는 견해로는 Pelz, NStZ, S.308; Freund, Strafrecht AT, 1998, 3/107.

67) 한편 이를 직접적으로 다루고 있는 우리 대법원의 판례는 아직 존재하지 않는 것으로 보인다. 다
   만, 독일의 판례 몇 가지를 소개해 보고자 한다. (i) 피고인 A는 남(C)의 아내 B와 동거하고 있
   고, B의 남편 C는 A와 B의 동의를 얻어 때때로 A의 집을 방문하고 있다. 그런데 어느 날 C의
   방문 중에 다툼이 발생함에 따라 A는 몇 번이나 C에게 퇴거를 요구했으나 C가 계속 불응하자,
   C를 살해하였다. 이와 같은 A의 행위에 대하여 경찰을 부르는 등 다른 방법에 의하여 C의 부정
   한 침해를 회피할 수 있음에도 불구하고 이루어진 이와 같은 방위행위는 건전한 민족감정에 반
   하며 그 필요성을 결여한다는 이유로 원심에서 정당방위의 성립을 인정한 것을 파기한 것으로
   서, RGSt 72, 57. (ii) 한편 RGSt 32, 391에서는 어업을 하고 있는 A 등을 협박하고 강요한 사
   안에서, 피고인의 스스로의 어업권 보호목적에 의한 정당방위 주장에 대하여 원심은 어업권의
   존재가 인정된다고 해도 사법절차나 경찰의 구조를 요청하지 않았기 때문에 방위행위의 필요성
   이 없다고 판시했으나, 이에 대하여 고권적 구조를 빠른 시간 내에 곧바로 이용할 수 있는 경우
   에만 구조를 요청해야 한다고 하며 이를 파기하였다. (iii) 한편, BGH VRS 30, 281은 자신을 구
   타하려고 숨어서 기다리는 3인을 쫓아버리기 위해서 피고인이 차로 차체의 반을 인도에 걸친 채
   로 시속 20–30킬로미터로 3인에게 향해 돌진하여 상해를 입힌 사안으로, 정당방위상황의 존재
   를 인정한 이상 만약 경찰에 즉시, 그리고 특별한 부담 없이 구조요청을 할 수 있었다면 해야 했
   지만, 그러한 가능성이 인정되지 않는다고 판시했다.

3. 소결

정당방위를 인정하는 근거를 개인의 법익보호와 법질서수호 모두라고 보는 절충적 관점에서 바라보면, 정당방위는 국가에 의한 구조가 곤란한 긴급상황하에서 행위로서 사인의 실력행사를 금지하는 국가의 실력독점의 사상의 예외로 인정되는 것이다. 본고에서는 특히 경찰관에 의한 구조가 가능하여 사인의 정당방위를 인정할 수 있을 것인가의 여부를 의심해 볼 수 있는 경우에 대하여 고찰해 보았다. 이에 대한 기존의 논의가 많지 않은 상황에서, 사인의 방위행위와 경찰의 구조행위의 경미성, 실효성의 비교를 실마리삼아 검토해 보았다. 이를 요약해 보면 우선, 사인의 방위행위가 경찰관의 구조행위에 비해 실효성이 있으면서도 침해자에 대한 법익침해 더 경미한 경우에는 정당방위를 인정하는 데에 어려움이 없다. 국가의 실력독점 사상은 구체적인 이익의 보호의 필요성이 존재하기 전에는 개입하여서는 아니 될 것이다. 한편, 사인의 방위행위의 실효성이 경찰의 구조행위의 실효성과 같거나 보다 작은 경우가 보다 문제되는데, 이는 정당방위에 있어 개인의 법익보호와 사회의 법질서보호 중 어느 것을 더 중시할 것인가에 따라 방위행위의 성부가 달라질 것이다. 법질서수호의 원리를 보다 강조할 경우 부정될 수도 있을 것이나, 정당방위의 인정근거가 되는 사상으로 절충적인 입장을 취한다면 그 실효성에 있어 현격한 차이가 나지 않는 이상 사인의 정당방위를 부정하기는 어려울 것이라 생각된다.

Ⅳ. 결론 – 정당방위허용의 제한의 제한

정당방위는 인간의 자기방어적인 본능에 기초한 것으로서 거의 모든 시대를 통하여 인정되어 왔다.[68] 19세기의 극단적인 자유주의적 개인주의의 영향으로 부정 대 정의 관계를 강조하여 정당방위권의 행사는 폭넓게 인정되어 왔다. 그러나 20세기의 사회국가 내지는 복지국가의 이념과 맞물려 다시 정당방위권의 행사에 제한을 가하려는 움직임이 활발해져 왔다. 당연히 권리로서 거의 무제한적으로 인정되어 오던 정당방위에 대하여 제한을 가하는 것이 보다 보편적인 사고의 방식으로 자리하게 된 것이다. 그 제한의 내용이 사회윤리적인 제한인 것인지 상당한 이유에 의한 제한인지, 나아가 그 개념들의 관계가 어떠한 것인지에 대한 이론적인 논의를 차치하고 정당방

---

68) 비교적 자세한 연혁과 격언들에 대한 설명은 손해목, 형법총론, 443면 이하; 이형국, 형법총론, 145면 이하 참조.

위가 무제한적으로 인정되지는 않는다는 것에는 의견을 같이한다. 이는 수사단계에서 부터 정당방위 여부에 대하여 명확한 수사가 이루어지지 않고, 정당방위를 독자적으로 검토하여 인정하는 경우가 드문 법원의 태도에서도 나타나고 있다.[69] 이러한 정당 방위 제한적인 태도에 입각하여 보면 원칙적으로 정당방위가 하나의 권리로서 허용 되고 예외적으로 부정되어 제한이 가해지는 것이 아닌, 처음부터 정당방위를 사회윤 리적 판단 등의 제한요소에 의하여 판단하게 되어 버리게 되는 문제가 발생한다.

이러한 정당방위의 허용과 제한에 대한 기본적인 입장차이가 드러나는 상황의 하나가 바로 본고에서 다루었던 정당방위의 성립요건을 모두 갖추었음에도 불구하고 경찰 등에 의한 국가기관의 구조가 가능한 경우 과연 정당방위는 허용될 것인가 제한 되어야 할 것인가의 논의가 아닌가 한다. 이를 위하여 그 근본사상과 정당방위를 허 용하고 부정하는 각각의 견해의 기초가 되는 근거들을 우선적으로 살펴볼 필요가 있 다. 방위행위를 통하여 자신의 구체적인 법익을 지켜내는 자기보존의 원리와 방위행 위를 통하여 전체로서의 법질서를 수호하는 법질서수호의 원리 중 어느 하나만이 존 재한다 내지는 하나만이 옳다고 하기에는 무리가 따른다. 두 성격 모두를 가지고 있 음을 전제로 하여 정당방위가 허용될 것인가의 여부는 결국 이익형량을 거치게 될 것 인바, 이익의 형량의 기준을 어떻게 잡을 것인가의 문제로 귀결된다. 본문에서 상술 한 것처럼 여러 상황을 상정하여 각각의 경우마다 법익과 각 이익의 형량이 가능해지 나, 그 방향성을 설정하는 데에 다시 정당방위의 본질과 그 근거에 대한 논의로 돌아 가 사고할 것이 다시 요구된다. 종래 개인의 권리보호 측면에 입각하여 형법총론에서 가장 다툼이 없고 완전히 해명된 분야로 취급되어 왔던 정당방위가 그 제한이 문제됨 으로써 다시 그 제한의 문제는 정당방위의 핵심적인 논점이 되기에 이르렀다. 이러한 맥락에서 국가기관의 구조가 가능한 상황이나 사인이 정당방위의 요건을 모두 갖춘 경우, 경찰 등 국가기관의 구조만을 우선시하여 사인의 정당방위를 금지한다는 것은 정당방위의 제한적인 요소에 강조점을 크게 둔 사고에서 기인한다.

그러나 이를 원칙과 그 제한의 원리의 관점에서 본다면 제한의 지나친 확장으로 서, 원칙적인 사고로 돌아가 우리는 다시 원칙에 대한 제한을 제한해야 할 필요가 있 다. 사인의 방위행위 가능성과 국가의 구조가능성이 현실적으로나 잠재적으로나 경합 하는 경우 사인의 방위행위와 병립할 수는 있는 것이나, 국가의 구조가능성이 정당방 위의 기본적 원리이자 개인의 본능적인 방위행위 자체를 원천적으로 금지시킬 수 있 는 것은 아니다. 형벌권을 개인이 국가에게 위탁하였다고 보는 사회계약적 입장을 취 할지라도 이와 같은 정당방위행위를 국가의 형벌권의 문제로 접근함으로써 해결할

69) 조규홍, 전게논문, 79-80면.

수 있는 것인지는 의문이다. 정당방위는 사(私)형벌권의 실현이 아닌 개인의 법익의 위태로운 침해에 대한 일종의 방어권으로서, 이 경우 국가의 형벌권은 사법절차의 결과로서 하나의 고려될 수는 있을지언정, 개인의 방어권을 경찰이 대신 실현한다는 것은 다분히 국가후견주의적 사고가 그 기저에 자리하고 있는 것으로 보인다. 국가의 보호의무가 인정되고, 국가가 국민의 보호의무를 실현할 수 있다고 하여 개인의 자연법적인 방어권의 실현을 '금지'한다는 것은 지나친 '제한'으로 해석될 수 있다. 이러한 관점에서 볼 때 본고에서 다루었던 사례들에서 사인의 정당방위가 허용된다고 함으로써 정당방위의 제한을 다시금 제한하게 될 수 있을 것이다.

10. 명예훼손행위의 위법성조각사유로서의
공익성 판단과 공적인물이론

10. 명예훼손행위의 위법성조각사유로서의 공익성 판단과 공적인물이론*

목차

I. 들어가며

우리 헌법은 제10조에서 "모든 국민은 인간으로서의 존엄과 가치를 가지며, 행복을 추구할 권리를 가진다"고 하여 인격권을, 제21조 제1항에서는 "모든 국민은 언론·출판의 자유와 집회·결사의 자유를 가진다"고 하여 표현의 자유를 기본권으로서 규정하고 있다. 이 두 가지 기본권이 충돌하는 한계선상에 명예훼손행위가 자리한다. 다시 말하면 명예훼손행위를 법적으로 어떻게 평가할 것인가의 문제는 바로 인격권으로서의 개인의 명예의 보호와 표현의 자유의 보장이라는 두 가지 법익의 충돌상황을 어떻게 조정할 것인가의 문제이다. 모든 명예훼손행위를 헌법적인 차원에서 해결할 수는 없는 바, 구체적인 사안의 해결은 결국 구체적인 법률의 해석 및 적용에 의하여야 할 것이다. 이에 우리 형법은 제307조 이하에서 명예훼손행위를 일정한 경우 범죄로 규정하고 있다. 그러나 형법 제307조 제1항의 명예훼손행위에 대하여 제310조에서는 '위법성의 조각'이라는 표제하에 "진실한 사실로서 오로지 공공의 이익에 관한 때에는 처벌하지 아니한다"라고 하여 총칙상의 일반적인 위법성조각사유 외의 특별한 위법성조각사유를 명시하고 있다.[1] 즉 공익성과 진실성을 갖춘 명예훼손행위

---

* 경찰학논총 제5권 제2호, 경찰연구소

1) 형법 제310조의 "처벌하지 아니한다"의 해석에 있어 독일이나 일본에서는 처벌조각사유설이나 구성요건해당성조각설 등도 주장되고 있으나 우리 문언상 이를 위법성조각사유로 이해하는 데에는 견해가 일치한다. 이재상, 형법총론, 제6신판, 2010, 196면 참조.

의 위법성은 배제된다는 것이다.

한편 민사의 영역에서는 민법 제750조에서 불법행위에 관하여 포괄적인 일반조
항을 두고 있어 인격적 이익이 침해되는 경우 불법행위로 인한 손해배상을 인정하는
데에는 큰 어려움이 없다.[2] 그러나 어떠한 경우 위법성이 인정되어 원고의 손해배상
청구를 인용할 것인지에 대한 구체적인 규정은 존재하지 않아 학설과 판례가 그 세부
적 내용들을 채워 가고 있는데, 대법원은 민사적 명예훼손행위의 위법성을 배제시키
는 사유로서 형법 제310조의 요건을 그대로 수용하는 듯한 판시를 하고 있다.[3]

이처럼 민형사상 '공익성'은 명예훼손행위의 위법성을 조각하는 하나의 공통적
요건으로서 기능한다. 그렇다면 무엇을 공공의 이익에 해당하는 것이라고 평가할 수
있을 것인가. 다시 말해 공익성의 내용이나 판단기준으로 무엇을 제시할 수 있을 것인
가에 대해 위법성조각사유에 대한 명시적인 규정을 두고 있음에도 불구하고 공익성을
인정할 구체적 기준에 대한 형사법적 논의는 정작 많이 이루어지고 있지 않는 듯 보
인다.[4] 명시적 규정을 두고 있지 않은 민사법의 영역에서는 오히려 공적인물(public

2) 김재형(a), 인격권에 관한 판례의 동향, 민사법학 제27호, 2005. 3, 350면.
3) 대법원 1988. 10. 11. 선고 85다카29 판결에서 "위와 같은 취지에서 볼 때 형사상이나 민사상으
로 타인의 명예를 훼손하는 행위를 한 경우에도 그것이 공공의 이해에 관한 사항으로서 그 목적
이 오로지 공공의 이익을 위한 것일 때에는 진실한 사실이라는 증명이 있으면 위 행위에 위법성
이 없으며 또한 그 증명이 없더라도 행위자가 그것을 진실이라고 믿을 상당한 이유가 있는 경우
에는 위법성이 없다"고 하여 형법 제310조의 요건을 차용하고 있다. 비록 판결문 자체에서 형법
제310조를 명시적으로 언급하지는 않았지만 학자들은 위 요건을 형법 제310조에서 유래한 것이
라고 파악하고 있다. 이후 다수의 대법원 민사판결은 위 판결을 따르고 있어 하나의 준칙을 확립
한 판결로서 평가받는다(김재형(a), 전게논문, 353면; 이은영, 명예훼손의 민사책임에서 위법성
과 과실의 판단, 판례실무연구 2, 1998. 11, 437면; 전원렬, 명예훼손불법행위에 있어서 위법성
요건의 재구성, 서울대학교 박사학위논문, 2001, 63면 등 참조).
4) 대법원 1996. 10. 25. 선고 95도1473 판결; 대법원 2008. 11. 13. 선고 2008도6342 판결 등에서
"형법 제310조에서 '오로지 공공의 이익에 관한 때'라 함은 적시된 사실이 객관적으로 볼 때 공
공의 이익에 관한 것으로서 행위자도 공공의 이익을 위하여 그 사실을 적시한 것이어야 하고, 이
경우에 적시된 사실이 공공의 이익에 관한 것인지 여부는 당해 적시 사실의 구체적인 내용, 당해
사실이 공공의 이익에 관한 것인지 여부는 당해 적시 사실의 구체적인 내용, 당해 사실의 공표가
이루어진 상대방의 범위, 그 표현의 방법 등 그 표현 자체에 관한 제반 사정을 감안함과 동시에
그 표현에 의하여 훼손되거나 훼손될 수 있는 명예의 침해 정도 등을 비교·고려하여 결정하여
야 하며, 행위자의 주요한 목적이나 동기가 공공의 이익을 위한 것이라면 부수적으로 다른 사익
적 목적이나 동기가 내포되어 있더라도 형법 제310조의 적용을 배제할 수 없다"고 하고 있는 정
도이며, 관련된 논의의 범위도 대법원의 판시를 크게 벗어나지는 않는 듯 보인다(조현욱, 명예훼
손죄에 있어서 공연성의 의미와 판단기준, 법학연구 제32집, 2008, 357-376면 등 참조). 간혹
공인과 사인을 구별하여 차이를 두는 문헌(김상호, 형법상 명예보호와 표현자유, 동아법학 제24
호, 1998, 360-361면)도 있으나 여기에서도 이를 형사법적 관점에서 어떻게 파악할 것인가에
대한 상세한 검토가 이루어지고 있지는 않다. 오히려 형법 제310조와 관련된 논의는 형사법보다
신문방송학 등의 분야에서 더욱 활발하게 이루어지고 있다. 예를 들면 이승선, 공적 인물에 대한
명예훼손과 형법 제310조에 의한 위법성 조각, 한국방송학보 통권 17-3, 2003; 이재진/정영주,
명예훼손 소송에서 기업에 대한 공인개념 적용의 타당성 연구, 한국방송학회, 2004년 한국방송
학회 가을철 정기학술대회, 2004, 203-228면; 이효성, 공인의 명예훼손과 언론자유, 저널리즘비

figure)이론이나 공적 관심사 등 무엇을 공공의 이익을 위한 것에 해당한다고 할 것인가의 기준 정립에 대한 논의가 활발히 이루어지고 있다.[5][6] 이에 본고에서는 이러한 공적인물이론을 형법상 구성요건에 해당하는 명예훼손행위의 위법성을 조각시키는 공익성의 기준을 판단함에 있어 어떻게 받아들이고 적용시켜 볼 수 있을지에 대한 검토를 해 나감으로써 심도 있는 후속 논의의 단초를 마련해 볼 수 있을 것이다.

II. 명예훼손행위의 위법성판단기준으로서의 공익성

1. 형법 제310조상의 공익성

형법 제310조는 명시적으로 '공공의 이익'을 형법 제307조 제1항 명예훼손행위에 대한 위법성조각사유로서의 하나의 요건으로 규정하고 있다. 본조에서 명시된 공공의 이익은 국가·사회 또는 다수인 일반의 이익을 말한다. 즉 그 사실을 공중에게 알리고 비판을 받게 하는 것이 공중의 이익증진에 이바지한다고 인정되는 것을 말한다. 나아가 대법원은 여기에 특정한 사회집단이나 그 구성원 전체의 이익에 관한 것도 포함된다고 하고 있다.[7] 공공의 이익에 관한 것이라고 하기 위해서는 우선 객관적으로 적시된 사실이 공공의 이익에 관한 것임을 요한다. 이는 반드시 공적 생활에 관한 사실에 한하지 아니하고 사적 행동에 관한 사실이라도 그것이 공공의 이익이 되는 경우를 포함한다. 개인의 사적 신상에 관한 사실도 그의 사회적 활동에 관한 비판

평 통권 제28호, 1999, 90-97면; 조동시, 공인에 대한 명예훼손법리 세분화해야, 한국언론법학회 창립 기념 심포지엄, 신문과 방송, 2002. 7, 118-122면 등 참조.

5) 헌법재판소 1999. 6. 24. 선고 97헌마265결정은 "신문보도의 명예훼손적 표현의 피해자가 공적 인물인지 아니면 사인인지, 그 표현이 공적인 관심 사안에 관한 것인지 순수한 사적인 영역에 속하는 사안인지의 여부에 따라 헌법적 심사기준에는 차이가 있어야 한다"고 하여 공적인물과 사인을 구분하는 입장을 밝힌 바 있다. 이러한 입장을 대법원은 받아들이지 않고 있다가 대법원 2002. 1. 22. 선고 2003다37524, 37531 판결 등에서 "기사 중 어떤 표현이 공적인 존재인 특정인의 정치적 이념에 관한 사실적시에 해당하는 경우에는 그의 정치적 이념에 대한 의혹의 제기나 주장이 진실에 부합하는지 혹은 진실하다고 믿을 만한 상당한 이유가 있는지를 따짐에 있어서는 일반의 경우에 있어서와 같이 엄격하게 입증해 낼 것을 요구해서는 안 되고 그러한 의혹의 제기나 주장을 할 수도 있는 구체적 정황의 제시로 족하다고 해야 할 것이다"고 하여 공적인물과 사인을 구별하여 판단하고 있다.

6) 공적인물이론은 미국의 수정헌법 제1조에 관한 논의에서부터 시작된 것으로 우리 헌법에서도 논의가 많이 이루어지고 있다. 김선택, 언론보도의 자유와 인격권 보호-명예훼손소송에 있어 공적 인물이론과 '현실적 악의(actual malice)'의 원칙을 중심으로-, 고려법학 제43호, 2004, 183-218면; 성선제, 언론의 자유와 공직자의 명예훼손-미국의 판례법을 중심으로-, 서강법학연구 제4권, 2002, 197-216면; 한위수(a), 공인에 대한 명예훼손의 비교법적 일고찰-'현실적 악의 원칙(actual malice)'을 중심으로-, 저스티스 통권 69호, 2002, 131-157면 등 참조.

7) 대법원 1993. 6. 22. 선고 93도1035 판결; 대법원 2007. 12. 14. 선고 2006도2074 판결 등.

내지 평가의 자료가 될 수 있기 때문이다.[8] 적시된 사실이 공공의 이익에 관한 것인 지의 여부는 적시된 사실의 구체적 내용과 성질, 당해 사실의 공표가 이루어진 상대 방의 범위 및 그 표현의 방법 등 그 표현 자체에 관한 제반사정을 감안함과 동시에 그 표현에 의하여 훼손되거나 훼손될 수 있는 명예의 침해 정도 등을 비교, 고려하여 판단해야 할 것이다.[9] 한편 주관적으로도 사실적시가 공공의 이익을 위한 것이어야 한다. 즉 공공의 이익을 위한다는 목적이 있어야 한다는 것인데, 형법 제310조는 '오 로지' 공공의 이익에 관한 것이어야 한다고 규정하고 있지만 반드시 이를 유일한 동 기로 하는 경우에 제한해야 할 이유는 없다. 행위자의 주요한 목적이나 동기가 공공 의 이익을 위한 것이면 부수적으로 사익적 동기가 내포되어 있더라도 공익성 요건을 갖추었다고 판단할 것이다.[10][11]

2. 민법 제750조 불법행위로서의 명예훼손행위의 위법성 배제사유로서의 공익성

1) 판례준칙으로 확립된 명예훼손의 위법성 배제사유

민법은 제750조에서 불법행위에 관하여 포괄적인 일반조항을 두고 있어서 명예 훼손행위로 인하여 인격적 이익이 침해되는 경우 불법행위로서 그로 인한 손해배상 을 인정하는 데 큰 어려움이 없고, 제751조에서는 재산 이외의 손해의 배상에 관한, 제764조에서는 명예회복에 적당한 처분에 관한 규정을 두고 있다. 그러나 형법과는 달리 민법상으로는 명예훼손행위의 위법성에 관한 명시적인 규정은 존재하지 않아 학설과 판례가 그 세부적 내용들을 채워 가고 있다. 일반적으로 민사 불법행위책임에 있어 위법성의 판단은 피침해이익과 침해행위를 상관적·종합적으로 파악하여 결정 한다는 것이 종래의 통설이고, 명예훼손에 관하여도 유사하게 종래의 학설들은 진실 여부나 공공의 이익 등 여러 가지 구체적 사정을 고려하여 위법성의 강약을 판단하여 야 한다는 애매한 설명을 해 왔다.[12] 구체적인 판단기준을 제시하지 아니하고 있었던 것은 대법원도 마찬가지였다.[13]

---

8) 대법원 1996. 4. 12. 선고 94도3309 판결.
9) 대법원 1996. 10. 25. 선고 95도1473 판결; 대법원 2004. 5. 28. 선고 2004도1497판결; 대법원 2007. 12. 14. 선고 2006도2074 판결 등.
10) 박상기, 형법총론, 제8판, 2009, 186면; 배종대, 형법총론, 제9판, 283면; 이재상, 형법총론, 195 면; 이형국, 형법총론, 제4판, 2007, 252면; 임웅, 형법총론, 제3판, 2010, 200면 등.
11) 대법원 1993. 6. 22. 선고 92도3160 판결; 대법원 2008. 11. 13. 선고 2008도6342 판결 등.
12) 전원렬, 전게논문, 57면.
13) 대법원 1964. 9. 22. 선고 64다261 판결; 대법원 1965. 11. 30. 선고 65다1707 판결; 대법원 1988. 6. 14. 선고 87다카1450 판결 등 참조.

그러던 차에 대법원 1988. 10. 11. 선고 85다카29 판결을 계기로 대법원은 명예훼손으로 인한 손해배상청구의 소에 관하여 통상의 불법행위 손해배상의 소와는 구별되는 보다 구체적인 위법성판단기준을 확립하게 되었다.[14] 당해 판결에서 대법원은 "위와 같은 취지에서 볼 때 형사상이나 민사상으로 타인의 명예를 훼손하는 행위를 한 경우에도 그것이 공공의 이해에 관한 사항으로서 그 목적이 오로지 공공의 이익을 위한 것일 때에는 진실한 사실이라는 증명이 있으면 위 행위에 위법성이 없으며 또한 그 증명이 없더라도 행위자가 그것을 진실이라고 믿을 상당한 이유가 있는 경우에는 위법성이 없다"라고 하였다. 이 판결은 그 후의 판례 전개에 결정적인 영향을 미쳐 이후 다수의 대법원 판결은 위 판결을 따르고 있다. 개인의 명예 보호와 표현의 자유 보장이라는 상충되는 요청을 조정하는 구체적인 이익형량을 위한 하나의 준칙이 마련된 셈이다.[15] 그중 특히 위법성판단에 있어 의미를 가지는 것은 공공성과 진실성 또는 상당성에 관한 것이라 하겠다. 이와 같은 준칙을 학자들은 위 요건을 형법 제310조에서 유래한 것이라고 파악하고 있다.[16]

2) 공익성의 판단

대법원 판결의 문구를 보면 형사상 명예훼손죄와 민사상 명예훼손행위를 논리적으로 같은 기준에 의하여 판단하는 것처럼 보인다. 우선 어떠한 명예훼손적 행위가 있으면 이는 원칙적으로 위법한 것으로 평가되고 다만 일정한 사유가 있으면 그것이 조각된다는 구조가 그러하고, 위법성을 조각시키기 위한 요건으로 제시하고 있는 것이 그러하다. 이에 대해 위 85다카29판결 이후로 대법원이 형법 제310조 문언상의 표현을 인용하면서도 당해 조문의 '오로지'라는 문구를 빼고 판시한다거나, 주요한 동기나 목적이 공익성을 갖추면 된다고 판시하고 있음[17]을 그 근거로 공익성을 완화시키는 듯한 태도를 취하고 있다고 보기도 한다.[18] 그러나 이러한 민사판결의 태도나 문구는 위에서 본 대법원의 형사판결에서도 동일하게 발견되고 있다.[19] 한편 대법원에서 언론에 의한 명예훼손행위가 문제된 사안 중에서 공익성 요건이 부정되어 위법

---

14) 전원렬, 전게논문, 58면; 김재형(a), 전게논문, 352면. 또한 이를 언론에 의한 명예훼손에 관한 중요한 선례라고 하고 있으며, 양창수, 최근 중요 민사판례 동향, 민법연구, 제7권, 박영사, 2003, 406면 또한 이를 명예훼손에 관한 판례의 '출발점'으로 다루고 있다.
15) 같은 취지로 김재형(a), 전게논문, 2005, 353면; 전원렬, 전게논문, 61-62면.
16) 김재형(a), 전게논문, 353면; 이은영, 전게논문, 437면; 전원렬, 전게논문, 63면.
17) 대법원 1995. 6. 16. 선고 94다35718 판결; 대법원 1993. 6. 8. 선고 93다3073, 3080 판결; 대법원 1996. 10. 11. 선고 95다36329 판결 등.
18) 전원렬, 전게논문, 79-80면.
19) 대법원 1993. 6. 22. 선고 92도3160 판결.

성이 배제되지 않은 사건은 존재하지 않는다. 언론매체에 의한 보도라는 점 자체로 일단 공공성이 추정되는 것으로 보는 듯하다.[20] 공공성 혹은 공익성의 요건이 실질적으로는 그다지 심각한 고려대상이 아니라는 것이다.

3. 소결

대법원 판결들의 태도를 종합하여 보면 민형사상으로 모두 공익성의 판단이 크게 중시되지 않는 것처럼 보이기도 한다.[21] 그러나 공익성 요건 검토의 완화로 인하여 결과적으로 표현의 자유가 확대된다는 그 결론 자체는 설령 타당하다 할지 모르겠으나, 공공성은 표현의 자유의 가장 강력한 존재 근거로서 판단요소에서 제외된다는 점에서 부당하다.[22] 한편 형법 제310조상 위법성조각의 대상이 되는 구성요건행위는 형법 제307조 제1항의 진실사실적시 명예훼손행위로서 그 구성요건 자체에 진실성을 내포하고 있다는[23] 점에서 공익성이 위법성판단에 있어 가지는 의미나 의의는 크다 할 것이다.

공공의 이익을 위한다는 공익성의 판단기준으로 앞에서 검토한 것처럼 대법원은 적시된 사실이 공공의 이익에 관한 것인지의 여부는 적시된 사실의 구체적 내용과 성질, 당해 사실의 공표가 이루어진 상대방의 범위 및 그 표현의 방법 등 그 표현 자체에 관한 제반사정을 감안함과 동시에 그 표현에 의하여 훼손되거나 훼손될 수 있는 명예의 침해 정도 등을 비교, 고려하여 판단해야 할 것[24]이라고 하고 있으나, 여전히 이것만으로는 무엇을 공공의 이익에 관한 것인가에 대한 문제를 구체적으로, 보다 규칙적이고 규범적으로 풀어 나가기에는 부족한 감이 없지 않다. 명예훼손행위에 대하여 특히 공익성 영역의 연구가 광범위하게 이루어지고 있는 미국의 논의를 살펴보는 것은 우리에게 있어서도 공익성 판단의 구체적인 기준을 정립해 나가는 데에 도움을 줄 것이다. 실제로 공익성에 있어 가장 많이 논의되고 있는 공적인물이론은 헌법재판소와 대법원이 공적 존재와 사인의 명예훼손행위의 위법성판단을 달리하려는 시도를 하고 있다는 점에서 비록 그 수용 여부에는 논란의 여지가 있다 하더라도 이미 영향

---

20) 전원렬, 전게논문, 80면.
21) 전원렬, 전게논문, 81면에서는 공공성 요건의 '형해화'라고 표현하고 있다.
22) 전원렬, 전게논문, 81면.
23) 진실한 사실을 적시한 명예훼손적 행위를 구성요건해당성을 긍정하는 요소인 동시에 위법성을 조각시키는 요소로 허용하는 것을 모순이라고 보아 진실성을 위법성조각이 아닌 구성요건적 문제로 보아야 한다는 견해로 손동권, 형법 제310조의 적용범위, 고시계 1997/12, 72면. 이러한 모순을 형법 제310조의 위법성조각의 요건으로는 공익성이 중심이고 진실성의 요구는 공익성에 부가되는 부차적인 요건으로 보는 견해로는 김일수, 한국형법Ⅲ[각론 상], 개정판, 1997, 436면.
24) 대법원 1996. 10. 25. 선고 95도1473 판결; 대법원 2004. 5. 28. 선고 2004도1497판결 등.

을 받고 있다는 점은 분명한 듯하다. 이에 이하에서는 미국의 공적인물론을 검토하여
보고 아직 형사법의 영역에서는 많은 논의가 이루어지고 있지 않다는 점을 전제로,
형사법에서 공적인물이론이 어떠한 의미를 가지며 또 어떻게 적용될 수 있겠는지를
검토하여 보고자 한다.

Ⅲ. 공적인물이론

1. New York Times v. Sullivan 사건 – 공무원에 대한 명예훼손

1) 사실관계 및 판결 내용

미국 역사상 표현의 자유 및 명예훼손죄와 관련된 논의는 본 설리번판결[25] 이전
과 이후로 나누어질 정도로 당해 사건은 큰 의의를 지닌다. 본고에서는 그 논의의 초
점을 우리의 공익성 개념과 관련한 것에 맞추어 보면, 이는 '공무원'에 대한 명예훼손
죄에 대하여 입증책임을 전환하는 법리를 확립하였다는 것에 있다.

본 판결은 뉴욕타임즈에 마틴루터킹(Martin Luther King)의 지지자들이 낸 광고에
서 시작된다. 광고의 내용은 인종차별적 미국 남부 공무원들이 킹 목사를 날조된 혐
의에 의해 7회 체포하고 시위자들을 학대하였다는 것이었다. 여기에서 특정인의 이름
은 언급된 바 없으며, 광고상에는 "남부의 헌법 위반자들"이라고만 표현되어 있었다.
이에 대해 앨라배마주 몽고메리시의 경찰서장 Sullivan이 자신이 그 위반자들 가운데
한 명으로 인식될 수 있다며 뉴욕타임즈를 명예훼손으로 고소한 사안으로, 앨라배마
주 법원은 명예훼손을 긍정하여 배상판결을 내렸다.

당시 영미의 전통적인 명예훼손법리는 ① 명예훼손 소송이 제기된 출판물은 거
짓으로 추정되므로 진실성의 입증책임은 피고 발행인이 진다. ② 손해의 존재가 추정
되므로 원고는 그 출판물이 평판을 해칠 만한 종류라는 것만 보여주면 되며, 자신에
게 발생한 실질적인 손해를 입증할 필요가 없다. ③ 발행인의 잘못이 사실로 추정되
기 때문에 피고는 설령 진실을 알기 위해 최선을 다했더라도 그것을 스스로 입증하지
못하면 가벌성이 긍정되었다. 이런 세 가지 추정의 법리가 1964년 미연방대법원에서
완전히 뒤집힌다. 즉 공무원에 대한 명예훼손의 경우 공무원 스스로가 그 언론 발행
인 등이 그 내용의 허위임을 알았거나 또는 허위인지의 여부에 관하여 무시하여 관심
을 기울이지 않았음(현실적 악의, actual malice)을 입증하여야 한다는 것이다.[26]

---

25) 376 U.S. 254(1964).
26) Ibid. at 279 – 280.

본 판결에서 다수의견을 낸 Brennan 대법관은 "따라서 우리는 다음의 원칙을 지키려는 엄청난 국가적 의지에 비추어 이 사건을 고려한다. 즉 공적사안에 관한 토론은 금지되지 말아야 하며, 확고하고 활짝 열려 있어야 한다는 원칙, 그리고 거기에는 정부와 공직자들에 대한 맹렬하고 신랄한, 때로는 불쾌하리만큼 날카로운 공격이 포함될 수 있다는 원칙 말이다"라고 하고 있다.[27] 그러나 수정헌법 제1조가 공직자들을 비판하는 데 대한 절대적인 특권을 요구한다고 하지는 않았으며 다만 공직자들 스스로 허위진술임을 증명하지 못하는 경우 배상금을 받을 수 없다고 하였다. 이에 대하여 Black, Douglas, Goldberg 대법관은 보충의견으로써 공적 행동에 대한 비판과 관련하여 공무원들이 제기하는 모든 명예훼손을 불허해야 할 것이라 하였다.

2) 판결의 의의

본 판결을 통하여 미국의 명예훼손에 관한 논의가 주법 차원에서 연방헌법의 차원으로 끌어올려졌다. 무엇보다 공무원과 관련된 명예훼손소송에서는 허위성과 더불어 저자나 발행인 측의 잘못을 원고가 입증해야만 승소할 수 있음을 명백히 하였다는 점에서 큰 의의가 있다 할 것이다. 즉 진실의 입증책임을 피고로부터 전환시켜 원고가 발표내용이 허위라는 것 및 피고가 그 내용의 허위를 알았다거나 무분별하게 이를 무시하였다는 것을 입증하도록 한 소위 '현실적 악의 원칙'(actual malice rule)을 수립함으로써 공무원에 대한 명예훼손이 인정되는 범위를 매우 축소시키게 되었다.[28] 이 판결, 특히 현실적 악의이론은 영국은 물론 다른 많은 나라의 법에도 영향을 미쳤고, 미국 내에서는 후속판결을 통하여 현실적 악의론을 민사소송뿐 아니라 형사소송에도 그대로 적용된다고 하고 있다.[29] 나아가 연방대법원은 이후 현실적악의론이 적용되는 대상을 공무원에서 공적인물(public figure)로 확장시키고 있다.[30] 다시 말하면 공무원이 아니더라도 공적 존재에 해당한다면 스스로 상대방의 고의적이거나 부주의한 왜곡을 입증해야만 명예훼손에 대한 손해배상을 받을 수 있다는 것이다. 덧붙여 여기에서 말하는 공무원은 public official의 번역으로, 모든 공무원이 현실적 악의론이 적용되는 것은 아니다. 현실적 악의 원칙이 적용되는 공무원 혹은 공직자는 정부조직상

---

27) Ibid. at 270 – 271.
28) 한위수(a), 전게논문, 135면. 한편 현실적 악의원칙은 현재까지 미국의 공적인물과 관련된 명예훼손소송에 여전히 적용되고 있다. Nike, Inc. v. Kasky, 539 U.S. 654 (2003) 참조.
29) Garrison v. Louisiana, 379 U.S. 64 (1964).
30) Curtis Publishing Co. v. Butts, 388 U.S. 130 (1967). 공적인물론은 현재까지 미연방대법원에서 유효한 이론원칙으로 자리하고 있다. Tory v. Cochran, 544 U.S. 734 (2005) 참조.

의 공무원 중 정부의 행동에 대하여 실질적 책임 또는 통제권이 있거나 공중에게 그러하다고 보여지는 사람이다.[31]

2. 공적인물에 대한 명예훼손

미 연방대법원은 현실적 악의론이 적용되는 대상을 공무원에서 공적인물로 확대하게 된다.[32] 공무원 아닌 사인 중 공공정책결정에 영향을 줄 수 있는 경우 이를 공적인물이라 하여 공무원과 마찬가지로 그 입증책임을 전환하고 있다. 이러한 판결들로부터 공무원, 천재소년, 배우, 운동선수, 예술가 등 업적, 생활양식, 직업 등에 의하여 어느 정도 명성을 얻은 사람이 해당된다고 하기도 한다. 이에 따르면 범죄피해자 또한 경우에 따라 공적인물로 평가된다.[33]

연방대법원은 공적인물로서 크게 3가지 유형을 인정하고 있다.[34][35] 공동체 내에서 일반적인 명성(general fame)을 가지고 있는 사람은 모든 면에 있어서 공적 인물로 보는 전면적 공적 인물과, 어떤 공적 논쟁의 이슈 해결에 영향을 미치기 위하여 자발적으로 그 논쟁에 뛰어들어(voluntarily injected himself into a public controversy) 문제된 논쟁에 한하여 공적인물로 보는 제한적 공적인물, 그리고 특정 타인에 의하여 공중의 관심을 받게 되고 그 보도대상이 된 비자발적 공적인물이 여기에 해당한다.[36]

1) 전면적 공적인물(unlimited public figure)

전면적 공적인물이란 그의 이름을 관계된 사람들의 다수가 즉각 알 수 있고, 그의 활동을 집단의 사람들이 관심을 가지고 지켜보며 그러한 사실 등으로 그의 의견이나 행위가 그 집단의 사람들이 독자적인 의사결정을 하는 과정에서 알려지고 고려될

---

31) Rosenblatt v. Baer, 383 U.S. 75, 85 (1966). 전원렬, 전게논문, 137면 이하에서는 공무원을 법집행공무원, 선출직공무원, 사법부공무원, 일반행정부공무원, 교육공무원, 전직공무원, 공직후보자 등으로 나누어 상세히 검토하고 있다.
32) Curtis Pub. Co. v. Butts, 388 U.S. 130 (1967)에서는 조지아 대학 미식축구 감독인 Butts를, Associated Press v. Walker, 388 U.S. 130 (1967)에서는 유명한 퇴역장성 Walker를 공적인물로 평가하고 있다.
33) Prosser & Keeton, The Law of Torts, 5th ed., 1984, p.410.
34) Gertz v. Robert Welch. Inc., 418 U.S. 323 (1974) 이래로 인정되고 있다.
35) 전원렬, 전게논문, 137면, 이하에서는 공무원을 법집행공무원, 선출직공무원, 사법부공무원, 일반행정부공무원, 교육공무원, 전직공무원, 공직후보자 등으로 나누어 상세히 검토하고 있다.
36) 전원렬, 전게논문, 146면 이하에서는 정치인·정당인, 연예인, 스포츠스타, 언론인 및 작가, 종교지도자, 변호사 의사 등의 전문가, 기업인, 회사·단체·기관, 형사범죄인, 과거의 공적인물로 나누어 상세히 검토하고 있다.

것이 합리적으로 기대되는 사람을 일컫는다.[37] 즉 공적 관심사에 대하여 광범위한 영향력을 보유함으로써 모든 분야에서 공적인 인물로 취급되는 사람이다.[38]

2) 제한적 공적인물(limited public figure)

한편 제한적 공적인물이란 특정한 공적 논쟁의 결론에 영향을 미치고자 자발적이고 의도적으로 그 논쟁의 전면에 나선 자이다.[39] 제한적 공적인물은 특정한 공적논쟁에 자발적으로 참여함으로써 비판적인 보도와 논평의 대상이 될 수 있는 위험을 감수한다는 것을 전제로 하고 있으므로 그 공적 논쟁과 합당한 관련성이 있는 명예훼손행위에 대하여 현실적 악의를 입증하여야 하나, 그러한 관련성이 없을 경우 사인에 해당하여 현실적 악의까지 입증할 필요는 없어진다.

제한적 공적인물의 '제한'은 크게 두 가지 의미를 가지는데 하나는 그 사람이 특정 논쟁거리에만 관여한다는 것과, 다른 하나는 언론매체가 현실적 악의로써 항변하기 위하여는 그에 대한 언론매체의 보도 또한 그 논쟁거리에서의 그의 역할에 한정된 것이어야 한다는 것이다.[40] 이에 대하여 미연방대법원은 사안에서 문제되는 논쟁거리가 무엇인지를 우선 파악한 후, 원고가 그 논쟁에서 맡은 역할을 검토하고 마지막으로 그 명예훼손행위가 원고가 당해 특정 논쟁에 참여하였다는 것에서부터 비롯된 것인지를 판단한다.[41] 미국 판례가 인정하고 있는 제한적 공적인물로는 사회학 교수, 운동코치, 바이올리니스트, 민권운동가, 자선단체 등이 있다.[42]

3. 우리 대법원의 태도

1) 현실적 악의론의 거부

이러한 미국의 이론을 수용하여 우리나라에서도 공인에 대한 명예훼손의 경우 언론사에게 현실적 악의가 있는 경우에만 손해배상책임을 인정해야 한다는 주장이 있다.[43] 그러나 대법원은 공인에 대한 명예훼손소송에서 위법성이 존재하지 않음을

---

37) Harris v. Tomczak, 94 F.R.D. 687, 700-701.
38) 한위수(a), 전게논문, 141면은 공직 입후보자, 주요언론사의 정기칼럼니스트, 전국적 명성을 가진 연예인, 운동선수, 작가 등을 예로 들고 있다.
39) Gertz v. Robert Welch, Inc. 418 U.S. 345 (1974).
40) 전원렬, 전게논문, 126면.
41) Tavoulareas v. Piro, 817 F.2d 762 (D.C.Cir. 1987).
42) 한위수(a), 전게논문, 141면.
43) 김민중, 원고의 신분과 명예훼손법리의 적용, 언론중재 2000년 여름호, 2000, 32면.

입증하는 책임이 언론매체에 있다고 하고 있다. 오히려 피해자가 입증책임을 부담하여야 한다는 주장을 독자적인 견해에 불과하여 받아들일 수 없다고 하거나[44] 피해자 측에서 현실적 악의를 입증해야 하는 것이 아니[45]라고 하고 있다. 미국의 명예훼손법의 특징적인 점은 '징벌적 손해배상'과 '현실적 악의론'이라 할 것인데,[46] 명예훼손법에서 현실적 악의론은 징벌적 손해배상을 배제하기 위한 법리로, 우리나라에서는 징벌적 손해배상이 인정되지 않기에 현실적 악의론을 채택하지 않은 것이라는 평가도 가능하다.[47] 현실적 악의론을 우리 법체계에 적용해 보면 명예훼손행위의 위법성을 배제하는 사유 중 '진실성'의 입증책임의 문제에 해당한다. 미국 공적인물론의 핵심은 바로 진실성과 관련한 현실적 악의론에 있다 할 것이나, 우리의 논의를 공익성에 한정한다면 공적인물론은 공적인물과 사인을 어떻게 구별할 것인가에서 의의를 가진다고 할 것이다.

2) 공적인물과 사인의 구별

우리 헌법재판소는 "공적인물과 사인, 공적인 관심 사안과 사적인 영역에 속하는 사안 간에는 심사 기준에 차이를 두어야 하고, 더욱이 이 사건과 같은 공적인물이 그의 공적 활동과 관련된 명예훼손적 표현은 그 제한이 더 완화되어야 하는 등 개별 사례에서의 이익형량에 따라 그 결론도 달라지게 된다"[48]고 하여 공적인물과 사인을 구별하여 판단하고자 한다.[49] 대법원은 동일한 내용의 민사사건[50]에서 이러한 구분을 받아들이지 않다가, 공적인물의 경우 이익형량의 결과 사인의 경우와는 달리 언론의 자유를 우선시하는 태도를 취하게 된다. 즉 위법성판단의 기준을 다르게 적용하여야 한다는 것이다. 대법원은 명시적으로 공적인 존재에 대한 비판의 경우 그 주관적 평가의 진실성 혹은 상당성의 입증 부담을 완화시켜야 할 것이라고 하고 있다.[51] 다

---

44) 대법원 1997. 9. 30. 선고 97다24207 판결.
45) 대법원 1998. 5. 8. 선고 97다34563 판결.
46) 김재형(a), 전게논문, 359면.
47) 자세한 논의는 김재형(b), 언론에 의한 인격권 침해에 대한 구제수단, 인권과정의 통권 339호, 대한변호사협회, 2004. 11, 77면 참조.
48) 헌법재판소 1999. 6. 24. 선고 97헌마265 결정.
49) 이를 근거로 헌법재판소의 결정을 현실적 악의 이론을 일부 수용하는 듯하다고 보는 견해로는 신평, 명예훼손법, 2004, 294면.
50) 대법원 1998. 10. 27. 선고 98다24624 판결.
51) 대법원 2002. 1. 22. 선고 2000다37524, 37531 판결. 한편 대법원 2002. 12. 24. 선고 2000다14613 판결은 이 판례를 따라 좌와 우의 이념문제 등의 논쟁에는 필연적으로 평가적 요소가 수반되기 때문에 표현의 자유가 넓게 보장되어야 한다고 하고 있으며, 대법원 2004. 2. 27. 선고 2001다53387 판결은 한 걸음 더 나아가 공직자의 도덕성과 청렴성, 업무처리의 정당성에 관한 의혹의 제기나 비판을 넓게 보장하고자 하였다. 여기에서 공직자의 업무와 관련하여 공공의 이

시 말해 공적존재의 경우에는 사적존재보다 비판이 폭넓게 인정되어 언론의 자유에 대한 제한이 완화되어야 한다는 것이다. 이는 표현의 자유를 위하여 바람직한 일이라 하겠다.[52] 한편, 같은 맥락에서 사인의 경우에도 공공의 이익에 관한 것이라면 상당성에 관한 입증의 부담을 완화시키는 것을 생각해 볼 수 있을 것이다.[53]

3) 관련 쟁점으로서의 피의사실공표, 범죄사건 보도

미국의 논의로 따지면 공적 인물에 피의자를 포함시킬 것인가의 문제이다. 앞서 검토한 공적인물의 분류에 포섭해 보면 형사피의자는 비자발적 공적인물에 해당한다. 그러나 동시에 우리 형사법은 무죄추정의 원칙을 대원칙으로 삼고 있다는 점에서 다시 이익형량과 그 구체적 기준의 설정이 필요하게 된다. 언론기관이 범죄사건이나 피의사실을 보도하였으나 나중에 그것이 허위라는 것이 밝혀져 개인의 인격권을 침해한 것으로 인정되는 경우 언론매체의 범죄보도가 공익성을 띠고 일반 국민의 알 권리 충족시키는 측면과 피의자의 인격권의 이익형량이 필요하다.

이에 대하여 우리 대법원은 "수사기관의 발표는 원칙적으로 일반 국민들의 정당한 관심이 되는 사항에 관하여 객관적이고도 충분한 증거나 자료를 바탕으로 한 사실 발표에 한정되어야 하고, 이를 발표함에 있어서도 정당한 목적하에 수사결과를 발표할 수 있는 권한을 가진 자에 의하여 공식의 절차에 따라 행하여져야 하며, 무죄추정의 원칙에 반하여 유죄를 속단하게 할 우려가 있는 표현이나 추측 또는 예단을 불러일으킬 우려가 있는 표현을 피하는 등 그 내용이나 표현 방법에 대하여도 유념하지 않으면 안 되므로, 수사기관의 피의사실 공표행위가 위법성을 조각하는지의 여부를 판단함에 있어서는 공표 목적의 공익성과 공표 내용의 공공성, 공표의 필요성, 공표된 피의사실의 객관성 및 정확성, 공표의 절차와 형식, 그 표현 방법, 피의사실의 공표로 인하여 생기는 피침해이익의 성질, 내용 등을 종합적으로 참작하여야 한다"[54]고 하고 있다.

나아가 대법원은 범죄사건 보도가 공공성이 인정될 수 있다 하더라도 범죄 자체를 보도하기 위하여 반드시 범인이나 범죄 혐의자의 신원을 명시할 필요가 있는 것은 아니라고 하여 익명보도의 원칙을 선언하고 있다.[55][56] 따라서 언론기관은 보도에 앞

익에 관한 보도와 달리 "악의적이거나 현저히 상당성을 잃은 공격"에 해당하는 경우에 한하여 위법성이 인정된다고 하였다. 그러나 여기에서의 악의는 미국의 현실적 악의와 동일한 의미가 아니며, 대법원이 독자적인 기준을 만들고 있다는 견해로 김재형(a), 전게논문, 363면.

52) 김재형(a), 전게논문, 362면.
53) 김재형(b), 전게논문, 362면.
54) 대법원 1999. 1. 26. 선고 97다10215, 10222 판결.

서 피의사실의 진실성을 뒷받침할 적절하고도 충분한 취재를 하여야 함은 물론이고, 보도내용 또한 객관적이고 공정하여야 할 뿐 아니라, 무죄추정의 원칙에 입각하여야 한다고 한다. 특히 공적인물이 아닌 사인의 경우 가급적 익명을 사용하는 등 피의자의 신원이 노출되지 않도록 주의해야 하지만, 한편으로 보도기관은 수사기관과는 달리 그 조사에 한계가 있을 수밖에 없으므로 익명으로 보도하지 않았다고 하여 무조건 명예훼손책임이 발생하는 것은 아니다.[57]

4. 소결

미국의 공적인물에 대한 명예훼손 논의는 우리나라에서 많은 경우 공공성 혹은 공익성 요건을 검토하면서 소개되고 있다. 그러나 그 실상은 공익성 자체에 대한 논의라기보다는 진실성이나 상당성의 입증책임의 문제에 더욱 가깝다.[58] 공인에 대한 명예훼손과 사인에 대한 명예훼손을 구별하는 이유가 공인이 사인보다 언론매체에 대한

---

55) 대법원 1998. 7. 14. 선고 96다17257 판결.
56) 특정강력범죄의 처벌에 관한 특례법[시행 2010. 4. 15] [법률 제10258호, 2010. 4. 15, 타법개정]은 아래와 같은 규정을 두어 익명보도의 원칙과 배치되는 측면이 있다. 이를 원칙과 예외로 볼 것인지, 원칙을 깬 것인지는 논의의 여지가 있다.
　제8조(출판물 게재 등으로부터의 피해자 보호) 특정강력범죄 중 제2조 제1항 제2호부터 제6호까지 및 같은 조 제2항(제1항제1호는 제외한다)에 규정된 범죄로 수사 또는 심리(審理) 중에 있는 사건의 피해자나 특정강력범죄로 수사 또는 심리 중에 있는 사건을 신고하거나 고발한 사람에 대하여는 성명, 나이, 주소, 직업, 용모 등에 의하여 그가 피해자이거나 신고 또는 고발한 사람임을 미루어 알 수 있는 정도의 사실이나 사진을 신문 또는 그 밖의 출판물에 싣거나 방송 또는 유선방송하지 못한다. 다만, 피해자, 신고하거나 고발한 사람 또는 그 법정대리인(피해자, 신고 또는 고발한 사람이 사망한 경우에는 그 배우자, 직계친족 또는 형제자매)이 명시적으로 동의한 경우에는 그러하지 아니하다.[전문개정 2010. 3. 31]
　제8조의2(피의자의 얼굴 등 공개) <본조신설 2010. 4. 15> ① 검사와 사법경찰관은 다음 각 호의 요건을 모두 갖춘 특정강력범죄사건의 피의자의 얼굴, 성명 및 나이 등 신상에 관한 정보를 공개할 수 있다.
　1. 범행수단이 잔인하고 중대한 피해가 발생한 특정강력범죄사건일 것
　2. 피의자가 그 죄를 범하였다고 믿을 만한 충분한 증거가 있을 것
　3. 국민의 알권리 보장, 피의자의 재범방지 및 범죄예방 등 오로지 공공의 이익을 위하여 필요할 것
　4. 피의자가 「청소년보호법」 제2조 제1호의 청소년에 해당하지 아니할 것
　② 제1항에 따라 공개를 할 때에는 피의자의 인권을 고려하여 신중하게 결정하고 이를 남용하여서는 아니 된다.
　[본조신설 2010. 4. 15]
57) 대법원 1999. 1. 26. 선고 97다10215, 10222판결.
58) 우리나라의 판례준칙은 어떠한 명예훼손적 행위가 그 내용이 진실하다는 점만으로는 그 행위자가 면책되지 않는다. 진실성은 공익성의 요건과 결합되어야만 위법성이 조각되는 것이다. 그러나 영미나 독일의 경우 진실성만 갖추면 원칙적으로 면책되는 입장을 취한다. 따라서 미국에서의 공익성 요건은 진실성과 대등한 위법성배제요건이라기보다는 배제사유로서의 진실성의 입증책임을 누가 부담할 것인가의 문제로 귀결되는 것이다. 그러나 우리는 형사는 물론 민사에서도 공익성을 진실성과 동일한 위법성 배제사유로서의 지위로 보고 있다는 구조적인 차이점이 미국의 이론을 그대로 수용하기 어려움을 보여준다고도 생각된다.

접근의 기회가 많아 그 내용을 반박할 수단이 존재한다는 점, 그리고 공인은 스스로의 활동을 통해 공중의 주시와 비판의 대상이 될 위험을 어느 정도 감수하여야 할 사람들이라는 점59)을 근거로 공적인물에 관한 보도 등의 표현행위가 대법원이 말하는 객관적인 사회통념상보다 공익에 가까운 면이 크다는 추측은 일반적으로 가능할 것이다. 그러나 이것이 필연적으로 그렇다고는 말하기 어렵다. 법적인 평가의 대상은 민사이건 형사이건 각 법률상 의미를 가지는 '행위'라 할 것이다. 표현행위가 내포하는 내용이 공공의 이익에 관한 것인지는 그 피해자가 공적인물인지 사인인지와는 별도의 판단이 필요하다. 여기에서 그 표현행위의 내용이 공공문제에 관한 발언인지 여부에 대한 논의가 공익성에서 중요하게 다루어져야 할 것임을 도출해 볼 수 있다.

앞서 살펴본 바와 같이 공적인물 명예훼손의 입증책임 문제에 있어 우리 대법원은 입증책임의 전환이 아니라 입증책임은 그대로 두고 단지 입증부담을 완화한다는 입장을 취하고 있다. 분명 엄격한 입증책임을 부담시키는 것보다는 표현의 자유를 보장하는 방향으로의 변화임에는 틀림없다. 그러나 그 진실성과 상당성을 피고 언론매체가 입증해 내기가 매우 어렵다는 점에서 실질적으로는 큰 변화를 일으킨 것이 아닐수도 있다. 궁극적으로는 공적인물에 대한 명예훼손행위의 경우 표현의 자유의 실질적 보장을 위하여 민사상의 입증책임이 전환되는 것이 타당할 것이나, 공적인물의 범위를 확정하는 문제가 선결되어야 할 것이다. 그러나 범위를 확정한다고 하여도 공적인물이라고 모든 공무원이나 공적인물에 동일한 기준을 적용할 수 있을 것인지에 대한 의문은 여전히 남는다.

Ⅳ. 명예훼손죄의 위법성판단과 공적인물이론 적용

흔히 헌법상 표현의 자유나 언론·출판의 자유, 그리고 인격권의 보호의 충돌의 관점에서 설명되는 명예훼손행위는 형사의 영역에서는 형법 제307조 이하의 명예훼손죄로, 민사에서는 민법 제750조 이하의 불법행위로 다루어지고 있다. 형사와 민사의 그 근본적인 시각이나 관점, 그리고 구조의 차이로 인하여 동일한 개념(예컨대 점유)을 놓고도 해석이 달라지는 경우가 많고, 굳이 불법의 본질론까지 언급하지 않아도 민형사상의 불법과 위법개념은 그 판단이 달라질 것을 예상해 볼 수 있다. 그러나 앞서 검토한 대법원의 판결들은 적어도 명예훼손행위의 위법성을 판단함에 있어서는 위법성을 조각시키는 사유로 동일한 기준을 들고 있다. 공공의 이익을 위한다는 '공

---

59) Gertz v. Robert Welch, Inc., 418 U.S. 323, 344–345 (1974).

익성'의 판단도 마찬가지이다. 동일한 기준인데도 공익성의 구체적 판단기준을 정립해 나감에 있어 아무런 규정이 없는 민사의 영역에서는 나름의 이론을 구성하려는 시도가 있는데 비해, 형법상 어떠한 경우에 공익성이 인정되어 위법성을 조각시킬 수 있을 것인가에 관한 논의는 명시적인 위법성조각사유 조문이 존재함에도 오히려 많이 이루어지고 있지 않다. 이는 판례문구의 인용 정도로 공익성 판단을 하기에 충분하다는 입장으로도 해석해 볼 수 있을 것 같다.

그러나 "적시된 사실의 구체적 내용과 성질, 당해 사실의 공표가 이루어진 상대방의 범위 및 그 표현의 방법 등 그 표현 자체에 관한 제반사정을 감안함과 동시에 그 표현에 의하여 훼손되거나 훼손될 수 있는 명예의 침해 정도 등을 비교, 고려한다"[60]는 것만으로는 당해 명예훼손행위의 공익성을 인정할 수 있는지에 대한 여부를 바로 도출해 내기는 어렵다. 이에 하나의 구체적인 기준으로 앞에서 검토한 공적인물이론을 적용해 볼 수 있을 것이다. 공적인물이론만을 엄격히 적용할 경우, 극단적으로 명예훼손의 대상이 된 사람이 공직자나 공인인 경우 공공의 이익이 인정되고 사인인 경우에는 다른 요건을 충족하지 않는 이상 공공의 이익이 부정된다. 그러나 공적인물의 아주 내밀한 사생활에 대한 폭로까지도 공적인물이라고 해서 무조건 보호정도를 낮출 수 있을 것인지 의문이다. 우리 형법 제310조의 조문에 따르면 공표의 목적이 공익을 위한 것인가를 판단하여야 하는데 피침해자가 공적인물인지의 여부가 직접적인 기준이 되는 것은 아니다.[61]

위와 같은 문제는 공적인물론을 처음 제시한 미국에서 또한 제시된 것으로, 판례가 거듭될수록 공적인물과 사인의 구별에 따른 명예훼손 인정 여부가 점점 복잡해지고 공적인물과 사인의 구별 또한 어려워지자, 미연방대법원은 보도내용이 공적인 관심사(public concern)인가에 따라 구별하는 방식을 도입하였다.[62] 그러나 미국에서 이러한 보도대상 사항은 독자적으로 발달하지 않고 보도대상 인물분류론에 부수되어 정리되었을 뿐이다.[63] 우리 형법 제310조가 말하는 공공성 내지 공익성은 이 공적 관심사의 개념에 가까운 것이라 생각된다. 보도대상의 내용으로서의 공적 관심사를 판단하는 기준으로 독일에서는 인격영역론이 제시되고 있다. 다른 법익과 인격권이 충돌하는 경우 그 법익 형량을 하는 데 도움을 받기 위한 것으로, 침해되는 영역이 공공으로부터의 거리가 멀수록 그 피침해이익의 보호가 두터워지게 된다는 것이다. 이에 따르면 인간의 영역을 내밀영역, 비밀영역, 사사적 영역, 사회적 영역, 공개적

---

60) 대법원 1996. 10. 25. 선고 95도1473 판결; 대법원 2004. 5. 28. 선고 2004도1497판결 등.
61) 한위수(a), 전게논문, 149면.
62) Gertz v. Robert Welch, Inc., 418 U.S. 323 (1974).
63) 전원렬, 전게논문, 171면.

영역으로 나누어 설명한다. 이 영역들의 구분이 명확한 것은 아니고, 각 영역에서도 공개성과 사사성의 일방이 완전히 지배하는 것은 아니다. 다만 단계가 진행될수록 공개가 더욱 허용되고 낮아질수록 비공개가 더욱 요구된다는 원칙적 설명은 적용될 수 있을 것이다.[64]

생각건대 공적인물이론과 공적관심사 혹은 인격영역론은 모두 우리 형법 제310조의 공익성을 판단하는 하나의 기준으로 작용할 수 있을 것이다. 바꾸어 말하면 명예훼손의 대상이 된 사람이 공적인물인지 아닌지만으로 공익성을 판단하기는 어렵다. 사인에 관한 것이라도 그것이 공공의 이익을 위한 것과 공적인물에 관한 것이라도 공공의 이익과는 무관한 것은 얼마든지 있을 수 있다. 형사피의자가 공적인물인지 사인인지를 판단하여 본 결과, 공적인물이라고 결론 내려졌다면 모든 범죄의 형사피의자에 대한 보도가 공공의 이익을 위한 것이라고 할 수 있겠는가. 혹은 그가 사인이라는 이유로 모든 범죄와 피의자에 대한 보도가 공공의 이익을 갖추지 않았다고 할 수 있겠는가. 특정강력범죄 등의 피의자에 대한 보도나 신상공개가 허용되는 것은 그가 공적인물이라서가 아니라 그가 행하였다고 의심되는 범죄의 내용에 따른 것으로 볼 수 있다. 한편 연예인이 공적인물이라고 하여 그들의 모든 가정대소사에 대한 보도를 공익성을 갖춘 것으로 보기도 어렵다. 이처럼 공적인물이라는 자체로 공익성이 인정되거나 사인이라는 자체로 공익성이 부정되는 것이 아님에도 불구하고 공적인물이론의 논의가 형법 제310조상의 공익성 판단에서 의미를 가지는 것은 행위의 대상이 공적인물인지 사인인지를 판단하는 그 자체로 이미 당해 행위의 공익성 판단이 시작된다는 것에 있다. 다시 말하면 정치인이나 연예인, 혹은 기업 등이 '공적'인물인가를 판단하는 과정에서 새로이 등장하는 많은 기준들이 결국은 '공공의 이익'의 내용이 무엇인가를 구체화시켜 나가는 데에 도움을 준다는 것이다. 가수의 학력위조에 대한 기사들이 만약 진실한 것이라면 그러한 보도의 명예훼손행위의 위법성은 조각될 것인가? 가수로 활동하는 사람의 음악교육과 관련되지 않은 학력은 우리의 국가나 사회 구성원 전체의 이익에 얼마나 이익이 되는가? 이러한 질문은 보도 대상 내용의 공공의 이익을 생각하게 하고, 많은 대중이 그 사실을 궁금해 하는 공적인물이라는 이유로 그 공익성이 인정되는 것이라고 한다면 이는 누구를 공적인물이라고 볼 것인가의 논의로 이어지게 된다. 공적인물인가 아닌가를 판단하면서 그 사람이 공익성과 관련된 사람인지 아닌지를 생각하게 되고, 그렇다면 공익성이 무엇인지에 대한 논의가 자연스럽게 이어지게 될 것이다.

---

64) 자세한 논의는 전원렬, 전게논문, 165면 이하 참조.

V. 결론

명예훼손, 특히 진실사실적시 명예훼손행위를 형법상 범죄로 규정하고 있는 것 자체를 헌법상 기본권인 표현의 자유의 제약이라고 보아 위헌이라는 견해가 존재한다.65) 혹은 명예훼손행위에 대한 형법상 범죄성립범위가 지나치게 광범위함을 지적하며 그 범위를 좁히고 처벌의 정도를 낮추어야 할 것이라는 견해도 있다.66) 우리의 지난 근현대사와 자유민주주의의 이념과 가치 그리고 표현의 자유와 국민의 알 권리 등을 종합적으로 고려하였을 때 표현의 자유는 예외적으로 제한되며, 제한되는 범위는 축소되는 것이 바람직하다 할 것이다. 그러나 범죄로 규정된 명예훼손행위는 인간 존엄에 근거한 인격권의 침해와 표현의 자유라는 충돌하는 법익을 형량한 결과 인격권을 더욱 보호해야 하는 경우를 전제로 하고 있는 것이다. 이미 이익형량을 마친 구성요건해당행위에 대하여 형법 제310조는 위법성 단계에서 다시 한번 이익형량을 거칠 것을 요구하는 조문이라 하겠다. 형법상 구성요건 단계에서의 이익형량이 당해 형벌법규에서 법익을 어디까지 보호할 것인가라는 일반적이고 추상적인 수준의 것이라고 한다면, 위법성 단계에서의 이익형량은 사회의 구체적인 상황하에서 당사자의 구체적 이익이 서로 충돌하는 경우를 다루는 것이다. 피해법익이 우선적으로 보호되는 것은 당연하나, 행위자에게도 고려되어야 할 구체적인 이익이 있을 수 있다. 이를 고려하는 특별한 실정법 규정의 하나가 형법 제310조이고, 그 위법성조각사유의 중요한 요건의 하나로서 공공의 이익이 명시되어 있다. 이러한 공익성은 그러나 그 중요성에 비하면 그 판단기준은 매우 추상적이라 구체적 판단은 거의 전적으로 법관에게 맡겨져 있다 하겠다. 굳이 예측가능성이나 법적 안정성을 들지 않아도 형법상의 위법성조각사유의 요건에 보다 확립된 구체적 기준을 적용할 수 있다면 사안의 해결은 보다 객관적이고도 덜 복잡해질 것이다. 이에 민사상 언급되고 있는 피침해자가 공적인물인지 여부를 따져 보는 공적인물이론을 소개하고 그것이 형사상의 하나의 기준으로 적용될 수 있음을 검토하여 보았다. 그 자체로 완벽한 이론도 아니고 공적인물인지 사인인지의 구별기준도 명확한 것이 아님에도 이것은 다른 공익성의 판단기준을 구체화시킨다는 데에 의의를 가진다. 명예훼손에서의 위법성조각의 요건을 구체화 한다는 것은 위법성의 조각을 엄격하게 한다기보다 그 요건을 갖추는 경우 위법성을 수월하게 조각시켜 주는 역할을 할 수 있다. 전체법질서와 관련된 여러 가치를 검토하

---

65) 신평, 명예훼손법, 314면.
66) 표성수, 언론과 명예훼손, 1997, 468면.

여 명예훼손죄 자체의 존폐를 논할 수도 있겠으나,[67] 그에 앞서 명시적으로 존재하는 구성요건과 행위의 위법성을 조각시키는 요건의 명확화는 특히 형벌을 수단으로 하는 형법에서 중요한 의미를 가진다. 이에 본고가 아직 형법상 크게 논의되지 않고 있어 추상적인 개념 소개에 그치고 있는[68] '공익성' 판단기준의 구체화에 대한 후속 연구의 하나의 작은 계기가 될 수 있기를 희망해 본다.

---

[67] 박경신, 명예의 보호와 형사처벌제도의 폐지론과 유지론 — PD수첩 광우병보도 수사에 즈음하여 —, 서강법학 제11권 제1호, 2009, 357 – 380면 참조.

[68] 대법원은 최근까지도 "형법 제310조에서 말하는 '공공의 이익'에는 널리 국가·사회 기타 일반 다수인의 이익에 관한 것뿐만 아니라 특정한 사회집단이나 그 구성원 전체의 관심과 이익에 관한 것도 포함되는 것으로서, 적시된 사실이 공공의 이익에 관한 것인지 여부는 당해 적시 사실의 내용과 성질, 당해 사실의 공표가 이루어진 상대방의 범위, 그 표현의 방법 등 그 표현 자체에 관한 제반 사정을 감안함과 동시에 그 표현에 의하여 훼손되거나 훼손될 수 있는 명예의 침해 정도 등을 비교·고려하여 결정하여야 하고, 행위자의 주요한 동기 내지 목적이 공공의 이익을 위한 것이라면 부수적으로 다른 사익적 목적이나 동기가 내포되어 있더라도 형법 제310조의 적용을 배제할 수 없는 것이다(대법원 2008. 7. 10. 선고 2007도9885 판결)"라고 하고 있고, 민사판결에서 또한 "'오로지 공공의 이익에 관한 때'라 함은 적시된 사실이 객관적으로 볼 때 공공의 이익에 관한 것으로서 행위자도 공공의 이익을 위하여 그 사실을 적시한 것이어야 하며, 이 경우에 적시된 사실이 공공의 이익에 관한 것인지의 여부는 그 적시된 사실의 구체적 내용, 그 사실의 공표가 이루어진 상대방의 범위, 그 표현의 방법 등 그 표현 자체에 관한 제반 사정을 고려함과 동시에 그 표현에 의하여 훼손되거나 훼손될 수 있는 명예의 침해 정도 등을 비교·고려하여 결정하여야 하고, 행위자의 주요한 목적이나 동기가 공공의 이익을 위한 것이라면 부수적으로 다른 사익적 동기가 내포되어 있었다고 하더라도 행위자의 주요한 목적이나 동기가 공공의 이익을 위한 것으로 보아야 한다(대법원 2008. 1. 24. 선고 2005다58823 판결)"고 하여 공익성 판단에 있어 추상적인 기준을 나열하고 있으며, 학설 또한 판시내용을 그대로 인용하여 정리하는 것에 그치고 있다. 이에 대하여 보다 명확하게 적용될 수 있는 구체적인 기준을 정립하는 것이 앞으로의 중요한 과제가 될 것이다. 필자의 역량 부족으로 이에 대한 논의는 후속연구로 미루게 되었다.

색인

저자 이용식(李用植)

서울대학교 법과대학 졸업(법학사)
서울대학교 대학원 법학과 석사과정 졸업(법학석사)
서울대학교 대학원 법학과 박사과정 수료
독일 프라이부르그대학 법학박사(Dr. jur)
서울대학교 법과대학 / 법학대학원 교수
(現) 서울대학교 법학대학원 명예교수

서울대학교 법학연구소 Medvlla Iurisprudentiae

"Medvlla Iurisprudentiae"는 '법의 정수精髓 · 진수眞髓'라는 뜻으로, 서울대학교 법학전문
대학원에서 정년퇴임하시는 교수님들의 논문을 모아 간행하는 총서입니다.
법학 교육과 연구를 위해 일생을 보내고 정년퇴임하는 교수님들의 수많은 연구업적들 중
학문적으로 가장 가치있는 논문만을 엄선하여 간행하였습니다.
이 총서가 법학자의 삶을 되돌아보게 하고 후학에게 귀감이 되기를 바랍니다.

과실범과 위법성조각사유

초판발행	2020년 5월 13일
지은이	이용식
펴낸이	안종만 · 안상준
편 집	윤혜경
기획/마케팅	조성호
표지디자인	조아라
제 작	우인도 · 고철민
펴낸곳	(주) **박영사**
	서울특별시 종로구 새문안로3길 36, 1601
	등록 1959. 3. 11. 제300-1959-1호(倫)
전 화	02)733-6771
f a x	02)736-4818
e-mail	pys@pybook.co.kr
homepage	www.pybook.co.kr
ISBN	979-11-303-3641-1 93360

정 가   23,000원